KB271483

체임벌린의 남북전쟁

체임벌린의 남북전쟁

초판 제1쇄 발행 | 2011년 9월 22일
초판 제2쇄 발행 | 2013년 7월 1일

지은이 | 마크 네스빗
옮긴이 | 김봉기
총감수 | 고원영
표지글씨 | 김영호
책임편집 | 옥준호
펴낸이 | 한홍수
펴낸곳 | 한스하우스
편   집 | 서정욱, 이도건
디자인 | 성   민, 박윤미
경영지원 | 이봉관, 구영민

등록2000년 3월 3일(제2-3033호)
주   소 | 서울시 중구 오장동 69-7
전   화 | 02-2275-1600
팩   스 | 02-2275-1601
이메일 | hhs6186@naver.com

ISBN 978-89-92440-03-5 02900

체임벌린의

남북 전쟁

내가 살아서 집으로 돌아간다면 아버지를 사랑하는 법을
다시 배울 것이고, 내가 죽는다고 해도 아버지에 대한 기억
으로 상처 받지 않았으면 하기 때문이오.

Joshua Lawrence Chamberlain

마크 네스빗 지음
김봉기 옮김

한스하우스

|목 차|

일독을 권하며

조슈아 체임벌린(Joshua L. Chamberlain). 젊은 시절 한때 역사학도의 길을 걸었던 내게조차 너무도 생소한 이름이다. 미국의 남북전쟁하면 떠오르는 인물에 그는 없다. 그런 체임벌린이, 미국인이 존경하는 역사적 인물 중의 한 사람이라는 이야기를 들었을 때 나는 몹시 의아했다. 그러나 그 의아함은 이 책『체임벌린의 남북전쟁』을 정독하면서 눈 녹듯이 사라졌다. 내가 이 책을 통해 발견한 체임벌린은 그야말로 진정한 애국자였다. 국란의 위기에서 대학교수라는 안정된 직업을 팽개치고 북부연방의 의용군을 자원하여 남북전쟁을 승리로 이끌 정도로 그의 애국심은 실천적이었다.

그러나 미국인의 체임벌린 사랑은 그의 실천적인 애국심 때문만은 아니었다. 그는 노블레스 오블리주(noblesse oblige)를 목숨 바쳐 실천한 진정한 '가진 자'였으며, 부하와 동료의 전공을 알뜰살뜰하게 챙긴 진정한 '보스'였고, 적이었던 남부군까지도 가슴으로 끌어안은 진정한 '지도자'였다. 무엇보다도 그의 머리는 '사회적 정의'로 넘쳐흘렀으며, 그의 가슴은 '약자에 대한 배려'로 그득했다. 그는 참으로 정의로운 사람이었다. 이 책의 곳곳에 배어 있는 그의 정의로움은 너무도 선명하고 감미로워서, 참된 정의가 실종된 현재를 사는 우리에게 '실천적 정의'를 깊이 생각하게 한다.

문득 우리 사회에 체임벌린 같은 정의로운 지도자가 과연 몇이나 될까 하는 의문이 든다. 입으로 정의를 부르짖는 자칭 지도자들은 곳곳에 많은데, 그 껍데기와 속내가 너무도 달라 어지러움을 느낄 정도이니 말이다. 오늘도 언론에서는 사회 지도층의 법적, 도덕적, 윤리적 타락을 질타하는 목소리가 매섭게 흘러나온다. 지도층 인사들이 벌이는 각종 불법 행위, 출세를 위한 낯 뜨거운 행태, 무엇보다도 국가를 위해서라면 목숨까지도 기꺼이 내놓겠다는 말과는 달리 본인은 물론이고 자식들에게 주어진 국방의 의무조차 회피하는 철면피한 모습들을 끊임없이 보도한다. 이처럼 정의로움이 실종된 사회에 우리는 살고 있다.

상황이 이러하기에 '정의', '복지', '공정' 같은 말들이 우리 사회를 푸는 열쇳말로 부각되는 것은 아닐까. 정의를 부르짖는 지도층이 부정한 일에 앞장서고, 복지를 내세우는 정치인이 가진 자의 권익을 앞세우고, 공정을 구호 삼는 기업가가 소시민의 구멍가게마저 장악해 가는 현상을 바라보면서, 우리의 분노가 역설적으로 표출되는 것은 아닐까. 내가 진단하듯이, 정의에 대한 갈망, 평등에 대한 추구, 그리고 공정에 대한 희구가 우리 시민이 진정으로 원하는 가치라면, 우리에게 시급한 일은 이 책의 주인공 체임벌린을 우리 사회에서 찾아내고 길러 내는 작업이리라!

우리 사회에 체임벌린이 많아지고 정의로움이 강물처럼 넘치기를 바라는 모든 분들에게 이 책 『체임벌린의 남북전쟁』의 일독을 권한다.

이 제 환 (부산대학교 문헌정보학과 교수)

일러두기

1. 「남북전쟁 개황」은 각종 자료를 종합하여 1862년 7월까지의 남북전쟁 경과를 정리했고, 사진자료는 앨런 브링클리의 『있는 그대로의 미국사』(휴머니스트 펴냄)를 참고했다.
2. 「남북전쟁 주요 인물 소개」 13명의 프로필은 『Wikipedia』의 영문자료에서 발췌한 내용으로 북부연방, 남부동맹 인물 순으로 정리했다.
3. 대부분의 사진자료는 원본과 체임벌린의 저서인 『Through Blood and Fire at Gettysburg』와 『Wikipedia』의 영문자료, 『Harper's Weekly』를 활용했고, 지도와 전투 요도는 『Road Atlas 2011』과 권위 있는 각종 서적을 참고했다.
4. 체임벌린의 자필 기록물은 이해하기 쉽게 상황에 맞는 내용과 서식을 원본 그대로 번역했고 지문과 구분하여 '들여쓰기' 했다.
5. 맞춤법과 띄어쓰기는 '한글 맞춤법'(교육부 고시 제88-1호 : 1988.1)을 원칙으로 했으며, 지명·인명·군사용어 등 이해하기 어렵거나 혼동하기 쉬운 용어와 고유명사 등은 영어와 한자를 ( )안에 넣었고, 설명이 필요한 분야는 역자 주를 달아 이해를 도왔다.
6. 야드파운드법 길이는 미터법으로 환산했다.
7. 체임벌린의 입대에 대한 동료 교수들의 견해는 이 책의 내용과 달리 체임벌린의 희생을 우려한 경우도 있었다.
8. 남북전쟁 항복식에 2군단과 6군단이 불참한 것은 체임벌린의 집전관 임명에 반대했기 때문이다.
9. 종전 후 체임벌린은 아내 패니와의 결혼 생활이 순탄하지 않았다.

옮긴이 서문

내가 체임벌린을 처음 안 것은 1998년이다. 그해 나는 미국 텍사스의 미 육군 3군단에서 근무했는데, 한 미군 장교에게서 『Through Blood & Fire』란 책을 선물 받았다.

책을 펼치자마자 나는 빠져들었다. 미친 듯이 활자를 따라가서는 단 하루 만에 책을 다 읽어 버렸으며, 나도 모르게 첫 장을 다시 읽고 있었다. 나는 그야말로 이 책을 줄줄 외우다시피 했고, 병사들을 교육할 때 빠짐없이 이 책의 중요한 구절들을 인용했다. 이 책은 미국인이 가장 좋아하는 인물의 하나인 체임벌린이 등장하는 전기이다.

2010년 가을, 내가 아끼는 후배의 권고를 받아 본격적으로 이 책의 번역에 매달렸다. 원서를 번역하는 데 투자한 시간은 1년이지만, 이 책은 오래전부터 나의 멘토였다. 이제 『체임벌린의 남북전쟁』이란 한글 제목으로 세상에 다시 책을 내놓는다.

책을 엮는 동안 오고간 논란거리는 체임벌린을 아는 사람이 드물다는 데 있었다. 인문학에 관해선 손가락에 꼽힌다는 출판사조차도 고개를 갸웃할 정도였으니……. 실제로 체임벌린을 이야기하면, 사람들은 으레 누구냐는 표정부터 짓는다.

체임벌린을 아는 사람은 별로 없다. 아마 한국인에게 가장 알려지지 않은 미국인이 체임벌린일 것이다. 그러나 남북전쟁의 한복판에 링컨 대통령과 데이비스 대통령, 그리고 그랜트 장군과 리 장군이 있었다면, 그 한복판의 가장 중요한 곳에 체임벌린이 있었다고 나는 확신한다.

남북전쟁 당시 북부연방의 인구는 2,500만 명, 남부동맹의 인구는 흑인 노예 300만 명을 포함한 900만 명이었는데, 북부군 300만 명 중 36만 명이 사망했고, 남부군 70만 명 중 26만 명이 사망했다. 이는 제2차 세계대전에서 사망한 40만 5,000명의 미군보다 많은 숫자이다.

남북전쟁 발발 당시에는 정규군이 소수라서 육군사관학교(West Point) 출신이 900명에 불과했는데, 이 중 600명은 북부군에, 300명은 남부군에 가담하여 전쟁을 치렀다. 1802년 육군사관학교를 창설하고 60년이 지난 시점에 졸업생들이 남북으로 갈려 목숨을 걸고 싸운 것이 미국의 남북전쟁이었다. 그러나 체임벌린은 정규 군사교육을 제대로 받지 않은 대학교수 출신의 의용군 장교였다. 책을 읽어보면 알겠지만 그는 군인이라기보다 '용감한 대학교수'에 가까운 인물이다.

그런 체임벌린을 전쟁 영웅도 아니고 미국인이 가장 존경하는 인물의 하나로 꼽는 까닭은 무엇일까. 게다가 남부군조차 북부군인 그를 존경했다고 이 책은 전하고 있다. 여기서 성찰해야 할 것은 체임벌린의 애국심이다. 그가 추구한 애국심이란 단순히 조국을 지키고자 하는 차원이 아니라 인간의 정의로운 삶을 보장하는 국가를 건설하기 위한 자기희생임이 틀림없다. 그가 주지사에게 보낸 편지에서, 공로가 있는 사람이라면 그에 상응한 보상을 해줘야 한다고, 집요할 정도로 강조하는 까닭이기도 하다. 요컨대 미국의 남북전쟁이 아닌 『체임벌린의 남북전쟁』은 지극히 인간적인 데서 시작되었다. 그가 깨달은 애국심의 본질이 그러했으므로 남부군에 대한 적개심은 전쟁을 치르면서 서서히 도태할 수밖에 없었다. 마침내 전쟁이 끝나고 그에게는 남부군을 적이 아닌 인간으로 보는 눈이 생긴다. 전쟁은 북부군이 이겼지만 서로를 용서하고 화해하는 일에는 승패가 없다는 사실에 그를 비롯한 많은 미국인이 동의했다. 바로 이것이 체임벌린에 대한 존경이 지금까지 이어지는 이유라고 나는 생각한다.

이제 『Through Blood & Fire』의 저자인 마크 네스빗(Mark Nesbitt)을 소개하겠다. 네스빗은 게티즈버그 국립군사공원 관리인이면서 역사가였는데, 1978년부터 남북전쟁에 관한 활발한 연구를 시작해서 몇 권의 역사서를 냈다. 그의 주요 저서로는 『만약 남부군이 게티즈버그 전투에서 승리했다면(If The South Won Gettysburg)』(1980), 『게티즈버그 전투까지의 35일(35 Days to Gettysburg)』(1992), 그리고 이 책 『체임벌린의 남북전쟁』(1996) 등이 있다. 체임벌린의 편지, 쪽지, 메모장, 팩스 등의 문건들을 선별하고 설명을 곁들여 쓴 이 책은, 체임벌린이 의용군 육군 중령으로 북부군에 입대한 1862년 7월부터 육군 소장으로 명예 전역한 1865년 8월까지를 다루고 있다.

남북전쟁 발발 이듬해인 1862년 7월부터 이야기를 시작하다 보니, 미국의 역사와 남북전쟁에 대한 전반적인 지식이 부족하면 아무리 책을 많이 읽은 독자라도 이 책을 제대로 이해하기 쉽지 않을 것이다. 또한 체임벌린이 남긴 영어가 1860년대의 고어(古語)로 현대 영어와 큰 차이가 있어 헷갈리기도 한다. 그러나 그러한 어려움을 덜어드리려 노력하는 것이 옮긴이의 소임 아닌가. 나의 첫 번역서이며 체임벌린의 생생한 자필 기록을 시간별로 정리해 놓은 이 책이, 미증유의 내전을 겪고도 국가를 지탱한 미국이란 나라를 아는 데 일조하기 바란다. 그리고 그럴 리야 없겠지만 이 책을 미국에 대한 일방적인 옹호로 규정한다면 나는 심히 유감스러워할 것이다. 공교롭게도 미국이 우리에게 남북 분단의 현실을 제공한 나라라는 논란을 안고 있기 때문이다. 나는 바란다. 지구에 남은 마지막 분단국가라는 우리의 오명이 하루바삐 사라지기를. 『체임벌린의 남북전쟁』에 내 간절한 소망을 담는다.

2011년 가을, 양평에서
김봉기

남북전쟁 개황

남북전쟁(1861~1865, American Civil War)은 크게 보면 미국의 연방정부와 연방에서의 분리를 주장했던 남부 11개 주 사이에 일어난 전쟁이다. 미국 남부와 북부 사이에는 경제력의 차이로 말미암아 근본적인 불화가 있었다. 자유민의 노동을 통한 작은 농장과 제조업이 북부 경제의 주력인 반면, 남부는 노예 노동에 기반을 둔 대농장이 주를 이루는 경제였다. 1840년대에서 1850년대 사이에 북부 주들이 서부 지역의 노예제 금지를 주장했는데, 이에 맞서 남부의 몇몇 주들은 노예를 소유할 권리를 지키기 위해 연방에서 탈퇴하겠다고 위협했다. 노예제 폐지를 주장하는 에이브러햄 링컨이 1860년 말 대통령으로 당선되자 남부 주들은 1860년과 1861년 연방에서 탈퇴했고, 제퍼슨 데이비스가 1861년 2월 4일 남부동맹을 설립하고 2월 18일 대통령으로 취임했다.

북부연방(USA, United States of America)과 남부동맹(CSA, Confederate States of America)의 갈등이 최고조에 이른 가운데, 1861년 4월 12일 사우스 캐롤라이나의 찰스턴에 있는 섬터 요새를 남부군이 포격하면서 전쟁이 발발했다. 남부동맹은, 남부군이 북부군보다 전략적으로 유리한 내륙 수송로를 가지고 있으며, 국제적으로 유통되는 환금작물인 목화를 생산하므로 전쟁에서 단기간에 승리하리라 생각했다. 인구가 두 배 넘게 많은 데다 제조와 수송능력에서 우월한 북부연방은 승리를 장담했다. 양측은 신속하게 군대를 모집하고 전투체제를 편성했다. 개전 초인 7월 21일, 3만 명 가량의 북부군이 남부동맹의 수도인 버지니아 리치먼드로 행군하다가 남부군에 패배하여 워싱턴 D.C.로 후퇴했다.

링컨 대통령은 신병 50만 명을 추가 소집해 북부군을 증강하고, 매클레란 장군에게 포토맥군의 훈련을 맡겼다.

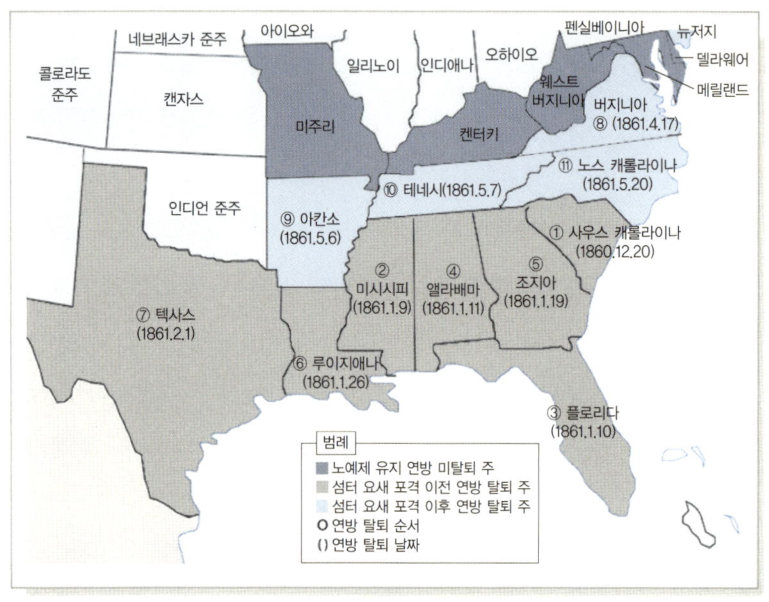

1860~1861년 연방 탈퇴 과정

북부군은 1862년 2월 원정길에 나섰다. 북부군의 그랜트 장군은 테네시 서부에 있는 남부동맹의 헨리 요새와 도넬슨 요새를 점령했고, 포프(John Pope) 장군은 미주리 주의 뉴마드리드를 점령했다. 4월에는 북부군 패러겟(David Farragut) 장군이 뉴올리언스를 장악했다. 동부에

서는 매클레란이 리치먼드를 공격했다. 그러나 거기에는 남부군의 명
장 리 장군이 있었다. 6월 25일부터 7월 1일까지 벌어진 7일 전투에
서 매클레란은 대패하고 말았다.

체임벌린의 남북전쟁은 이러한 와중에 시작되었다.

남북전쟁 주요 인물 소개

체임벌린의 증조부는 미국 독립전쟁 때 요크타운(Yorktown) 전투에 참전했고, 조부는 1812년 미영 전쟁 때 의용군 대령이었으며, 부친은 1839년 아루스툭(Aroostook) 전투에 참전했었다. 이러한 군인 집안에서 자라나선지 보우도인(Bowdoin) 대학 수사학 교수인 체임벌린은 남북전쟁이 발발하자 입대를 결심했다. 『톰 아저씨의 오두막집』을 쓴 스토우(Harriet Beecher Stowe) 부인이 보우도인 대학에서 1851년 낭독회를 열었는데, 여기에 참석한 체임벌린은 노예제도의 비인간성을 실감한다. 체임벌린은 1862년 8월 8일 메인 20연대의 중령으로서 프레더릭스버그 전투에 참전했다. 1863년 5월 20일 대령으로서 메인 20연대장을 맡지만, 천연두로 인해 첸셀러즈빌 전투에는 불참했다. 그해 7월, 게티즈버그 전투에서 혁혁한 공을 세운 그는, 발등과 허벅지에 총상을 입는다. 1863년 8월 26일부터 11월 19일까지 3여단장을 맡았는데, 그때는 말라리아와 이질로 잠시 군을 떠나야 했다.

1864년 6월 6일 1여단장으로 전장에 복귀한 그는, 6월 18일 피터즈버그에서 치명적인 총상을 입고 아나폴리스 통합병원에서 치료를 받다가 준장으로 진급한다. 11월 19일 원대 복귀하여 1여단을 지휘한다. 1865년 3월 29일 파이브 포크스 전투에서 심장 바로 아래, 그리고 왼팔과 가슴에 총상을 입었는데, 남북전쟁에서 모두 여섯 군데의 부상을 입었다. 같은 날 소장으로 진급한 체임벌린은 4월 12일 항복식 집전관을 맡았고, 전역할 때까지 1사단장을 맡았다.

남북전쟁 후에 메인 주지사를 4번 역임했고, 보우도인 대학의 총장을 지냈다. 1898년 미국-스페인 전쟁에 지원했으나 70세 고령이라 거절당하자, 일생에 가장 실망한 일이었다고 회상했다. 1914년 남북전쟁의 마지막 전상자로서 사망했다.

링컨 (Abraham Lincoln, 1809 ~ 1865)

1861년 3월 4일부터 미국의 제16대 대통령을 역임했다. 노예제를 반대했던 그는 1863년 노예 해방 선언을 발표했다. 임기 중 발발한 남북전쟁에서 1862년 매클레란 장군을 북부군 총사령관직에서 해임하고, 1864년 3월 그랜트 장군을 임명하는 등 군 지휘관 인사에 깊이 관여하면서 북부군을 승리로 이끌었다.

1863년 11월 19일 링컨은 게티즈버그 국립묘지에서 민주주의 이념을 잘 표현한 역사적인 연설을 했다. 1864년 대통령으로 재선된 그는 1865년 4월 15일 존 부스(John Wilkes Booth)에게 암살되었다.

그랜트 (Ulysses Simpson Grant, 1822 ~ 1885)

1843년 육군사관학교를 졸업하고 1861년부터 남북전쟁에 참전하여 남부군이 차지했던 헨리 요새와 도넬슨 요새를 점령했다. 여기서 그랜트는 적에게 '무조건 항복'과 '전투' 중 하나를 선택하라고 하여 'Unconditional Surrender' 즉, '무조건 항복'이라는 별명이 붙었다. 1863년 7월 4일 미시시피 빅스버그를 점령하여 링컨 대통령으로부터 인정받았고, 1864년 3월 매클레란 장군의 뒤를 이어 북부군 총사령관에 임명되었다. 남북전쟁 이후 1869년부터 1877년까지 미국의 제18대 대통령을 역임했다.

매클레란 (George B. McClellan, 1826 ~ 1885)

1846년 육군사관학교를 졸업하고 남북전쟁 당시 북부군 소장으로 포토맥군을 창설했고, 1861년 11월부터 1862년 3월까지 북부군 총사령관을 역임했다. 1862년 반도 전투와 안티탐 전투에서 남부군 리 장군의 북버지니아군에 패해서 링컨의 신임을 잃어 보직해임 되었다.

1864년 대통령 선거에 민주당 후보로 나섰으나 공화당 후보인 링컨에게 패했다. 1878년부터 1881년까지 뉴저지 주지사를 역임했다.

후커 (Joseph Hooker, 1814 ~ 1879)

1837년 육군사관학교를 졸업하고 남북전쟁이 발발하자 북부군의 매클레란 장군 예하 여단장으로 참전했다. 1862년 제2차 불런 전투, 안티탐 전투와 프레더릭스버그 전투를 포함하여 동부에서 벌어진 주요 전투에 모두 참가했다. 민간인 서기의 실수로 '싸움꾼 조(Fighting Joe)'라는 별명을 얻었고, 이 별명은 그의 호전성 때문에 계속 사용되었다. 1863년 프레더릭스버그 전투에서 북부군이 참패하자, 후커는 번사이드 장군의 후임으로 포토맥군의 지휘를 맡았다. 후커는 6월 펜실베이니아로 쳐들어온 리 장군을 추격했지만, 이미 링컨 대통령을 비롯한 상관들의 신임을 잃은 것을 깨닫고 게티즈버그 전투가 벌어지기 전 사임했다.

미드 (George Gordon Meade, 1815 ~ 1872)

1835년 육군사관학교를 졸업하고 1861년 8월 북부군 지원병 여단 지휘관으로서 남북전쟁에 참전했다. 1863년 6월 28일 후커의 뒤를 이어 포토맥군 사령관에 임명되었다. 리 장군의 남부군과 맞서 싸운 게티즈버그 전투에서 승리했다. 1864년 3월 그랜트가 북부군 총사령관에 오르자, 미드와 포토맥군은 그랜트의 감독 하에 들어갔고 이로 인해 남북전쟁에서의 그의 업적은 빛이 바랬다. 남북전쟁 이후 1866년부터 1872년까지 펜실베이니아 페어마운트(Fairmount) 공원의 이사를 역임했다.

셰리단 (Philip Sheridan, 1831 ~ 1888)

1853년 육군사관학교를 졸업하고 남북전쟁 초기인 1861년 가을부터 1864년 3월까지 미국 서부지역에서 북부군 보병사단을 지휘했고, 1864년 4월부터 그랜트의 부름을 받아 포토맥군 기병군단의 지휘관으로서 동부지역 전선에 참가했다. 1864년에는 셰난도아 계곡에서 남부군을 격퇴했고, 1865년 애포매톡스에서 리의 항복을 받아내는 데 일조했다. 1883년 육군 참모총장에 임명되었고, 1888년에는 육군 총사령관이 되었다.

데이비스 (Jefferson Finis Davis, 1808 ~ 1889)

1828년 육군사관학교를 졸업하고 1853년 전쟁성 장관으로 임명되었고 1858년 체임벌린이 교수로 재직하고 있는 보우도인 대학으로부터 명예 박사 학위를 받았다. 1861년 2월 18일 남부동맹의 대통령으로 취임하여 1861년 4월 12일 사우스 캐롤라이나 찰스턴에 있는 섬터 요새에 대한 포격을 명령했다. 이로 말미암아 남북전쟁이 발발했다. 리 장군의 항복

이후 1865년 5월 10일 포로로 잡혔지만, 1868년 12월 25일에 석방되었다. 그 후 테네시 멤피스에서 보험회사 사장이 되었고, 남부의 부흥에 힘을 썼다.

리 (Robert Edward Lee, 1807 ~ 1870)

1829년 육군사관학교를 졸업하고 7일 전투에서 포토맥군에 승리하여 남부동맹의 항복 직전 남부군 총사령관으로 임명될 때까지 북버지니아군 사령관으로서 동부전선의 지휘를 맡았다.

1863년 게티즈버그 전투에서 패배한 후 버지니아로 후퇴했다. 1865년 4월 3일 리치먼드를 빼앗기고 4월 9일 그랜트에게 항복했다. 남북전쟁 이후인 1865년 10월 버지니아 렉싱턴 대학 학장에 취임했고, 전쟁으로 황폐해진 남부를 복구하기 위해 노력했다.

잭슨 (Thomas Jonathan Jackson, 1824 ~ 1863)

1846년 육군사관학교를 졸업하고 남북전쟁 당시 남부군 장군으로 참전했으며, 리 장군 다음으로 가장 잘 알려진 남부군 지휘관으로 제1차 불런 전투에서 뛰어난 공적을 세웠다. 이 전투에서 남부군 비(Barnard Elliott Bee) 장군이 "저기 잭슨 장군이 돌벽(Stonewall)처럼 서 있는 것을 보라!"라고 외

쳐 '돌벽'이라는 별명을 얻었다. 1863년 5월 2일 챈셀러즈빌 전투에서 남부군 전초병의 오인 사격으로 부상을 당해 왼쪽 팔을 절단했고, 8일 후인 5월 10일 폐렴으로 인한 합병증으로 사망했다.

후드 (John Bell Hood, 1831 ~ 1879)

1853년 육군사관학교를 졸업하고 남북전쟁시 남부군에 소속되어 호전적이고 때로는 무모한 전투지휘로 유명했다. 1862년 리 장군 밑에서 여단장으로 7일 전투에 참가했고, 이후 진급하여 1862~63년에는 롱스트리트 장군 예하 사단을 지휘했다. 게티즈버그 전투에서 평생 왼팔을 못 쓰는 부상을 입었고, 이후 북부군 전선에 대한 대규모 공격을 이끌었던 치카마우가(Chickamauga) 전투에서 또 부상을 당하여 오른다리를 절단했다. 남북전쟁이 끝난 뒤에는 뉴올리언스에서 사업과 회고록 저술에 전념했다.

롱스트리트 (James Longstreet, 1821 ~ 1904)

1843년 육군사관학교를 졸업하고 남북전쟁에서 남부군 리 장군의 오른팔로서 동부전선 1군단을 지휘했다. 서부전선에서는 테네시군에서 브래그(Braxton Bragg) 장군과 함께 싸우기도 했다. 제2차 불런 전투, 프레더릭스버그 전투, 7일 전투 및 월

더니스 전투에서 뛰어난 성과를 올렸다. 하지만 게티즈버그 전투 때 리 장군이 채택한 전술을 따르지 않아 종전 후 비난을 받기도 했다.

남북전쟁 후에는 외교관, 공무원, 행정관으로서 미국 정부를 위해 일했다.

피켓 (George Pickett, 1825 ～ 1875)

1846년 육군사관학교를 졸업하고 남북전쟁에 남부군 소장으로 참전했다. 게티즈버그 전투에서 시도했던 공격인 '피켓의 돌격(Pickett's Charge)'으로 유명하다.

1863년 7월 2일 저녁에 게티즈버그에 도착하여 자신의 사단을 포함한 3개 사단을 이끌고 "돌격 앞으로!"를 외치며 진격했지만, 수많은 병사들을 잃어 큰 상심에 빠졌다. 게티즈버그 전투 이후 별다른 공적을 보여주지 못하고, 1865년 4월 애포매톡스 법원에서 리 장군과 함께 항복했다.

남북전쟁 이후 가석방 판결을 받았는데도 캐나다로 도피했다. 1866년 버지니아로 돌아와 보험회사 직원으로 일했다.

머 리 말

메인 주의 의용군 소장(少將)이었던 고(故) 체임벌린의 헛간. 그 바닥에 흙 묻은 종이들이 어지러이 흩어진 채 진흙을 천천히 빨아들이고 있었다. 브런즈윅 시 메인 가(街)와 포터 가를 걸었던 신발에서 떨어진 진흙이다. 사람들은 여러 해 체임벌린 가(家)의 골동품과 가구를 사거나 구경하러 그 헛간을 방문했다. 바닥에 흐트러진 종이는 편지와 쪽지, 소인이 찍힌 수표, 통신문서, 그리고 몇 장의 옛 전장 지도와 그림으로, 대부분 새 주인들이 가구를 헛간 밖으로 옮기다가 서랍에서 떨어진 것들이었다. 일부 서류는 통신문서와 뒤섞여 헛간에 쌓여 있었다.

강 건너 톱샴(Topsham)에 있는 한 농가, '워커 홈스테드(Walker Homestead)'라고 부르던 집에는 더 많은 편지와 서류가 보관되어 있었다. 누군가 말하길, 그 집에 있는 '수백 통의 편지'는 '대다수가 조슈아 체임벌린의 것'이라 했다. 그리고 그 집에는 '어떤 편지든 5달러에 팝니다'라고 적힌 팻말이 붙어 있었다. 1930년대 후반과 1940년대에 5달러는 매우 큰돈이었다.

메인 주, 나아가 미국 전체에서 가장 유명한 한 가문에서 한때 소유했던 그 오래된 헛간과 함께 워커 홈스테드는 이제 존재하지 않는다. 그곳에 있던 편지와 서류 역시 사라졌다.

이 책은 문서보관소에 소장(所藏)된 체임벌린의 모든 편지를 수록하고 있다. 개인이 소장한 미공개 편지도 많이 있을 것이다. 이것들은 이러저러한 이유로 세상의 빛을 보지 못할 가능성이 크다. 하지만 이 책의 출판과 최근에 다시 일기 시작한 체임벌린의 인기를 계기로, 편지를 소장한 개인들이 복사본을 문서보관소에 기증하게 될 것이다.

체임벌린은 자신의 중간 이름인 '로렌스'로 자신을 일컫기를 좋아했고, 메인에 거주하던 그의 친구와 가족도 그러했다. 오래 전 사람이지만, 그에 관한 이야기는 여전히 말과 글, 드라마를 통해 많이 알려지고 있다.

미국이라는 나라, 메인 주, 그리고 모교에 대한 체임벌린의 오랜 봉사활동은 시대를 막론하고 주목받을 만한 유산이다. 남북전쟁에서 혁혁한 전공을 세우고 진급을 거듭하여 중령에서 소장까지 올라갔으며, 수많은 전투에서 입은 여섯 군데의 부상, 애포매톡스에서 거행된 북버지니아 남부군의 항복식 집전관으로 선임된 일은 체임벌린이 확고한 판단 위에 영웅적 행동을 감행하는 매우 담대한 인물임을 증명한다.

영웅은 보통 특정한 사건을 계기로 출현한다. 현대의 많은 남북전쟁 예찬론자들은 체임벌린이 게티즈버그에서 남부군의 수많은 공격에 맞서 북부군 진지의 맨 좌측을 끝까지 방어하고, 나중에 이 공로로 명예훈장을 받았던 1시간 반 동안의 전투를 통해 영웅으로 탄생했다고 믿고 있다. 그러나 그 하나만을 주목한다면, 그의 전체적인 면모를 알 수 없을 뿐만 아니라 그가 영웅으로 인정받기까지 그를 도와준 다른 사람들의 역할을 간과할 수밖에 없다. 체임벌린은 누구보다도 그런 불공정을 싫어했다.

체임벌린은 1862년 8월부터 1865년 8월까지(역자 주 : 부상치료로 공식적인 전역일은 1866년 1월 15일이다) 3년 동안 군인으로 활동했고, 1914년 2월 24일 85세의 나이로 사망했다. 그의 일생에서 군 생활은 작은 부분에 지나지 않거나, 심지어 대수롭지 않은 것으로 간주할 수도 있다.

그러나 전쟁은 모든 것을 변화시킨다. 전쟁의 참상이 참전자들을 어떤 식으로든 바꾸어 놓는다는 뜻이다. 억누를 수 없는 애국심을 느낀 그 점잖은 대학교수는 삶과 죽음 사이의 불가사의한 경지에 수차례 다다랐다.

주변의 전우들이 갑자기 세상을 떠나고 다음은 자기 차례일지 모른다는 끔찍한 생각이 체임벌린을 변화시켰다. 죽음을 의식하면서 차차 변해간 그의 모습은 사진에도 잘 나타나 있다. 21살이나 22살에 죽은 나이 어린 전우들의 모습은 죽을 때까지 그의 머리에서 떠나지 않았다. 자신만 살아남은 것에 죄책감을 느끼지는 않았더라도, '누구는 죽고 누구는 살기 마련'인 기묘한 전투를 체험하고 살아남은 지휘관으로서 죄의식을 느꼈음이 틀림없다. 그의 책 『행군(The Passing of the Armies)』은 그가 느낀 죄의식을 잘 드러내고 있다.

체임벌린을 가장 크게 변화시킨 전투는 그가 지휘관으로 처음 출전한 게티즈버그 전투(1863.7.1~3)였다. "무슨 일이 있어도 그 땅을 반드시 고수하라!" 여단장 빈센트 대령은 체임벌린에게 이렇게 명령했다. 별도의 명령이 있을 때까지 절대 철수해서는 안 된다는 말이었다. 빈센트는 사망했지만(1863.7.7.) 체임벌린은 살아남아 그 땅을 지켰다. 전쟁이 끝난 후에도 체임벌린은 빈센트의 마지막 명령에 끝까지 복종하듯 남은 여생동안 그곳을 자주 방문했다.

다소 덜 알려진 전투라고 하더라도 그가 참전한 다른 전투 역시 게티즈버그 전투만큼 위험하거나 두려웠다. 그는 1862년의 프레더릭스버그 전투 때 마리(Marye) 고지의 방벽에서 24시간 이상을 시체 사이에 누워 있었다. 방패막이 시체들에 총탄이 박히는 기분 나쁜 소리가

남북전쟁시 체임벌린 활동지역

계속 들려왔다. 생존자를 구한 것은 전사자였다. 전사자는 가장 섬뜩한 임무를 마지막으로 수행한 충실한 군인이었다. 1864년 6월 18일, 체임벌린은 피터즈버그에서 돌격하다 즉사할 뻔했고 그때 입은 치명상으로 50년 후에 끝내 사망했다. 그리고 그는 전쟁이 끝나기 직전에 벌어진 수주일의 전투에서 다시 총에 맞아 세 군데에 부상을 당했다.

총알이 심장을 비껴간 것은 다행히 가죽 지갑과 놋쇠 손거울 덕분이었다.

전쟁이 끝날 당시 체임벌린은 남부군 항복식(1865.4.12.) 집전관으로 선임되었다. 질풍노도 같았던 3년의 군 생활 중에서 그 일은 아마도 가장 감동적이었을 것이다.

이후 그는 브런즈윅으로 귀향하여 반세기 동안 활기차면서도 고통스러운 공직 생활을 영위했다. 피터즈버그에서 입은 부상은 줄곧 그를 괴롭혀 오래 앉아 있는 일이 불가능했다. 전쟁과 공직 생활 때문에 오래 집을 떠나 있었던 탓에 결혼생활도 금이 갔다.

전쟁이 끝난 후에 체임벌린은 메인 주지사를 네 차례 역임(1867~1871)하고 보우도인 대학 총장(1871~1883)을 지냈다. 헤이스(Rutherford B. Hayes, 역자 주 : 제19대 미국 대통령, 1877~1881) 행정부 시절에는 미국을 대표하는 교육위원으로 프랑스 파리 만국박람회에서 일했다. 철도회사와 전기모터회사 등 3개 회사의 회장을 지냈고, 메인 주 포트랜드의 조세 사정관으로도 일했다.

피터즈버그에서 입은 부상은 사실상 완치가 불가능했다. 그런데도 당시에 찍은 사진을 보면, 그는 가운과 사각 모자 차림으로 보우도인 대학의 각종 행사에 참석하고, 특유의 허연 콧수염을 멋지게 늘어뜨린 채 커다란 말을 타고 거리를 질주했다. 허리를 꼿꼿이 편 자세로 안장에 앉아 있는 모습은 제1차 세계대전에 참전한 18살짜리 기마병과도 같다. 그러나 그는 틀림없이 고통을 느끼고 있었을 것이다. 안락의자에 앉아 있는 것조차 힘들어했다는 기록이 있기 때문이다. 체임벌린은 자신의 고통을 좀체 드러내려 하지 않았다. 무한에 가까운 그의 활동은 의무와 봉사에 대한 열정이 신체적 고통을 능가했기에 가능한 일이었다.

현대의 체임벌린 예찬론자들은 대부분 『게티즈버그』라는 제목의 영화, 또는 그것의 원작인 마이클 샤라(Michael Shaara)의 역사소설 『살인천사들(The Killer Angels)』을 통해 그를 알고 있다. 영화와 소설은 체임벌린을 중심인물로 설정하고는 있지만, 그가 참가한 수많은 전투 중에서 단 하나의 전투만 다루고 있다.

또한 위의 두 작품은 역사 허구물일 뿐이다. 기본적인 사실들은 대체로 정확하지만, 대화를 비롯해서 내용 대부분이 창작인 것이다.

『체임벌린의 남북전쟁』은 허구가 아니다. 체임벌린이 직접 쓴 편지들을 수집하고 해설한 것이다. 따라서 독자들은 가장 탁월한 참전용사였던 그의 눈을 통해 남북전쟁의 실상을 생생하게 알 수 있다. 이 책은 조슈아 로렌스 체임벌린 중령(1862.8.8.), 대령(1863.5.20.), 준장(1864.6.18.), 소장(1865.3.29.)이 안내하는 남북전쟁 여행인 동시에 그가 쓴 안내서이다.

필자가 체임벌린에 관심을 기울인 것은 매스컴에서 그가 각광을 받았던 지난 몇 년보다 훨씬 이전으로 올라간다. 1970년대 초, 게티즈버그 국립군사공원에서 관리인으로 근무할 당시 필자는 방문객들에게 리틀 라운드 탑에 관해 해설했다. 리틀 라운드 탑은 남북전쟁에서 중요한 전투 장소였으므로, 메인 20연대가 그곳을 용감하게 방어한 이야기는 필자의 해설에서 당연히 중요한 대목이었다. 매우 드물었지만 방문객 가운데서 메인 20연대 기념비의 위치를 묻는 경우도 있었다. 그때마다 가는 길을 알려주었으나 기념비를 못 찾고 돌아오기 일쑤여서 필자는 나무가 우거진 남쪽 언덕길을 따라 그들을 안내해야했다. 지금은 기념비로 가는 길에 사람들이 너무 붐벼 새로운 길을 트는 중이다.

필자는 35년 넘게 남북전쟁을 연구했으며, 비록 공원 관리인이긴 하되 전문가 못지않게 역사적 식견을 가졌다고 자부했지만, 이 책을 집필하기 전까지 북부군이 왜 싸웠는지 완벽히 이해하지는 못했다.

반면에 남부군이 싸운 이유는 이해하기 쉬웠다. 그들은 땅과 집을 빼앗기고 가족이 위기에 처했기 때문에 싸웠다. 소규모 농장조차 꾸려나가기 힘들어 가족 전체가 유리걸식(流離乞食)할 판이었던 것이다.

체임벌린을 집중적으로 연구하고서야 필자는 비로소 북부군이 무슨 이유로 싸우고 고통받고 죽었는지 깨달을 수 있었다. 물론 그렇게 되기까지 끊임없는 노력을 기울여야 했다. 베트남 전쟁 시대의 냉소주의 풍토 속에서 성장한 필자에게 남북전쟁은 너무나 진부하고 낯설었다. 어쩌면 필자가 기술한 남북전쟁을 읽는 많은 독자들도 그렇게 느낄지 모른다.

간명하게 표현하자면 북부군은 나라를 사랑하는 마음, 즉 애국심 때문에 싸웠다. 그들은 국기(國旗)의 상징인 명예를 위해, 이를테면 적 앞에서 국기를 내리는 일을 모욕으로 느꼈기 때문에 싸웠다. 그리고 임무가 일단 정해지면 절대로 포기하지 않는 대장부정신으로 싸우고 또 싸웠다. 그들은 죽음과 평생 불구로 살아야 할 위험을 기꺼이 무릅쓰고 자신의 원칙을 굳게 믿었다. 일련번호를 매긴 국립묘지의 묘비 아래 누운 무명용사들처럼 일부 장병은 원칙을 굳게 지킨 나머지, 자신의 생명과 가족뿐 아니라 자신의 신원(身元)마저도 포기했다.

이러한 특징은 이 책에 수록된 체임벌린의 편지, 특히 그가 가족에게 보낸 편지에서 자주 나타난다. 그가 가장 중시한 것은 나라 사랑과, 나라가 자신을 원할 때 의무를 다하겠다는 결의였다. 그는 '우리

나라를 황폐함으로부터 구하는' 사람들 대열에 합류하려 유럽에서의 안식년 휴가를 포기하고 입대하겠다는 뜻을 메인 주지사에게 밝혔다. 아내에게도 '조국이 부르는 곳에 내가 있다고 느낀다오.' 라고 편지를 쓰면서, '확실히 나는 언젠가 어딘가에 총상을 입겠지만 그건 신이 결정할 사항이고, 그분의 허락 없인 난 죽을 수도 없다오.' 라고 단호함을 드러냈다. 군복을 벗고 안전한 일자리를 구하라는 부친에게는 '저는 3년 동안 나라에 봉사할 의무를 지고 있습니다.' 라고 간단히 대답했다. 그의 애국심이 가장 잘 드러난 편지는 6살짜리 딸에게 쓴 편지일 것이다.

큰 싸움이 벌어져 우리 편 사람들이 아주 많이 죽거나 다쳤단다. 머지않아 우리는 다시 싸울 거야. 남쪽에 사는 백인들이 우리나라를 망치고 우리 모두를 불행에 빠뜨리려고 하는구나. 우리는 그 사람들이 나쁜 짓을 그만두고 착하게 살도록 해야 한단다.

의무, 신, 대장부, 명예, 나라(Country)는 체임벌린에게 각별한 의미를 부여하는 말이었다. 그는 나라 또는 조국이라는 단어를 쓸 때 언제나 그 첫 글자를 대문자(C)로 썼다.

체임벌린의 편지 덕분에, 필자는 이 책을 쓰면서 남북전쟁을 여행했고 새로운 깨달음을 얻을 수 있었다.

사람들이 체임벌린을 재발견한 것은 불행인 동시에 축복이었다. 불행인 이유는 체임벌린이 전투를 벌였던 장소가 사람들의 '과도한 방문'

으로 닳아 없어질 지경이 돼버렸기 때문이다. 그곳은 찌는 듯이 더운 1863년 7월의 어느 오후 체임벌린이 보았던 지형을 서서히 잃어가고 있다.

방문객들은 메인 20연대의 U자형 또는 L자형 방어선의 특정한 장소, 즉 체임벌린이 한때 서 있었고 그의 부하들이 전투를 벌였던 그 좁은 장소에 두발을 딛고 죽 둘러보고는, "이제 모든 것을 다 보았노라, 남북전쟁을 승리로 이끈 이곳에서!"라고 감탄하곤 한다. 그러나 그것은 맞지 않는 말이다. 역사는 계량화될 수 없으므로 한 장소가 다른 어떤 장소보다 더 신성하거나 중요하다고 말할 수는 없다. 그런 말은 너무 단순한 말이다. 체임벌린이 한때 걸었으며, 그의 부하들이 영웅처럼 싸우다 죽은 그 장소는, 게티즈버그 전투가 전개된 여러 장소의 하나일 따름이다. 나아가 게티즈버그 역시 영웅들이 자기 자신보다 더 고귀하고, 당신이나 나보다 더 고귀한 것을 위해 싸우다 죽은, 미국 전역(全域)에 산재한 수천의 전장 가운데 하나이다.

그렇더라도 체임벌린에 대한 재발견은 축복이다. 체임벌린 같은 위인, 그리고 체임벌린과 친한 사이였거나 심지어 싸움을 했던 사람들을 재발견함으로써, 우리는 오랫동안 잊고 있었지만 발견할 필요가 있는 중요한 무엇, 또는 우리 마음속의 편견을 발견할 수 있기 때문이다. 애포매톡스 전투가 끝나고 몇 년 후, 체임벌린은 항복한 남부군을 다음과 같이 묘사했다.

대장부의 화신들이 굴욕을 참으며 당당하게 우리 앞에 서 있었다. 어떠한 전투나 고통도, 코앞에 닥친 죽음도, 재난도, 절망도 그들의 결의를 꺾을 수 없었다. 그들은 초췌하고 굶주렸지만 꼿

꼿한 자세로 우리의 눈을 응시하면서 우리 앞에 서 있었다.

아마도 그는 그들과 싸운 북부군에 대해서도 똑같이 말했을 것이다. 과연 어느 지휘관이 승리와 패배를 초월하여 평등하게 전쟁을 바라볼 수 있겠는가?

체임벌린은 1828년 9월 8일 메인 주 브루어(Brewer) 시에서 태어났다. 조슈아라는 이름은 그의 부친과 조부의 이름을 따서 지었고, 로렌스라는 중간 이름은 1812년 미영 전쟁 당시 죽음의 순간에 "배를 포기하지 마라!"라고 외쳐서 유명해진 제임스 로렌스(James Lawrence)를 기리려고 붙였다.

체임벌린은 메인 주의 호수와 숲 근처에서 자랐다. 그의 뒤를 이어 호러스(Horace), (체임벌린이 '새디(Sadie)' 또는 '새(Sae)'라는 애칭으로 불렀던) 새러(Sarah), 존 칼하운(John Calhoun), 토마스 데이비(Thomas Davee)가 태어났다. 체임벌린은 학업에 열중하면서도 종종 농장 일을 돕고 승마를 즐겼다. 특히 그는 동생들을 선원으로 부리는 보트놀이를 좋아했다. 하지만 19세기에 여가 활동으로 널리 유행했던 사냥은 그의 취미가 아니었다.

모친은 체임벌린에게 목사가 되기를 권했고, 부친은 그가 군인의 길을 가도록 이끌었다. 부친의 뜻에 따라 잠시 군사학교(Whiting's Military and Classical School)를 다녔으나 이내 체임벌린은 모친을 따랐다. 메인의 브런즈윅에 있는 보우도인 대학 입학 허가를 기다리는 동안 노스 밀포드(North Milford)에 있는 한 학교에서 학생들을 가르쳤다. 그는 그때 군사학교에 다니는 친구의 도움으로 그리스어와 라틴어를 배웠다. 보우도인 대학에 입학한 해는 1848년 2월이었다.

만년의 체임벌린은 훌륭한 연설가였지만, 젊은 시절 한때는 t, p, b
로 시작되는 단어들을 더듬거렸다. 대학 입학 당시, 그리고 군복무 기
간과 그 이후에 발휘했던 의지력으로 말 더듬는 문제에 정면 도전했
다. 언어 장애를 극복하려 갖가지 노력을 다한 결과, 아무도 그가 말
더듬는 것을 눈치 채지 못할 정도가 되었다. 결국 그는 장애를 완전히
극복하고 대학 웅변대회에서 상까지 받았다.

대학 시절 체임벌린은 중병을 앓아 1년 동안 휴학했다. 복학하여 지
역교회 일에 관여하기 시작한 그는 종종 성가대에서 오르간을 반주했
다. 어느 일요일 아침 체임벌린은 목사의 입양 딸이며 '패니(Fanny)'
라는 애칭으로 부르던 프랜시스 애덤스(Frances Caroline Adams)를 만나
첫눈에 반했다. 두 사람은 교제를 시작했고 체임벌린이 보기에는 사
랑이 점점 무르익어 갔지만, 패니가 음악공부를 위해 뉴욕으로 돌아
가는 바람에 교제가 일시 중단되었다. 그러는 사이 체임벌린은 학업
에 몰두해 보우도인 대학을 수석으로 졸업했다.

졸업 후 그는 신학교(Bangor Theological Seminary)를 다니며 독일어,
히브리어, 아라비아어, 고대 시리아어를 공부했다. 그리고 1852년에
패니와 약혼을 했지만 그녀는 음악을 가르치기 위해 조지아로 떠나야
했다. 나중에도 그러했지만, 체임벌린은 편지 쓰는 것을 싫어하는 그
녀에게 다소 실망했다. 1855년 그는 신학교를 졸업한 후 1주일 만에
보우도인 대학에서 석사 학위를 받았다. 그리고 다음 학기까지 보우
도인 대학에서 자연신학과 수사학을 강의했다. 이때 패니가 조지아에
서 돌아왔고, 두 사람은 1855년 12월에 결혼식을 올렸다.

'데이지(Daisy)'라는 애칭으로 불렸던 딸 그레이스(Grace)는 이듬해

가을에 태어났고, 이름 대신 중간 이름 윌리(Wyllys)로 불렸던 아들 해
롤드(Harold)는 1859년 가을에 태어났다. 1860년 봄에 태어난 둘째 딸
에밀리(Emily Stelle)는 그해 가을에 죽었다. 1861년 12월에는 체임벌린
의 동생 호러스가 병으로 죽었다. (역자 주 : 1865년 1월에 태어난 셋째 딸은 그
해에 죽었다)

대학교수 시절 체임벌린

　체임벌린이 개인적으로 슬픔을 겪는 동안 국가는 파국으로 치닫고
있었다. 링컨이 대통령에 당선된 후 11개 남부 주들이 연방에서 탈퇴
했고, 이들이 결성한 남부동맹과 북부연방 사이에 무력 충돌이 일어
났다. 1861년과 1862년 전반기에 체임벌린은 보우도인 대학 학생들
과 수천 명의 메인 주민이 북부군에 입대해 머나먼 버지니아 전장으
로 떠나는 것을 지켜보았다. 체임벌린은 가슴 속에서 무언가가 치밀

어 올랐다. 패니에게서 느꼈던 그런 벅찬 감정이었다. 그러나 다른 감
정도 있었다. 많은 세월이 흐른 후에 그는 이렇게 썼다.

국기가 모욕을 당했다. 미합중국의 명예와 권위가 도전받은 것
이다. 공개적이고 잔혹한 전쟁 속에서 미합중국 국민의 고결함
과 생존이 공격받았다.

1862년 7월, 체임벌린은 메인 주 당국에 입대를 신청했다.

1862년

전선으로 나아가는 연대는 아가씨들의 미소, 물결치듯 흔들리는 손수건, 손시늉으로 보내는 입맞춤, 구호가 적힌 배너 사이를 행군한 것이 아니었다. 운명을 걸머진 사람들처럼 군인들은 슬퍼 보였고 얼마간 두려움에 빠진 것 같았다. 그들의 이름과 입대 선서가 기록된 점호부(點呼簿)는 죽음의 문에서나 되찾을 명예로운 저당물이었다. 이를 알고 그 문에 다다른 군인들은 영웅 명단에 이름이 올랐다.

소장 조슈아 L. 체임벌린, 「행군」

워쉬번 주지사님께

저의 입대 신청과 관련하여 주지사님께서 저의 입대를 원하시고 또한 받아들이실 것인지를 여쭙습니다.

주지사님께 제가 누구인지 말씀드리는 것은 불필요한 일인지도 모르겠습니다. 주지사님께서는 제 윗대 조상을 흡족해 하시리라 생각합니다. 저는 브루어의 조슈아 체임벌린의 아들입니다. 저는 지난 7년 동안 보우도인 대학에서 교수로 재직해왔습니다. 저는 항상 군사문제에 관심이 있었으므로 모르는 분야에 부닥치면 어떻게 대처해야 하는지 알고 있습니다.

저는 최근에 새로운 학과로 발령을 받았으며, 대학 측에서는 1년 남짓 유럽으로 안식년을 보내라고 배려했습니다. 그러나 조국이 저의 입대를 원한다면, 저는 결단코 유럽으로 떠나지 않을 작정입니다.

주지사님께서는 우리 주의 군사업무 뿐만 아니라 교육업무도 관장하십니다. 우리의 학문 기관들은 계속 유지되어야 합니다. 저 또한 이것이 얼마나 중요한 일인지 잘 알고 있습니다. 주지사님께서 저의 힘을 어디에서 가장 필요로 하는지 결정하실 때 이 점을 살펴 주시기 바랍니다.

다만 걱정스럽기는 이 전쟁이 막대한 생명과 재산을 요하는 전쟁으로 북부 사람들이 우리나라를 황폐함으로부터 구하기 위해, 기꺼이 좋은 직장을 포기하고 가장 소중한 개인적 이익을 희생할 때까지 끝나지 않으리란 것입니다. 강력한 힘으로 이 전쟁을 신속하게 종결시켜야 합니다. 따라서 모든 사람이

이스라엘 워쉬번 (1861~1862년 메인 주지사 역임)

앞으로 나서서 자신에게 맞는 전선으로 보내달라고 요청해야
할 것입니다.

백 명에 가까운 저의 제자들이 현재 우리 군대에서 장교로
복무하고 있습니다만, 제가 부른다면 우리 주 전역에서 더 많
은 제자가 열광적으로 호응하여 지금 당장에라도 1개 연대를
채울 만큼의 사람들을 데려오리라 생각합니다. 저는 8월 첫째
주까지는 대학에서 주어진 직무를 해야 합니다. 그러나 전장으
로 보내지는 마지막 사람이 되고 싶지는 않습니다.

지금 저는, 누구도 제게 요구하지 않은 개인적 희생을 자청
하고 있습니다. 그러나 저는 이것이 제 의무라고 믿으며, 조국
이 위험에 처한 이 시기에 제가 취할 행동이란 것을 잘 알고 있
습니다.

제가 주지사님을 가장 잘 섬길 수 있는 곳이 대학인지, 아니

면 전장인지 주지사님의 결정을 따를 뿐입니다. 저는 대학과 마찬가지로 전장에서도 제가 적격자라는 사실을 주지사님께서 알고 계시리라 믿습니다. 주지사님의 답장을 받는 영광을 기대하며 삼가 글월을 올립니다.

주지사님께 삼가 올립니다.
J.L. 체임벌린

보우도인 대학에서 학생들을 가르치며 체임벌린은 메인 주에서 많은 사람이 국기를 앞세우고 대열을 지어 버지니아의 전쟁터로 향하는 것을 지켜보았다. 그는 1861년 북부군이 사우스 캐롤라이나의 섬터 항구와 버지니아의 볼스 블러프(Balls Bluff)에서 치욕적인 패배를 당했다는 이야기를 들었다. 1년 전인 버지니아의 매나세스(Manassas) 전투에서도 패배를 당한 것을 모든 사람이 알고 있는 터였다. 그러나 테네시의 도넬슨 항구를 북부군이 접수하면서 북부군은 기사회생했고, 1862년 2월에는 새로운 영웅이 탄생했다. 그 영웅은 바로 '무조건 항복'을 받아내기로 유명한 그랜트 장군이었다. 북부군이 내쉬빌을 점령한 것은 그의 지휘 아래였다. 동부 전선에서 남부군의 '버지니아'라는 철갑선은(이 배가 미합중국 소속이었을 때의 이름은 '메리맥'이었다.) 노폭에서 북부군의 함대를 전멸시키고, 체사피크 만을 타고 올라가 워싱턴을 공격하겠다고 위협했다. 북부군의 함선인 '모니터'는 '버지니아'와 싸워 햄튼 로즈(Hampton Roads)에서 무승부를 기록했다. 이 사건은 체임벌린이 주지사에게 편지를 쓰기 넉 달 반 전이었다. 그 무승부 이후, 매클레란은 남부동맹의 수도인 리치먼드로 바로 이어지는 버지니아 반도를 향해 천천히 행군을 시작했다.

1862년 4월, 테네시 강 근처의 실로 처치(Shiloh Church)라 부르는 작은 마을 교구회관 주변의 피츠버그 랜딩(Pittsburg Landing)에서 전투가 벌어졌다. 그 전투에서 아직 현대전에 익숙하지 않은 미군은 섬뜩한 피해를 당했다. 또한 그 봄에 북부군이 뉴올리언스를 점령했다. 남부군의 '돌벽' 잭슨은 버지니아의 세난도아 계곡 전투를 승리로 이끌었다. 6월에는 리치먼드, 버지니아, 멤피스, 그리고 테네시 등지에서 전투가 벌어졌다.

어느 정도의 군사교육을 받은 체임벌린은, 남부군의 기병부대 지휘관인 스튜어트(J.E.B. Stuart) 장군이 반도에 있던 북부군 주변을 완전히 돌아서 타격한 사건에 틀림없이 깊은 관심을 기울였을 것이다.

스튜어트는 남부군의 새로운 지휘관인 리가 1862년 6월과 7월에 걸쳐 벌어진 '7일 전투'를 통해 반격하여 매클레란을 리치먼드에서 몰아내도록 결정적인 정보를 제공한 인물이다.

서부에서 북부군의 상황은 성공적으로 보였지만, 동부지역에서의 전세는 매우 불리했다. 그때 체임벌린은 애국의 피가 끓어올랐고, 그의 가문에 흐르는 군인의 핏줄, 우스꽝스럽지만 어릴 적 흉내 냈던 전쟁놀이에 힘입어 다른 군인 못지않게 잘 싸울 수 있을 것 같았다.

더 나아가서 그는, 전술이란 것은 배우는 과정에서 충분히 응용할 수 있다고 확신했는데, 아무래도 대학교수다운 사고방식이 아닐 수 없었다. 체임벌린은 아직 조국의 부름에 응하지 않은 학생들에게 입대를 종용했다.

워시번 주지사는 체임벌린의 입대를 허락했다. 체임벌린은 주저하지 않고 연대를 편성할 수 있는 인원을 모집하기 시작했다.

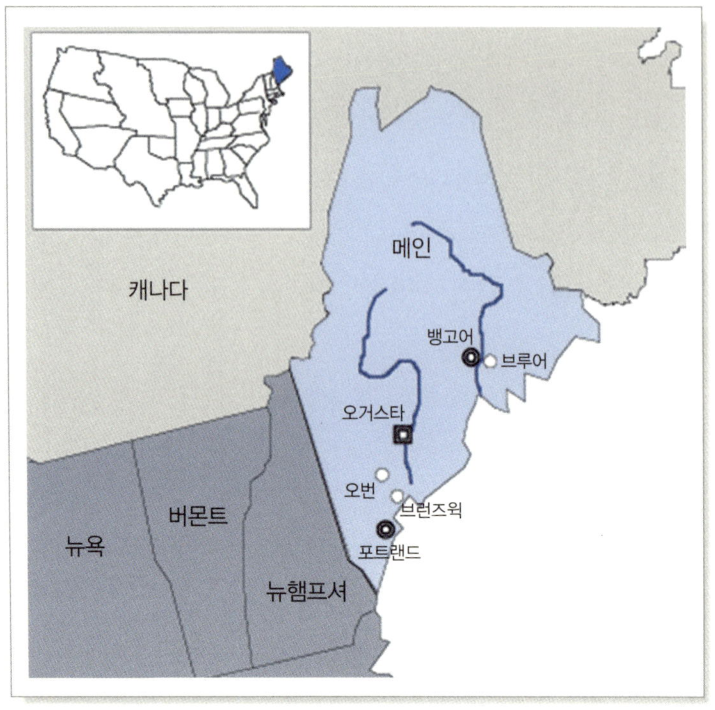

메인 주 주요 지명

워쉬번 주지사님께

주지사님의 답장을 어제 받았습니다. 호의적인 의견에 매우 감사드립니다. 주지사님의 요청에 따를 것이며, 내일 찾아뵙도록 하겠습니다. 저는 오직 주지사님을 최대한 잘 섬길 수 있는 곳에서 근무하기 원합니다. 다른 사람들, 특히 용맹스러운 저희 포토맥군 장병에게 방해가 되고 싶지는 않습니다.

저는 매우 짧은 기간에 천여 명을 모병할 수 있으리라 확신하며, 주지사님께서 그렇게 하도록 명령하시기만 기다리고 있습니다.

저희 대학의 젊은 졸업생들 몇몇이 자발적으로 저를 찾아와 저의 병사가 되거나 혹은 다른 방식으로 저와 함께하겠다는 뜻을 밝혔습니다.

저는 제 주변의 사람들을 잘 알고 있고 누구를 선발할지도 이미 잘 알고 있습니다. 제 생각에 그들은 새로운 연대에 입대하길 선호하겠지만, 오직 주지사님께서 승인해 주실 때만 가능할 것입니다.

주지사님을 내일 뵐 수 있기 바랍니다.

주지사님께 삼가 올립니다.

J.L. 체임벌린

체임벌린이 안식년을 보내는 대신에 군에 입대한다는 소문이 보우도인 대학 동료 교수들에게 퍼졌을 때, 일부 교수들은 체임벌린의 군 입대를 반대했고, 군에 입대하려는 체임벌린을 깎아내리려 몇몇 동료 교수들이 들고일어났다.

브런즈윅, 1862년 7월 22일

이스라엘 워쉬번 주지사님께

주지사님께서는 저에 관한 좋지 않은 보고서들을 믿지 않으시리란 것을 저는 알고 있습니다.

하워드(Oliver Howard) 장군님과 면담하면서 저는 새로운 부대가 창설된다면, 제가 연대를 이끄는 것을 주지사님께서 허락하실 것 같다고 말씀드렸습니다. 그리고 부대가 창설될 때까지 무엇을 해야 좋을지 장군님께 여쭤보기도 했습니다.

물론 다른 사람들에게는 제가 오거스타를 방문한 일을 침묵했습니다. 저에 대한 여러 보고서는 참으로 당황스럽습니다. 중상 모략에 가까운 그 보고서 때문에 분하지만, 주지사님께서 저의 진심을 아시기에 개의치 않겠습니다.

제가 왜 그들에게서 비난을 받아야 하는지 모르겠으나, 그 보고서가 모두 허위임을 군인으로 복무하면서 언젠가 증명할 겁니다.

저는 입대 신청서와 제안서 때문에 매우 바쁜 나날을 보내고 있습니다. 입대 대상자들이 처음 신청한 연대에 바로 입대할 수 있도록 온힘을 다하고 있습니다.

주지사님과의 토요일 만남은 매우 의미 있었습니다. 지금까지 이 도시는 모든 것이 천천히 변해왔지만 앞으로는 분명히 급변할 것입니다.

주지사님께 삼가 올립니다.
J.L. 체임벌린

브런즈윅, 1862년 7월 23일

관계 당사자 앞,

저는 보우도인 대학 2학년 재학생 찰스 베넷의 칭찬받을 만한 결심을 기쁜 마음으로 사람들에게 전하고 있습니다. 그는 군 입대를 결심했습니다.

그는 능력이 있고 기운이 넘치며, 정신력이 올바른 청년입니다. 그가 여하이 군에 입대하기 바랍니다. 진정한 군인으로서 명예롭게 조국을 위해 봉사하리라 확신합니다.

J.L. 체임벌린

체임벌린이 학생들의 입대를 독려하는 동안 보우도인 대학의 교수들은 여전히 시비를 걸어왔다.

워시번 주지사님께,

　저는 보우도인 대학교수들에게 예상을 넘어서는 반발을 사고 있습니다. 그들은 저의 입대에 어떠한 지지도 해주지 않습니다. 하지만 저는 반드시 전장에 나갈 것입니다. 저의 입대를 방해하려는 그들의 주장을 주지사님께서는 가벼이 여기시리라 믿습니다. 저는 조국을 위해 봉사하는 것이 당연한 의무라고 느낍니다. 조국을 위해 명예로이 봉사하라는 주지사님의 부름에, 저는 올바른 시민으로서 아무런 망설임과 미련 없이 응할 것입니다. 유감스럽게도 동료 교수들이 원하지 않는 방향에서 행동하지만, 다른 선택은 없다고 생각합니다.

　한두 가지 문제에 대해 말씀드릴 것이 있습니다. 브런즈윅으로부터 다른 중대(中隊)를 받아들이시겠습니까? 저희 인원은 아직 반도 차지 못했고, 저와 같이 일하는 사람들이 8월 20일까지는 완편중대급 인원을 채울 수 있다고 말하지만 그렇게 되지 않는다면 징병을 해야만 하겠지요. 팩커드 교수의 아들인 앨퍼스 팩커드(Alpheus S. Packard, Jr.)는 스튜어드 병원 군의관 자리를 열망하고 있습니다. 저는 그곳의 군의관이 누군지는 모르지만 팩커드가 그 자리에 적합하다고 생각합니다.

주지사님께 삼가 올립니다.

J.L. 체임벌린

체임벌린이 대학교수를 그만두고 군인으로 복무하려는 것을 보우도인 대학 교수들은 반대했지만, 주지사에게 통하지 않았다. 체임벌린은 메인 20연대의 중령으로 임명받았다. 1861년 5월에 육군사관학교를 졸업한 에임스(Adelbert Ames)가 대령으로 임명받아 연대장이 되었다.

워시번 주지사님께,

저는 주지사님께 매우 감사드리며, 주지사님께서 임명하신 직책에 만족스러워할 따름입니다. 저는 기꺼이 주지사님의 명령에 따르겠습니다. 보우도인 대학 학칙에 따르면, 저의 군 입대는 교수회의를 거쳐 승인을 받아야 합니다. 하지만 고려해야 할 사항이 한 가지밖에 없으며, 1시간 정도면 충분히 교수회의를 끝낼 수 있습니다. 주지사님의 추가 명령을 기다리겠습니다. 혹시 제가 오거스타에 가는 게 좋겠는지요?

주지사님께 삼가 올립니다.

J.L. 체임벌린

친애하는 로링에게,

자네의 제안을 잘 받았고, 우리 부대에 지원하는 자네의 친구에게 무슨 일이든 기꺼이 해줄 생각이네. 들은 바로는 자네의 친구가 그 보직에 적합한 인재라더군.

당분간 이곳에 계시지 않을 대령을 대신해서 내가 몇 가지 새로운 지시사항을 말하겠네. 자네의 편지 덕분에 자네 자리는 보장되었다고 생각하네. 오늘 오거스타에 가서 그 문제를 이야기 하겠네.

여기 있는 교수들은 나의 입대를 엄청나게 반대하고 있네. 그들은 정말로 내가 입대하는 것을 반대하여, 그에 관한 의결안도 통과시켰네. 하지만 나는 입대를 당연한 의무라고 여기며, 전장에서 싸우는 것이 내 타고난 적성이며, 어렸을 때 흉내 냈던 전쟁놀이와 퍽 어울리며, 또 이를 바탕으로 잘 해 내리라 믿네.

내 입대를 반대하는 이들은 필요하다면 내 인격에 흠집을 내겠지. 만약 자네에게도 그런 말이 들리거든 자네가 잘 타이르시게. '언론'은 내가 '명예 연대장'이 되었다며 탐탁지 않게 보도했고 나는 상처를 받았네. 그 보도는 왜곡된 것이네. 나는 단지 내 능력으로 충분히 해낼 수만 있다면, 자리에 연연하지 않고 봉사하겠다고 말했을 뿐이네. 그러나 이미 지난 일일세. 지금부터는 내 뒤를 지켜보게나, 내 친구여. 그러면 난 정말 감사하겠네.

미리 언급했듯이 나는 언론을 잘 모르네. 그 두 편지는 한 줄 한 줄 정말 급하게 써 내려갔네. 내가 더 이상 할 일이 없기에 자네한테 꼭 답장하라고는 못하겠네.

자네가 신청한 것에 동의하며, 자네가 브런즈윅과 보우도인에 대해 정확한 정보를 얻을 수 있도록 힘쓰겠네.

J.L. 체임벌린 올림

체임벌린과 메인 주의 지원병들은 에임스 대령이 지휘하는 메인의 포트랜드 인근 메이슨 캠프로 집결했다. 육사를 졸업한 에임스는 메인 주 출신이었다. 버지니아의 매나세스 전투에서 싸운 그는 허벅지에 부상을 입은, '실전을 치른' 대령이었다. 에임스는 매나세스 전투에서 육군 중위로서 활약했고, 전공을 인정받아 나중에 명예훈장을 받았다. 그러나 에임스와 그의 부하들은 처음엔 별로 단결하지 않았다. 군대 규율을 엄격하게 강조하는 에임스와 달리, 부하들의 행동은 방만했다. 20연대가 정말 강한 부대로 변한 건 부하들이 에임스의 강건한 의지를 따랐을 때부터였다.

체임벌린은 초기 임무의 하나로, 주지사의 군사보좌관에게 연대의 참모 임명을 건의하는 편지를 보냈다.

브런즈윅, 1862년 8월 15일

대령님께,

주지사님께서 지금 너무 바쁘시기에, 저는 20연대의 몇 가지 문제를 군사보좌관이신 대령님께 보고 드립니다.

저는 현재까지 우리 부대에 전입을 희망하는 간부들의 임명 신청서를 자세히 검토했고, 그들의 장점을 조사하는 데 많은 시간과 노력을 쏟았습니다. 연대 참모 임명에 대하여 다음과 같이 건의 드립니다.

얄마우스(Yarmouth)의 로링은 병참 장교가 적격이라 생각합니다. 그는 잘 해낼 것입니다.

브런즈윅의 스미스는 특무상사가 좋을 것 같습니다. 주지사님께선 스미스가 요청한 것을 기억하실 겁니다.

제 동생인 뱅고어의 토마스 체임벌린은 병참 담당관을 원합니다. 그는 사빈의 가게에서 점장으로 지낸 풍부한 경력이 있으므로 그 자리에 완벽한 적임자라고 생각합니다.

브런즈윅의 팩커드는 스튜어드 병원 보직을 희망합니다. 군의관이 추천한 것으로 알고 있지만, 제가 다시 추천하는 바입니다.

저는 거리낌 없이 위 사람들을 연대 참모로 추천합니다. 물론 에임스 대령님이 오셔야 정식 임명이 가능하겠지만, 제가 적임자라고 생각한 사람들을 대령님께 미리 보고 드립니다.

저는 월요일에 포트랜드에서 신고 드리겠습니다. 제가 오거스타에 있을 때 베풀어 주신 호의에 깊은 감사를 드립니다.

J.L. 체임벌린 올림

해일(Eugene Hale) 대령

전속부관

남북전쟁 초기에 장교나 군 수뇌부가 되려면 군사교육 못지않게 정치력이 크게 작용했다. 전쟁이 발발한 지도 1년이 지난지라 많은 장병이 전쟁에서 죽었거나 불구가 되어 귀향했다. 온나라가 군대생활과 전투에 관한 이야기뿐이었다. 전쟁이 2년째로 접어들자 아직 입대하지 않은 장정들에게 더 많은 입대 권유가 따랐다. 체임벌린이 특정 인물을 청원했을지라도, 그것은 전쟁을 치르면서 그가 한결같이 보여주었듯

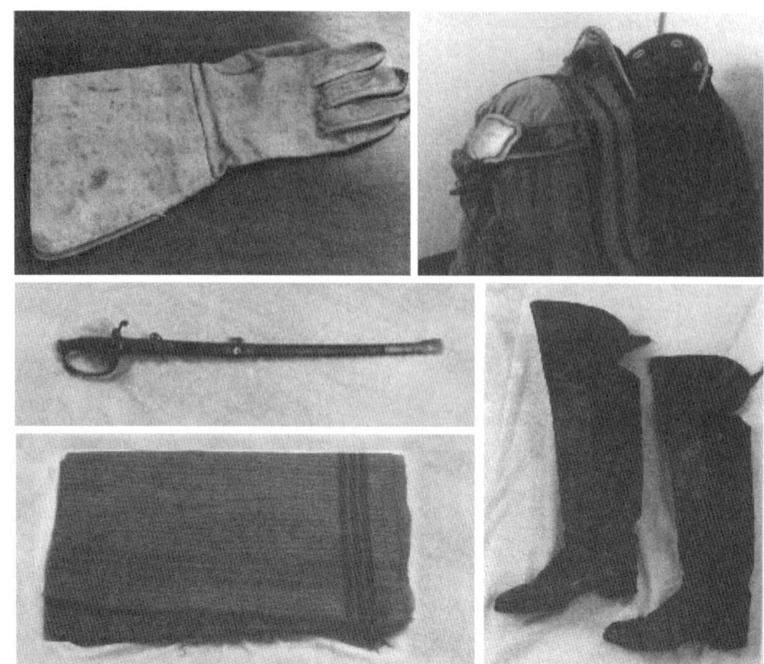

체임벌린이 사용했던 군장 : 장갑, 기병도, 담요, 안장, 장화

이 다른 사람을 사심 없이 도우려는 마음에서 나온 행동이었다.

이렇게 해서 병참 일을 한 번도 해보지 않은 병참 장교, 가게의 판매점장인 동생, 대학교수의 아들, 그리고 보병 연대의 중령 임무를 맡은 대학교수 출신 체임벌린은 공식적으로 메인 20연대에 소속되었다. 체임벌린은 자신의 책임이 무엇인지, 어떤 결과를 낳을지 알지 못했다. 훗날에야 체임벌린은 군 입대를 원하는 친구나 제자들의 추천장을 써 주었던 일이 얼마나 큰 책임을 져야 하는 행동인지 깨닫는다. 그러나 1862년 당시에 그는 군대 경험이 너무 없었고, 따라서 아는 사람이나 친척들의 추천장을 쓴 것이 사형 집행 영장을 쓴 것이나 다름없다는 사실을 알지 못했다.

흥미롭게도 체임벌린이 포트랜드 인근의 메이슨 캠프에 가서 월요일에 신고하려 했던 것 같은데, 체임벌린이 쓴 다음 편지는 포트랜드에서 쓰였고, 날짜가 브런즈윅에서 1862년 8월 15일 금요일에 쓴 편지와 똑같았다. 그날 그는 해안을 따라 브런즈윅에서 메이슨 캠프로 32킬로미터 정도 행군한 것으로 보인다.

[수신인 없음]

군 입대를 희망하는 린스콧 씨를 말씀드리니 기쁘기 그지없습니다. 제 생각에 그는 군인이 되기에 적합한 조건이며, 명예로운 군인이 되리라 확신합니다. 그를 20연대의 부대원으로 받아들이면 우리 연대로서는 큰 도움이겠지만, 그는 다른 어디에서든 맡은 임무를 충실히 수행할 것입니다.

J.L. 체임벌린

메인 20연대 본부

포트랜드, 1862년 8월 15일

체임벌린의 초기 편지는, 입대하기 전에 그가 군대를 어떻게 생각했는지 드러내지 않는다. 군 생활을 시작하면서 예상하지 못했던 일에 봉착했는데, 날마다 처리해야 하는 지루한 서류업무와 부기업무의 연속이었다.

메이슨 캠프, 1862년 8월 25일

호즈던 장군님께

토요일에 수령한 연대 영수증철과 가입하지 않은 장부와 사본을 첨부해서 삼가 발송합니다.

장군님께 삼가 올립니다.
J.L. 체임벌린
중령. 메인 20연대

1862년 9월 초, 체임벌린과 20연대는 보스턴으로 향하는 열차에 올랐다. 포트랜드를 떠나 보스턴 항구에서 '메리맥' 증기선에 오른 그들은 4일간 해안을 따라 내려가서 체사피크 만에 올라섰다. 하안(河岸)이 넓고 바람이 세찬 포토맥 강을 따라 이동하여 전투가 한창인 버지니아의 알렉산드리아로 향했다. 알렉산드리아는 표면상으로는 남부동맹에 속해 있었지만, 워싱턴에 가까워 1861년부터 북부연방이 점령한 도시였다. 1862년 봄, 이곳 알렉산드리아에서 출병한 매클레란의 상륙부대는 버지니아 반도에서 패배하여 늦은 여름 되돌아왔다. 20연대 장병들이 처음 들은 북부군의 패배 소식이었는데, 1861년 7월 '불런(Bull Run)'이라 부른 버지니아의 매나세스 근처의 전장과 동일한 지역이었다.

알렉산드리아 인근에서 잠깐 숙영하고서 20연대는 포토맥 강을 건너 워싱턴에 입성했다. 그곳에서 그들은 엔 필드 총과 탄약을 지급받고 숙영했다. 비둘기 소리가 들려오는 연안의 유유자적한 생활에 익숙한 메인 주 사람들에게 갈급하고 시끄러운 전투 중의 워싱턴은 엄청난 충격이었을 것이다.

이윽고 전투 경험이 없는 20연대는 롱 브릿지(Long Bridge)를 건너 워싱턴에서 버지니아로 갔다. 그들은 여단의 나머지 부대들이 기다리고 있는 크레이그(Craig) 항구를 향해 쉬지 않고 11킬로미터를 행군했다. 그들의 모습은 전혀 군인 같지 않았다. 화가 난 에임스 대령은 다음 행군에서도 그 같은 모습이라면, "탈영해서 집에 가는 게 낫겠다!"라고 소리쳤다.

크레이그 항구에서 그들은 포토맥군의 5군단 예하 1사단의 3여단에 합류했다. '빛의 여단'이라는 로맨틱한 이름의 3여단은 5군단장 버터필드(Daniel Butterfield) 장군 휘하였다. 20연대가 3여단에 합류했을 때는 스톡턴(T.W.B. Stockton) 대령이 여단을 지휘하고 있었다.

1862년 9월 12일 20연대가 속한 1사단은 포토맥 강을 다시 건너려 알링턴 고지를 떠났다. 다음날 그들은 메릴랜드(Maryland)를 통해 프레더릭(Frederick)으로 행군했다.

9월 14일은 지속 행군에 익숙하지 않은 20연대원들로선 너무나도 힘든 날이었다. 그들은 3일 만에 89킬로미터를 걸어야 했다(그 중 39킬로미터는 강압적으로 하루 만에 행군했다.) 결국 프레더릭으로부터 3킬로미터 떨어진 곳에 있는 모노케이시(Monocacy) 강에서 숙영했다. 항상 부하들에게 자비로웠던 체임벌린은 한 병사의 모포를 말에 실어 짐을 가볍게 해주었다.

9월 15일에 그들은 프레더릭을 통해 카톡틴(Catoctin) 산의 서쪽으로 행군하여 메릴랜드의 미들타운에서 숙영했다. 다음날 이른 아침 모렐(George W. Morell) 소장이 지휘하는 1사단과 함께 20연대는 국도를 행군하며 서산에서 분스보로(Boonsboro)를 가로지르는 그림처럼 아름다운 터널의 협곡을 지났다. 협곡을 행군하며 그들은 전장에서의 첫 사상자들을 보았다. 그 사상자들은 하루하고도 반나절 전에 벌어진 전투에서 북부군의 진군을 막으려던 남부군의 시체들로, 9월의 열기에 부푼 채 너부러져 있었다. 시체들은 예외 없이 고약한 냄새를 풍겼다.

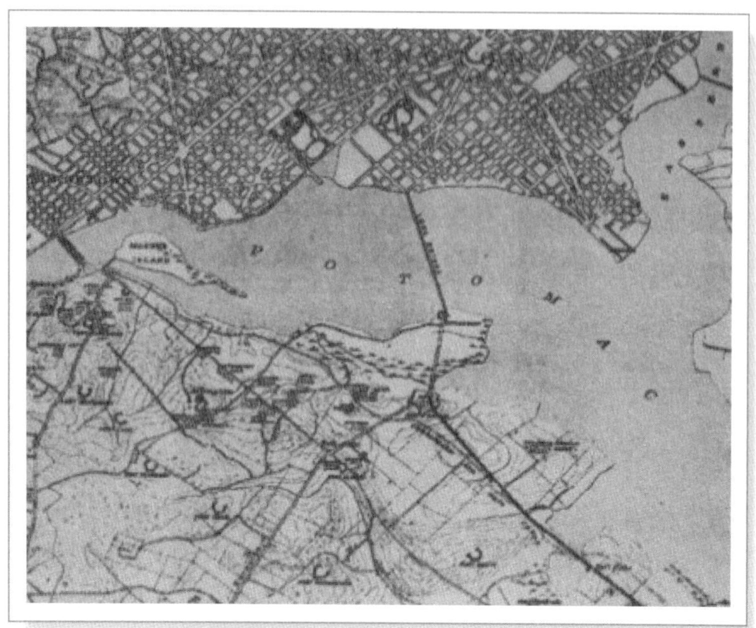

워싱턴과 버지니아 초기 전장 지도
(체임벌린이 크레이그 항구로 이동했던 경로를 보여줌)

체임벌린은 그로부터 20년 후 한 연설에서 그 시체들을 회고했다.

그들은 분스보로와 키디즈빌(Keedysville)을 지나 9월 16일 정오에 매클레란이 지휘하는 포토맥군과 합류하다가, 멀리서 발포하는 대포 소리를 들었다. 그들은 키디즈빌을 지나 도로 남쪽에서 숙영했다.

남부동맹의 리 장군은 북부연방 주들을 침략하려고 북버지니아군을 지휘하여 포토맥 강을 건너 메릴랜드로 침공하고 있었다. 매클레란은 그것을 지켜보았고, 리의 부대보다 유리한 위치에서 전투를 수행하기 위해 기동했다. 리의 부대는 안티탐 샛강 뒤에 있는 샤프스버그의 메릴랜드 마을과 가까운 포토맥 강의 굽은 곳에 몰렸다. 두 부대는 다음날 종일 치열하고 절망적으로 싸웠는데, 미국의 전쟁사에서 가장 피를 많이 흘린 전투로서 그 기록은 지금껏 남아 있다. 그 전투를 남부동맹 사람들은 '샤프스버그 전투'라 기억하고, 애석하게 지켜볼 수밖에 없던 북부연방 사람들은 '안티탐 전투'라 불렀다.

9월 17일 아침 식사를 마친 체임벌린과 20연대는, 모렐의 사단과 합류하여 안티탐 샛강을 건너는 중간 다리라고 알려진 장소로 이동했다. 여기 저기 언덕 뒤에 숙영한 그들은 분스보로에서 샤프스버그를 잇는 도로 바로 북쪽에 위치했다. 체임벌린과 몇몇 장교들은 남부군이 어디에 대포를 설치했는지 확인하고, 전투가 어디에서 벌어지는지 조망하려 고지로 올라가기도 했다.

20연대와 함께한 스톡턴의 3여단은 프랭클린(William B. Franklin) 소장의 6군단을 지원하려 늦은 오후에 2킬로미터나 더 북쪽으로 이동했다가, 해질 무렵 중간 다리 위쪽의 본래 위치로 되돌아왔다.

다음날인 9월 18일, 20연대가 속한 모렐의 사단은 남쪽으로 움직였다. 그들은 안티탐에 위치한 포토맥 강의 낮은 다리를 건넜는데, 그 다리는 후에 남부군의 끈질긴 저항을 뚫고 병력을 다리 너머로 진군시키려 엄청나게 노력한 북부군 번사이드(Ambrose E. Burnside) 장군의 이름을 따 '번사이드 다리'라 불렀다.

9월 19일, 체임벌린의 군대는 전투의 악취가 가득한 샤프스버그로 진군했다. 그 전장엔 죽어서 다리가 딱딱해진 말들이 태양 아래 썩어갔고, 병사들의 시체도 부패하고 있었다. 부상을 입은 병사들은 살려달라거나 물을 달라면서 손을 흔들었다. 고통으로 비틀리는 몸통, 경련에 발작하는 다리를 보며 체임벌린은 전장을 실감했다. 체임벌린과 그의 병력은 마을 밖으로 나와 남쪽으로 향했고, 그로브(S.P. Grove) 씨의 집을 지나 포토맥 강 근처에서 숙영했다.

9월 20일 이른 아침에 5군단의 2개 사단은 포토맥 강을 건너 쉐퍼드타운 인근의 보틀러즈 여울을 정찰하라는 명령을 받았다. 20연대도 그 작전에 참가하여 강을 건넜다. 하지만, 힐(A. P. Hill) 장군 지휘의 남부군이 가까운 곳에서 나타나 후방을 방어하는 기색이었다. 남부군이 수적으로 우세한 것을 알아챈 북부군은 재빨리 강을 건너 후퇴했다. 그날 오후 2시, 북부군은 포토맥 강의 메릴랜드 쪽으로 돌아왔고 체사피크와 오하이오 운하의 마른 바닥에 몸을 숨겼다. 총알과 포탄이 빗발치는 전장에 20연대 병력이 투입되기는 이것이 첫 번째였다. 그들은 강을 건너는 철수작전을 훌륭하게 수행했다. 소수 병력만이 부상했고 그때 체임벌린이 타고 있던 말(상으로 받은 프린스란 이름의 말 대신 빌려 탄 말)은 총알을 맞은 몇 마리 중 하나였다.

다음 6주 동안 20연대는 에임스가 지휘하는 끊임없는 훈련만을 거

쉐퍼드타운 인근의 보틀러즈 여울

듭했다. 20연대는 비위생적인 상황에서도 숙영해야 했고, 포토맥 강으로 흘러가는 안티탐 샛강 근처의 '안티탐 제철소'로 숙영지를 옮겼다. 전장에서 몇 주가 지났지만 그들에겐 여전히 텐트가 없었다.

1862년 10일 1일, 링컨 대통령은 매클레란의 군 지휘소를 방문했다. 체임벌린은, 말을 타고 병력을 사열하는 링컨을 보았다. 링컨은 체임벌린 앞에 말을 세우고 동행한 매클레란에게 체임벌린의 아름다운 말 프린스에 관해 잠시 언급했다.

전쟁 중이라 편지 수발은 원활치 않았다. 편지를 보내는 데 문제가 있거나 혹은 패니가 체임벌린이 원하는 만큼 편지를 자주 보내지 않았기 때문이었으리라. 체임벌린은 수신 여부를 확실히 점검하려고 편지에 번호를 매기기 시작했다.

사랑하는 패니,

당신은 분명히 내 편지를 다 전달 받지 못했고 나 또한 당신의 편지를 받지 못했소. 내 생각으로는 이제부터 편지에 번호를 매기는 것이 현명할 것 같소. 난 지금 이 편지부터 번호를 매기려 하오. 만일 내 기억이 옳다면 이 편지는 아마 내가 당신에게 보내는 5번째 편지일 거요. 아 그렇군! 이 편지는 6번째 혹은 7번째일 거요. 난 지금까지 당신에게서 두 통의 편지를 받았소. 바쁜 시간에 쫓겨 편지 쓸 기회가 별로 없는 나를 떠올

1862년의 패니
(1825~1905)

리면, 당신에게 보내는 편지들이 왜 간단하고 단조로운지 알 수 있을 것이오. 나와 당신이 말로는 몇 시간이고 이야기를 주고받을 수 있지만 편지로는 아무래도 어렵지 않겠소.

이런저런 얘기를 전하고 싶지만 그럴 공간이 마땅하지 않아 많은 것을 생략해야 하니 당혹스럽기도 하오. 또한 내가 처한 상황이 원하는 대로 흘러가지도 않소. 당신은 혹시 순진하게도 내가 여기서 사진을 찍을 수 있다고 생각하오? 내가 처한 상황을 당신이 잘 모를까 봐 염려하오. 우리는 거의 굶다시피 하며 사방이 트인 맨땅에서 자고 있소. 보이는 집들은 거의 다 총알과 포탄 구멍이 숭숭 뚫려 있고, 사람들은 공포에 떨면서 집을 버리고 떠났다오.

지금의 상황이 조금이라도 나아져, 대학 청소부만큼 볼품없는 여자라도 볼 수 있다면 그거야말로 천국을 보았다고 말할 수 있을 것이오. 왜 당신은 전쟁으로 황폐해진 세상을 알지 못하는 것인지. 메릴 대령의 부인과 시월 대령의 부인이 남편과 같이 지내려 부대를 방문한다고 해서 당신도 그럴 수 있다고 생각해선 곤란하오. 그 두 대령이 속한 연대는 요새화된 지역이며 게다가 상당히 후방이라고 알고 있소. 하지만 우리는 최전방이라 쏙독새 같이 빠르게 움직여야 해요. 이렇게 힘든 상황에서 여자를 본다는 것은 상상도 못할 일이고 경탄할 일이오. 정말이지 이러한 악조건에선 그 어떤 여자라도 일주일을 견디기 힘들 것이오. 더구나 우리 연대는 편성도 미흡하고 수송수단도 부족하여 다른 연대에 비해 절반도 안 되는 수준의 편의시설밖에 없소.

나는 항상 당신 꿈을 꾸고 그리워하며, 당신을 무척 보고 싶어 한다오. 하지만 현재로서는 우리가 만나는 것이 하나의 행복한 꿈일 뿐이고, 현실적으로는 불행히도 전장에서 해야 할 일이 너무 많소. 시간이 지나면 당신도 나를 보러 올 수 있을 것이고, 나 또한 좋은 환경에서 당신을 맞을 수 있기를 간절히 바라고 있다오. 그러나 험준한 산길, 억수같이 물이 쏟아지는 계곡 같은 이곳에서 어찌 당신이 편안하게 지낼 수 있겠소. 내게도 신경 쓰이는 일과 고민거리가 없진 않지만, 어떤 위험과 역경도 내가 군인으로서의 임무를 포기하고 대학교수로 돌아가게 하지는 못할 것이오. 대학교수로 일했던 마지막 2년 동안을 생각하면 숨이 막힐 정도라오. 왜 내가 다시 대학교수 생활을 견디는 대신 군사 작전에 참여했겠소? 다시는 그런 생활을 견디며 살고 싶지 않소. 나는 사나운 전장 경험과 습관이 되어버린 명령 때문에 불친절한 사람으로 변했소. 누군가가 당연하다는 듯 나에게 권위적으로 행동한다면 참지 못할 것이오.

나는 항상 윌리와 그애의 생일, 그리고 곧 다가올 데이지의 생일을 생각했다오. 나는 정말 그 애들에게 선물을 보내고 싶지만 내가 가진 거라곤 사탕 조금과 이곳에 널린 남부군의 총이나 터져버린 유탄밖에 없다오. 그 사랑스러운 애들에게 내가 항상 사랑하고 있다고 전해 주오.

패니, 내가 느끼는 것들은 모두[이 편지는 이곳에서 끝난다. 다음 장은 명백하게 없어졌다. 아래 괄호의 쪽지는 2쪽과 3쪽의 위쪽에 거꾸로 쓰여 있다.]

(가능하면 테니가 내가 쓴 것을 말하지 못하게 막으시오. 그런 말을 하면 안 된다오. 우리는 전투에 참가하라는 명령을 받아 그렇게 했다오. 그 후 우리 연대는 교차로에서 거세게 사격을 했소.)

체임벌린은 아내에게 전쟁의 실상을 제대로 알려 줄 방도에 골몰했다. 그녀는 전장에 나선 군인들의 현실이나 전쟁이 불러온 재앙을 자세히 알지 못했다. 대학의 '청소부'는 기숙사를 청소하는 여성이었다. 그 직업에는 기숙사의 남학생들을 유혹하기 어려운, 못생긴 여자들이 종사했다.

관료적인 태만 때문에 부대의 편의시설이 개선되지 못했다. 체임벌린의 잠자리는 고무 담요가 전부였다. 그의 숙박 시설은 패니가 방문하기에 너무 열악했다.

그가 아내를 사랑한 것은 분명했다. 그런데 놀랍게도 그는 대학교수로서의 인생이 끔찍했다고 고백했다. 물론 더 놀라운 것은 육군사관학교에서 매년 실시하는, 제대로 된 군사 훈련도 받지 않은 체임벌린이 두 달 만에 전장에 적응하여 군인으로서 왕성하게 임무를 수행한다는 것이었다.

안타깝게도 편지의 한 페이지 전체가 사라졌다. 전 페이지에서 시작된 문장의 흐름으로 보아, 체임벌린은 중요한 무엇인가를 밝히려고

했는지도 모른다. 그 중요한 것이란 아마 군사작전이었을 테고, 더 자세히 정황을 예측하자면 2쪽과 3쪽에 거꾸로 쓰여 있던 괄호 안의 문장에 관련한 어떤 사건이었을 것이다. '테니'는 체임벌린이 9월 20일에 싸웠던 보틀러즈 여울 전투에 대해 명백히 잘못 보고했다. 체임벌린은 제한된 공간에서 무슨 일이 정말로 벌어졌는지 썼던 것이다.

10월 12일, 체임벌린은 포토맥 강의 스튜어트를 잡으려 정찰대를 사우스 산맥에서 운용했다. 그러나 스튜어트는 1,000마리의 펜실베이니아산 말을 탈취하고, 메이슨-딕슨(Mason-Dixon) 철도 북쪽의 25만 달러 상당의 공유재산과 철도를 파괴하고는 포토맥 강을 건너 도망쳤다.

날씨가 추워졌기에 체임벌린과 에임스는 막사에 난로를 놓았다. 난로로서의 기능은 부족했지만 날씨가 추울 때 어느 막사에 가더라도 쉽사리 볼 수 있는, 전형적인 임시방편의 난방장치였다.

사랑하는 패니,

이 편지를 보내는 지금은 내가 당신에게 마지막 편지를 썼던 때에서 좀 시간이 흐른 것 같고, 당신에게 무언가 소식을 들었던 때에서는 매우 오래된 것 같구려. 당신이 나에게 편지를 자주 쓰는 데 비해 편지가 정말로 띄엄 띄엄 오는 것 같소. 병영에 한 통이나 두 묶음 정도의 편지가 왔는데, 편지의 주인이 나를 제외한 모두일 때 나는 엄청나게 실망한다오.

당신도 알다시피 우리는 아직 같은 곳에 있소. 그때나 지금이나 일상의 단조로움을 바꾸기는 어려울 작은 사건들밖에 일어나지 않는다오. 우리는 언제든 행군할 준비를 마쳤지만 정작 어디로 갈지, 언제 출발할지 아무것도 모르는 상황이라 이곳에서 며칠 더 머물 것 같소. 이곳은 지금 정말 춥다오. 대령과 나는 작은 텐트에 틀어박혀 밤마다 추위에 떨고 있어요. 우리는 텐트 밖으로 나가 텐트의 봉합선을 찢어버리고 그곳에 진흙과 돌로 이루어진 난로를 설치했고, 밀가루통 같은 것으로 만든 굴뚝을 그 위에 달았소. 또 그 사이 생긴 틈에는 신문지 뭉치를 집어넣어 신선한 공기가 텐트 안으로 들어올 수 있도록 했소. 그렇지만 텐트에 연기가 가득 차서 눈을 제대로 뜰 수 없었는데, 때마침 북동풍이 불어와서 우리는 텐트 안에 머물면서 연기를 계속 쐬느냐, 아니면 나가서 추위에 벌벌 떠느냐 둘 중 하나를 선택해야 했소.

당신이 내 편지의 잉크 얼룩이나 오자들을 봐서 알겠지만 전혀 앞이 보이지 않을 때도 있다오. 텐트 안의 군인들은 연기를 참을 수 있을 때까지만 말을 하고 있소. 나는 편지를 쓰면서 두세 명과 두런두런 이야기하지만, 당신이 질투할 만한 상황은 아니오. 신세 한탄을 조금하자면 우리는 여기서 완벽한 노총각들이라오. 우리가 나누는 얘기는 당신이 상상할 수 없을 정도로 무덤덤한 얘기뿐이고.

당신은 삶과 죽음의 경계에 있는 내게 특별한 영적 기운이 있어 가족을 신경 쓸 여지가 없다고 생각할지도 모르겠소. 하지만 작전에 몰입하지 않을 때 나는 항상 당신과 사랑하는 딸을 생각한다오. 매일 밤 당신 꿈을 꾸고 있소. 당신과 데이지와 월리와 단란한 한때를 보내는 꿈은 나를 정말 기분 좋게 잠에서 깨게 한다오. 그런 꿈은 온종일 나를 더욱 행복하게 하오.

엊그제 나는 가교를 설치해 병력을 적에게 위협 받고 있는 지점에 투입할 계획을 세웠고, 다음날은 병력을 넓은 판자에 태워 빠르게 흘러가는 안티탐 강을 건너는 꿈을 꾸었소. 그때 나는 데이지를 등에 업었는데, 월리는 엄청나게 큰 돌산을 기어오르고 있었소. 하지만 나는 감히 그 달콤한 이름들을 너무 오래 부르지 않겠소.

차라리 난 당신이 짧게나마 나를 방문하기 바라겠소. 비록 그 바람이 곧 이루어질 것 같지는 않지만 말이오. 용케도 이곳에서 10~13킬로미터 정도 떨어진 분스보로라는 곳에 부인을 데려온 지휘관이 있기도 하지만, 나는 내 임무의 특성상 이곳에서 16킬로미터도 떨어질 수 없구려. 만약 내가 겨울에도 이곳에 머문다면 어떻게든 당신을 이 근처까지 오도록 하겠소. 적어도 이번 겨울에는 당신이 데이지와 함께 워싱턴에 올 수 있을 것이오. 당신의 소망이 모두 이루어지기 바라고 당신이 원하면 어디든 가기 바라오. 당신에게 매달 100달러를 보내는데 꼬박꼬박 잘 도착하는지 모르겠구려. 당신은 내가 보내는 돈을 잘 사용하리라 생각하오. 만약 조금이라도 문제가 있다면 즉시 나에게 말하시오.

내 몸은 여전히 건강하며 임무를 훌륭히 수행할 수 있소. 영관장교인 나는 3일마다 여단 캠프의 모든 외곽을 경계하는 경계병들을 지휘하여 말을 타고 자주 주변을 돌아본다오. 그럴 때 나는 당신과 함께 말을 타고 짙은 그림자에 쌓인 계곡이나 바위로 가득한 골짜기와 사랑스러운 개울 옆을 지났으면 한다오. 혹은 엊그제 내가 그랬던 것처럼, 푸른 언덕에 올라 저 멀리 64킬로미터 밖에 있는 버지니아의 전경을 보는 것도 좋겠지요. 그 정상에서 24~47킬로미터 정도 떨어진 곳에 길게 정렬된 남부군의 진영을 보거나, 마을, 개울, 경작지, 우리 진영인 안티탐 전장, 포격으로 변한 민둥산, 견인포와 군대가 지난 흔적이 있는 들판도 볼 수 있을 거요. 나는 말을 타고 다니면서 이 모든 풍경을 보는 것을 정말 좋아해서 하루에 12~15시간을 말 위에서 보내곤 한다오. 우리는 지금 다소 평화로운 시간을 보내고 있소. 비록 1분 전에 언덕 위에 올라가서 우리 포대가 포토맥 강 건너에 대고 포를 쏴대는 모습을 보고 왔지만 말이오. 우리는 "언제든 때가 되면 무기를 들 준비를 하라"라는 갑작스런 명령에 놀랐지만 서서히 안정을 찾아가고 있소.

난 군대에 대해 공부했고 이제 어떻게 군대가 돌아가는지 잘 알 것도 같구려. 그러나 대대와 여단의 전술을 공부하는 것은 절대 쉬운 일이 아니라오. 내가 모든 것을 이해하기에는 한계가 있어서 당신이 내 책장에 있는 조미니의 『전쟁술』을 니콜스 소위가 보낼 소포에 함께 부쳐 조만간 나에게 보내주었으면 하오. 나와 대령이 그걸 읽을 거라오. 모든 면에서 나에게 친절히 잘해주는 대령이 그 책으로 나를 가르칠 거요. 만약 당신이 옷이나 속옷을 보내고 싶다면 똑같은 방법으로 보내면 된다오. 하지만 그리 많이 필요하지는 않소. 내 한 벌밖에 없는 옷이 보기 흉하게 닳아지고 헤졌을 때 워싱턴이든 어디든 옷을 사 입게 되겠지요. 나는 우리 병력이 어디로 이동할지 전혀 모르지만 당신은 포터 장군의 군단이나 모렐 장군의 사단이 어떻게 움직일지 신문에서 볼 것이오.

나를 항상 잊지 않고 당신을 정말 잘 챙겨주는 친구들에게 내 안부를 전해주오. 내가 이곳에 있는 것이 내 삶을 희생시키는 일인지도 모르겠으나 난 절대로 돌아가고 싶은 생각이 없소. 조국이 부르는 곳에 내가 있다고 느낀다오. 스미스 교수가 정말 정직하게 나를 염려해준 '영광' 덕분에 난 많이 두려워하고 있진 않소. 만약 내가 엄청나게 부상하거나 죽어서 집에 돌아간다면 누군가는 나를 스미스 교수가 예상한 '영광' 보다 더 명예롭게 조국을 위해 희생한 사람으로 기억해 주리라 믿는다오.

확실히 나는 언젠가 어딘가에 총상을 입겠지만 그건 신이 결정할 사항이고 그분의 허락 없인 난 죽을 수도 없다오. 나는 항상 나를 둘러싼 모든 가능성을 주시하고, 내가 해야만 하는 모든 일을 준비한다오. 나는 나를 사랑하는 사람들이 그들의 가슴과 입술로써 나에게 진실한 감사의 기도를 해주리라 믿소. 당신이 정말 그립소. 애들과 즐거운 시간을 보내고 싶고, 당신과 의자에 앉아 있고 싶으며, 당신과 처제와 함께 차를 마시고 싶고, 그 모든 것을 즐기고는 다시 전장으로 돌아오고 싶기도 하오.

이곳 남자들이나 그 밖의 모습은 우리에게 일반적으로 알려진 것과 꽤나 다르오. 우리 20연대의 장교들 모습은 신문에 나온 것과 꽤나 다르다오. 무슨 뜻이냐면 그들에겐 '차이' 가 있다는 거요. 후방 연대의 장교들은 별로 하는 일이 없다오. 그들은 세상에 잘 알려지지 않은 우리 연대 장교들과 비교하면 수준이 많이 떨어지지요. 우리는 종군기자를 고용하지 않았소. 덕분에 신문에선 아직 우리가 감당하기 어려울 정도의 찬사를 퍼부어주진 않았지만 군 내부에서는 우리 연대를 아주 높이 평가한다오. 우리 연대는 여단의 3명의 장군으로로부터 주목받고 있다오. 현재 우리가 유지하고 있는 엄정한 군기는 다른 어떤 신편 부대에서도 찾아볼 수 없을 정도라오. 우리는 모두 열심히 싸우고 있소. 비가 퍼붓고 있지만 우리는 행군 명령이 떨어지기만을 기다리고 있지요. 당신이 평소보다 좀 더 많은 편지를 보내줬으면 하오. 나는 당신의 편지를 더 빨리 받고 싶다오.

당신이 꼭 『주간 하퍼(Harper's Weekly)』 신문을 매주 구매했으면 좋겠소. 그리하여 내가 첫 전투를 시작한 날부터 모든 호(號)를 챙겨 읽었으면 좋겠소. 당신은 『주간 하퍼』 신문에서 진짜 전쟁에 관련된 사진과 전장의 지도를 볼 수 있을 텐데. 아마도 스탠우드가 그것을 가지고 있을 거요. 에임스 대령이 안부를 전해 달라는구려.

체임벌린은 중령으로서 받는 194달러의 봉급 중 100달러를 집에 보냈다. 그러나 가족에 대한 경제적 책임을 넘어 스미스 교수가 체임벌린에게 말했던(체임벌린은 브런즈윅에 다치거나 환자로 돌아올 것이고, 그것이 체임벌린이 전쟁에서 얻은 영광) 것에 대한 체임벌린의 비평에서 그의 철학을 엿볼 수 있다. 신에 대한 믿음과 가족들이 그를 위해 기도하리란 믿음 덕분에 체임벌린은 아무리 위험한 일이라도 헤쳐나갈 수 있었다.

에임스 대령이 부대를 혹평한 지 6주 후에 20연대는 각고의 노력 끝에 훈련도 잘하고, 누구와 싸워서도 이길 수 있는 부대로 탈바꿈했다. 그들의 성공 뒤에는 탁월한 장교들이 있었다. 에임스는 교육훈련에 관한 모든 방법을 육군사관학교에서 공부했고, 현대전에도 익숙한 지휘관이었다.

보우도인 대학에서 자연신학과 수사학을 가르친 체임벌린은 에임스가 읽은 군사서적을 아무것도 읽지 못했다. 하지만 체임벌린은 지난 7월 주지사에게 약속했듯이 자신이 어떻게 그 지식을 습득할지 알고 있었다. 그는 패니에게 조미니(A.H. Jomini)가 쓴 『전쟁술』을 자신에게 보내달라고 했다. 나폴레옹이 러시아 원정 때 네이(Michel Ney) 원수의 참모장이었던 조미니의 『전쟁술』은 1838년에 쓴 책이었다. 조미니의 『전쟁술』은 불어에서 영어로 번역되었고, 1862년에는 육군사관학교의 군사 교육용 추천도서였다. 그 책은 「외교관계에서 전쟁」으로부터 시작해서 「전투대형과 부대운용」까지 모든 것을 다루었다. 중령인 체임벌린에게 특히 관심이 있었던 분야는 「대전술과 전투」였다.

군에 입대한 지 3개월에 불과하지만 체임벌린은 학자로서의 분석적인 접근 방법과 보병부대 지휘관으로서의 공세적인 기질로 『전쟁술』을 독파했다. 그 둘의 조합은 꽤 성공적이었다. 체임벌린이 조미니의 모든 것을 다 읽고 이해했다는 건 의심할 여지가 없었고, 그는 그것들을 에임스 대령과 토론하곤 했다. '최선의 방어는 결정적인 시간에 어떻게 공격하는지 아는 것이며, 또한 그 공격을 하는 것이다.' 아마도 체임벌린은 조미니가 쓴 표현에서 다음의 문장을 미래의 지휘관으로서 특별한 관심을 갖고 함께 읽었을 것이다. '오로지 방어에만 치중하는 군대는 공격을 당하면 결국은 고지에서 후퇴할 수밖에 없다. 따라

하퍼즈 나루 전경

서 역습을 노리면서 방어 체계의 모든 이점을 활용해야 한다.' 논리적
으로 짐작하건대 필연적으로 체임벌린은 역습에 관련된 부분을 특별
히 주목했을 것이다. '갖은 고투 끝에 승리를 눈앞에 둔 적이 돌연 강
력한 역습을 받는다면 그만큼 동요와 실망이 클 것이다. 강력한 역습
은 강력한 군을 무너뜨릴 만큼 군대는 사기를 먹고 산다.'

체임벌린은 곧 조미니의 병법을 연습할 충분한 기회를 얻었다. 10월
30일, 5군단은 숙영을 마치고 안티탐의 교차로에서 서쪽으로 야간행
군했다. 그들은 새벽에야 숙영지를 찾았다. 편제상 1개 연대는 1,000
명의 병력으로 편성되지만, 병력 손실이 커 20연대는 550명 정도에
불과했다. 보틀러즈 여울에서 약 1시간 정도밖에 전투를 수행하지 않
았지만, 이미 반으로 병력이 줄어 있었다. 이런 현상은 남북전쟁 동안
매우 일반적이었다. 서로 다른 지역에서 수백명의 젊은이들을 갑자기
차출했는데, 면역력이 떨어지는 젊은이들은 특정 종류의 질병에 걸리
곤 했다.

20연대는 포토맥 강을 건너 10월 31일 하퍼즈 나루에 도착했다. 그들은 로던 고지로 계속 행군해 블루 릿지(Blue Ridge) 산맥이 바로 서쪽에 붙어 있는 로던 계곡으로 진입했다. 다음날 그들은 24킬로미터를 행군했다. 11월 1일 밤에는 어둠 속에서 숙영지를 편성했다. 비바람이 산에서 불어왔을 때 체임벌린은 오직 숄과 고무 담요만을 덮은 채 나무 밑에서 자고 있었다. 그가 쓴 편지는 안경을 낀 전직 교수의 시선을 잘 보여 준다. 그는 자신이 전장에서 어떤 군인이었는지 훌륭히 묘사한다.

사랑하는 패니에게

아무리 남부연맹의 땅일지라도 이런 지명이 있다니! 스니커즈 갭(역자 주 : 킬킬거리는 웃음 골짜기)이라고! 전쟁터라고 부르기에는 너무 품위가 없는 것 같소. 그렇지만 우린 여기 있고, 산 넘어 골짜기에 있는 남부군과 전투를 치를 예정이오. 우리는 전투하기에 최적의 상태에 있소. 정확히 말하자면 우리 연대의 병력은 550명으로 줄어 있지만 모두 정예 장병이라오. 우리는 안티탐에서 출발해서 우리나라의 가장 풍요로운 땅, 경이롭도록 아름다운 밤하늘 아래를 이틀간 행군하여 이곳에 도착했다오. 내가 즐겨보던 지도를 당신이 보면 이곳이 어디인지 찾을 수 있을 것이오. 지도가 없다면 그리핀 씨에게 부탁하오. 내가 어디를 가든지 내가 있는 곳을 찾아 볼 수 있을 거요.

우리는 지금 1군을 지휘하는 후커 장군의 지휘 아래 있다오. 후커 장군과 포터 장군, 그리고 프랭클린 장군의 군단이 모여 최고의 1군을 이루었지요. 이번 전투에서 우리는 무시할 수 없는 강한 부대가 될 것이오. 그리고 우리는 힘든 싸움이겠지만 적을 반드시 물리칠 거라오. 우리의 적은 필사적이며, 지휘 능력 또한 훌륭하다오. 어제는 포대가 전초전을 벌였소. 전투가 벌어지면 우리는 언제든 최상의 상태에서 싸울 각오요.

내가 지금 어떻게 지내는지 잘 모를 것이오. 죽을 고생을 한다고 생각할 수도 있겠지만 그렇지만은 않아요. 브라운 씨는 자신이 만나본 사람 중에 나보다 조심성 없고 앞일을 생각하지 않는 사람은 없다고 말했다오. 집 한 채를 짓고도 남을 연대 병력을 지휘하면서도 맨땅에서 잘 정도로 개인 관리를 안 한다고 말이오. 하지만 나는 그저 무엇이든지 개인적인 이익을 앞세워 행동하는 사람이 싫다오. 나는 그때그때의 상황에 맞게 행동하는 것이 더 바람직하다고 생각하오. 남을 불편하게 하거나 피해를 주는 행동은 마땅히 없어야겠지요.

얼굴을 가득 덮은 수염과, 골리앗(Goliath, 역자 주 : 양치는 다윗에게 살해된 거인)도 입을 만큼 큰 양털같이 거친 하늘색 기병바지를 입고, 같은 재질의 외투를 걸친, 든든해 보이는 한 사내를 상상해 보시오. 그리고 또 포트랜드에서부터 입었던 플란넬 웃옷에, 스튜어트 장군의 기병부대를 쫓다가 남부군 피켓 장군 부대에게 기습당해 총알에 구멍이 난 모자를 쓰고 있는 모습도 상상해 보시오. 또는 육포와 건빵이 든 안장 가방과, 안장 뒤에 묶여있는 고무 담요와 솔, 허리춤에 권총 2정과 1미터 가까운 기병도를 찬 모습도 상상해 보시오. 이런 허름한 모습의 기병과 멋진 말은 우스꽝스러울 정도로 안 어울리겠지요? 에임스 대령이 말하길, 누구든 체임벌린의 모습을 보면 20연대를 알아본다고 했소. 남부군 포로조차도 내 말과 기병도는 칭찬하지만 정작 말 위의 기병인 나는 거들떠보지도 않는다오.

밤에 행군을 멈추고 뒤돌아보면 뒤따르던 짐마차가 많이 뒤처져 있을 때가 있소. 어제는 무더운 날씨에 24킬로미터를 이동하고 어두운 밤에 멈추었다오. 블루 릿지 산맥에서 불어오는 칼바람 같은 북서풍에 시달리며 숙영할 준비를 했지만, 그 외에도 불편한 점이 한둘 아니었다오. 바늘 같은 비바람을 피해 밤나무 아래 있었는데, 소령이 준 모자를 쓰고 담요를 덮고 누우니 퍽이나 기분이 좋았소. 춥기는 했지만 즐거운 것도 사실이라오. 이렇게 자고 나면 잠이 좀 부족해도 다람쥐와 같이 밝고, 곰 같이 활기차게 기상한다오. 확실히 이렇게 사는 것은 거칠고 위험하지요. 하지만 당신이 쉽게 얻을 수 있는 고급 제품도 가끔씩 눈에 띄긴 하오. 종군 상인이 두 배 가격으로 파는 무화과나 다른 과일 잼, 통조림을 저녁 식사로 하고 아침에는 절인 돼지고기와 건빵, 그리고 우유 없이 뜨거운 커피를 마신다오. 이런! 그런데 설탕은 없다오.

반면 한 곳에 단기간 머물 때는 규칙적으로 식사를 할 수 있다오. 지금 옥수수 깍지 더미에 앉아 부하들에게 갖가지 크고 작은 업무를 지시하는 동시에, 무릎으로 받쳐 놓은 편지에 가치 있는 글을 쓰려고 하지만 보다시피 결과는 영 신통치 않소. 나중에 시간이 있다면 우리 상황을 자세히 설명해 주겠소. 보안상 문제로 우리 군대나 장군이나 전쟁의 승리 같은 내용은 쓰지 않겠소. 전투가 다시 시작되기 전에 시간을 내어 편지를 한 통 더 쓰도록 하겠소. 너무 걱정하지 마시오.

나는 있어야 할 곳에 있고 현명한 지시가 내려온다면 안전할 것이오. 내 임무를 수행할 능력을 키우면서 어떤 일이 닥쳐오든지 이겨낼 준비를 하고 있지요.

당신이 보낸 지난번 편지에서 넌지시 비춘 대로 배저 대위의 편지가 들어 있었소. 매우 반가웠소. 줄리아가 보낸 편지 두 통에 대한 답장을 어제 보냈소. 시간이 늦어 처제에게는 편지를 쓰지 못했다고 전해주오. 옥스퍼드 가 30번지로 보냈는데 주소가 맞는지 모르겠구려.

당신이 보낸 소식을 듣고 놀랐소. 줄리아만큼은 다른 여자아이들이 흔히 말하는, 유일한 희망이라는 남자를 찾으려 우연히 만난 남자에게 너무 빠지지 않았으면 좋겠구려.

배저 대위에게 친절히 대해 주고 우리 애들에게 필요한 옷은 다 마련해 주시오. 윌리는 장화에 어울리는 외투와 귀털마개 모자를 갖고 싶다고 했소.

돈이 더 필요하다면 바로 나에게 연락해주오. 당신이 이야기한 당신의 친절한 친구들에게 안부를 전해 주고 다음 편지도 보내도록 하겠소. 항상 행복하게 지내요. 아담한 지붕 아래 나의 소중한 가족들과 함께 모여 있다면 나는 더 바랄 게 없이 행복할 거라오.

창고 벽에 흙을 올려 덮지 않아도 되지만 부커 씨에게 부탁해서 나무판자랑 톱밥으로 두르는 것이 좋을 것 같소. 어떻게 하든지 별 차이 없을지도 모르니 당신이 원하는 대로 해도 좋소. 나는 당신을 너무 사랑하고 나 자신을 분별이 있는 사람이라고 생각하는데, 당신은 그러한 나를 어떻게 생각하는지 모르겠구려. L!

체임벌린은 캠프 생활, 남부군에 대한 소문, 전쟁으로 파괴된 버지니아 주민의 이야기 등 패니에게 이야기 하고 싶은 것들이 너무 많았다.

이다음에 보낸 편지에선 체임벌린이 전투로 폐허가 된 지역과 샤프스버그를 보고 패니에게 정원을 잘 가꾸고 월동 준비를 잘하라고 당부했다. 애들에 대한 진지한 언급도 있었다.

사랑하는 패니에게,

어제 쓴 편지를 태워버리기로 하고 다시 쓰려 했는데 집배원이 와서 편지를 가져가 버렸다오. 그 편지는 없던 것으로 하고, 지금 이 편지를 누군가 나를 방해할 때까지 쓰다가 나중에 시간이 나면 더 쓰겠소.

우리는 인적이 없는 아름다운 산 사이에 놓인 맑은 계곡에 머물고 있다오. 그러다 보니 필요한 물품을 얻는 게 상당히 까

다롭구려. 이곳에 사는 남부동맹 주민들은 우리에게 아무것도 팔거나 줄 생각이 없는 듯하오. 상냥해 보이는 부인에게 우유를 부탁했는데, 그녀는 우리를 모두 죽여 버리고 싶다고 했다오. 그래도 우리에게 간접적으로 도움을 주는 것 같기는 하오. 손버릇이 별로 좋지 않은 병사 몇 명이 돼지와 칠면조 몇 마리, 그리고 살 수도 선물로 받을 수도 없지만 꼭 있어야 하는 식품을 훔쳐 왔다오.

오늘 들은 소식으로는 남부군이 리치먼드로 후퇴했다 하오. 만약 그게 사실이라면 우리가 명예를 얻을 기회도 늦춰질 거 같소. 그러나 남부군이 어디로 갈지는 모르오. 갑자기 이 골짜기를 따라 쏟아져 내려올 수도 있고.

우리는 이곳에 머무는 동안 불편한 점을 최대한 줄여보고자 한다오. 텐트 한구석에 난로를 놓았소. 연기가 심해서 당신이라면 가까이 다가가려고 하지도 않을 거요. 소령은 발을 난로 위에 올려놓고 한 손에는 양초를, 한 손에는 핸디앤디(Handy Andy)제품 공구를 들고 짚더미에 드러누워 있소. 브라운 씨는 내 왼편에 앉아 시가를 피우고 있고 나는 한손에 잉크를, 다른 손에는 펜을 들고 편지지를 무릎에 대고 쓰고 있다오.

우리가 전투할 때 소령이 어디 있었는지 당신은 알고 싶다고 했지요. 전투를 치르려는 아침 그는 갑자기 몸이 안 좋아 워싱턴(역자 주 : 이 책의 '워싱턴' 은 '워싱턴 D.C.' 임)으로 갔다가 지금은 몸 건강히 우리와 함께 있소. 어제 19연대 팔머 군목께서 우리를 방문하셨소. 지금은 안 계셔서 아쉽다오.

우리 집 정원의 아스파라거스는 가을에 5~8센티미터 정도

낙엽으로 덮어 놨다가 봄이 되면 갈퀴로 긁어 조심스레 들어내면 좋을 것이오. 딸기 밭은 내가 하려던 것을 아마도 안 한 것 같소. 사실 언덕 위에 나무 한 그루를 남겨 놓고 겨울 추위로부터 해를 입지 않도록 하려고 했지요. 고쳐야 할 부분이 있다면 고쳐도 좋소. 포도나무는 가지를 치고 짚이나 낙엽을 덮어놔야 하오. 하지만 그것들이 귀찮다면 크게 상관하지 마오.

가지를 칠 때는 과감하게 쳐야 한다고 말하고 싶소. 건포도 가지도 마찬가지오. 죽은 나무들은 다 베어내야 하고, 뿌리 근처에 있는 풀과 잡초는 제거하는 게 좋소. 또 따뜻하게 흙으로 덮어놓는 게 중요하지요. 아스파라거스를 관리하는 것 말고는 굳이 다른 관리가 필요하지 않으니 걱정하지 마오. 난로는 당신이 곁에 있기 편안한 데 배치하도록 하시오. 혹시 내 공부방에 있는 카펫을 빼냈다면 식당 바닥에 두 겹으로 깔아두는 게 어떻겠소? 창문도 이중으로 하고요. 그렇게 조치한다면 거실에서 따뜻하게 지낼 수 있을 것이오. 난 당신이 겨울을 브런즈윅에서 보낼 거라고 기대하지 않아요. 하지만 처제와 애들은 그곳에서 지낼 거라고 예상하오. 패니, 그래서 하는 말인데 애들과 같이 덮을 털옷 같은 걸 처제에게 준비해주면 참 좋을 것 같소.

이번 겨울에 내가 제니 애봇(Jenny Abbott)을 보러 뉴욕에 가서 2~3일 정도 머물 생각인데, 당신이 워싱턴(또는 볼티모어)에 와서 겨울을 지내는 것도 좋을 거 같소.

현재의 군사작전이 적어도 크리스마스 전까지는 마무리될 것이라 하오. 하지만 우리는 어디서 겨울을 날지 확실히 모르겠소. 워싱턴 근처일 수도 있고, 리치먼드일 수도 있고, 아니면 이곳일 수도 있으리라 추측할 뿐이라오.

우리는 계속 싸울 것이오. 현재의 정치 상황에 비추어 보면 그러하오. 평화의 기미는 보이지 않고 양쪽 모두 그저 잘 싸울 따름이오. 우리는 패배하지는 않겠지만, 여전히 승리의 문턱에서 힘이 부치는 걸 경험하오. 그러나 우리 장교들의 자부심은 넘치며, 철저히 작전에 대비하고 있다고 생각하오. 좋은 결과가 있을 것이오.

내가 받는 편지들은 당신 편지가 대부분이오. 내가 원하는 만큼 자주 오지는 않지만, 당신 편지를 몇 번이고 되풀이해서 읽고 있소. 당신이 보내는 재미있는 이야기, 소소한 일상적인 소식들을 듣고 싶소.

우리 애들에게 신의 은총이 함께 하기를 기원하오. 사실 난 애들을 너무 많이 생각하지 않으려고 노력하오. 내일이라도 죽을 수 있는 처지이기에 애들을 생각하면 슬퍼진다오. 애들이 아버지에게 너무 많이 의지하지 않도록 해주오. 나 또한 애들에게 너무 많은 애정을 쏟아서는 곤란하겠지요. 그 이유는, 내가 살아서 집으로 돌아간다면 아버지를 사랑하는 법을 다시 배울 것이고, 내가 죽는다고 해도 아버지에 대한 기억으로 상처받지 않았으면 하기 때문이오. 가능한 그 애들이 부족함 없이 성장할 수 있도록 해주시오. 특히 작년 겨울처럼 부족하게 보내지 말아야 하오.

당신이 우울증에 걸리지 않도록 항상 즐겁고 긍정적이었으면 좋겠소. 나를 너무 많이 생각하지 마시오. 난 지금 성실히 내 임무를 수행하고 있소. 우리가 같이 있을 때 그랬던 것처럼, 당신이 젊은 후배들과 숙녀들을 초대해서 당신의 친절함과 활기 넘치는 모습을 그들에게 계속 보여주기 바라오. 기회가 되는 대로 최대한 자주 편지를 쓸 것이오. 전투가 벌어지고 있다는 소식을 들어도 내가 참전 중이라는 것을 알기 전까지는 걱정하지 않아도 좋소. 내가 다치면 당신은 바로 알 것이라오. 적진으로 돌격하는 건 위험한 일이지만 설마 심각한 총상이야 당하겠소. 내 친구들에게 안부를 꼭 전해주오. 그리고 친구들에게 체임벌린은 군인의 직무를 이해하기 시작했으며, 반드시 귀향해서 친구들을 만날 것이라 전해주오.

언제나 당신의 친구인 로렌스

내가 살아서 집으로 돌아간다면 아버지를 사랑하는 법을 다시 배울 것이고, 내가 죽는다고 해도 아버지에 대한 기억으로 상처 받지 않았으면 하기 때문이오.

이 구절에서 우리는 그 당시 체임벌린이 애들과 아내를 자신의 죽음으로부터 보호하려는 바람이 너무나도 논리적이었다는 것을 알 수 있다. 자신의 갑작스러운 죽음에 대한 가능성이 "체임벌린은 군인의 직무를 이해하기 시작했으며……"라는 구절에서 명확히 드러난다.

한편, 11월 6일 스니커즈 갭에서 빠져나온 체임벌린의 20연대와 5군단은 신임 군단장 후커 소장과 함께 남하했다. 링컨 대통령은 5군단장 포터 장군을 해임했고, 포토맥군 사령관직에서 매클레란 장군을 해임했으며 그 후임으로 번사이드 소장을 임명했다.

주지사님께,

  최근 군단의 인사 이동으로 저희 사단에는 준장 여단장이 없습니다. 에임스 대령이 여단장으로서 아주 적합하다는 것을 알고 있는 후커 장군은, '에임스 대령을 준장 여단장으로 승진시켜 임무를 수행하도록 해 주시기를 간절히 바랍니다.' 라고 편지를 썼습니다. 이 전쟁에서 에임스 대령의 업적은 그 어느 장교보다 더 위대하고 명예로우며 평판도 좋습니다. 누가 그를 잘 아는지 더 이상 말이 필요 없을 정도입니다. 또한 하워드 장군과 베리 장군이 에임스 대령에게 매우 호의적이고 협조적입니다. 저희는 주지사님께서 그를 대통령 각하께 추천해서 준장 진급이 보장될 수 있도록 아낌없는 지원을 부탁 드립니다.

주지사님께 삼가 올립니다.

J.L. 체임벌린

찰스 D. 길모어

이듬해 봄에 에임스는 준장으로 진급했다. 하지만 체임벌린이나 길모어의 도움으로 진급했는지는 확실치 않다.

번사이드 장군은 포토맥군을 프레더릭스버그 반대편 라파하녹 강 상류의 버지니아 팔머스에 집결했다. 20연대와 5군단은 버지니아 워렌턴(Warrenton)에서 행군을 시작했고, 추수감사절 때에는 프레더릭스버그로부터 5킬로미터 떨어진 스톤맨 스위치(Stoneman's Switch) 근처의 소나무 언덕에 진지를 구축했다.

이제 겨울이 왔다. 12월 6일 밤에 10센티미터 정도의 눈이 왔고, 20연대 두 명의 병사가 동사했다는 보고가 들어왔다. 12월 10일 20연대는 경계 임무에서 복귀했고, 전투식량 3일분을 휴대하고 다음 날 떠날 수 있도록 준비하라고 명령받았다.

12월 11일, 그들은 스톤맨 스위치부터 포토맥군 사령부까지 행군했는데 이때 번사이드는 필립스라는 이름의 지역 주민 집을 포토맥군 사령부 지휘소로 쓰고 있었다. 체임벌린과 20연대 장병은 잘 몰랐지만, 라파하녹 강을 건너야 하는 지점으로 이동하고 있었고, 이어서 전장의 지명을 따서 이름 붙여진 프레더릭스버그 전투에 참가했다. 12월 11일 아침, 체임벌린과 그의 부관 브라운은 스태포드 고지에 있는 북부군 포병부대에 올라갔다가 레이시라는 이름의 지역 주민 집으로 내려왔다. 체임벌린과 브라운은 그들이 공격할 주변의 지형을 살펴보았다. 필립스 씨 집 뒤의 숲에서 그 다음 날 밤까지 머물렀다.

체임벌린은 군 복무를 시작할 때부터 메모장을 가지고 다녔다. 애석하게도 그 메모장은 지금 남아 있지 않다. 그러나 프레더릭스버그 전투 이야기는 메모장 대신 메인 주 신문에 게재되었고, 그 내용은 체임벌린의 스크랩북에 철해졌다.

프레더릭스버그 건너편 캠프

1862년 12월 17일

수많은 일이 있었던 이번 주에 내가 무엇을 경험했는지 내 메모장에 썼던 몇 개를 발췌해 보겠다.

12월 11일 오전 10시. 산등성이에서, 프레더릭스버그 앞의 라
파하녹 강을 건너라는 명령을 기다리고 있다. 후커 장군의 증
강된 사단이 주변을 덮고 있는 모습이 보인다. 아군의 포문은
도시를 향해 열렸으며, 1분에 45발 또는 50발을 쏘고 있다. 우
리 눈에는 보이지 않지만, 공병이 부교를 설치하려고 고무보
트를 강에 떨어뜨리면 남부군 저격수들이 보는 대로 구멍을
낸다고 들었다. 우리는 남부군을 도시에서 몰아내려 포탄을
퍼붓고 있다. 남부군은 도시 후방에 포를 설치했지만 위협만
주려는지 대응포격을 거의 하지 않는다. 나는 방금 전방으로
말을 타고 갈 수 있도록 허가를 요청했고, 동행자인 젊은 브라
운과 약간은 경솔할 정도로 현재 상황을 정찰하고 있다. 아군
의 포대 배치선을 넘어서면서 우리는 남부군의 저격 범위 안
에 완전히 들어섰다. 하지만 위험을 무릅쓴 만큼 의미 있는 결
과를 얻었다. 그 유명한 레이시 씨 집에서 프레더릭스버그와
정반대 방향으로, 권총 사거리에서 벌어진 광경과 폭발음은
내가 여태까지 목격했던, 앞으로 목격할 그 어떤 것보다도 굉
장했다. 포에서 나오는 불꽃과 연기, 천둥 같은 소리, 그리고
도시에서 터지는 포탄들, 보트들로 이어진 반 정도 완성된 다
리, 포격을 피해 다시 전방으로 집결하는 남부군 저격수들, 자
체 하중으로 운반대가 부러져 고래처럼 좌초되어 이곳저곳에
놓여 있는 거대한 부교들, 천천히 굽이치며 후방으로 향하는
부상자로 가득 찬 열차, 우리 앞의 아름다운 도시는 수십 곳에
불이 나서 연기 기둥이 하늘로 솟구치다가 붉은빛을 내면서
폭발음을 내고, 포탄에 맞은 벽돌 건물이 공중으로 솟구쳐 올

랐다가 먼지로 흩어져 땅에 떨어졌다. 우리 뒤편으로는 햇빛에 빛나는 수없이 많은 아군이 있었다. 이러한 광경을 아무 데서나 볼 수는 없을 터였다. 산발적으로만 격전이 벌어졌던 안티탐은 이와 비교도 되지 않았다. 모든 상황이 한 곳 한 때에 집중적으로 일어났다.

12월 12일 – 아직 준비되지 않았다. 좀 더 가까이 접근하긴 했지만 하루를 더 기다렸다.

12월 13일 정오 즈음에, 1사단이 라파하녹 강과 프레더릭스버그를 내려다볼 수 있는 높은 지역으로 이동했다. 3시쯤에 1군단이 기선으로 만든 부교를 건너서 마을의 아래쪽에 상륙했다. 1여단과 2여단이 강을 향해 움직일 때, 3여단은 1시간 내내 예비대로서 충실히 역할을 했다. 곧이어 3여단도 합류해서 다리를 건너 적군 포대 쪽에 도착했다. 3여단은 리치먼드–프레더릭스버그–포토맥 철도의 기차역 인근에 있는 프린스 에드워드 도로에 4열로 정렬했다. 3여단 우측은 찰로테 가에, 좌측은 보급소에서 100미터 남쪽으로 떨어진 곳에 도달했다. 마리 고지에서 발사하는 남부군의 포격을 피하려 장병들은 작은 언덕 뒤에 엎드려 있었다. 전투를 여러 차례 겪은 베테랑 군인들은 뒤에 남겨진 파편들을 살펴보고 어떤 방식으로 전투가 벌어졌는지 알 수 있었다. 보병 전투는 사망자와 부상자를 남기고, 포병 전투는 갈기갈기 찢긴 시신을 남긴다. 메인 20연대가 도착했을 때는 포병 전투가 남기고 간 끔찍한 광경이 펼쳐졌다.

12월 13일, 소총부대의 사격 소리와 우렁찬 포성으로 하루가 시작되었다. 그리핀(Charles Griffin) 장군의 사단이 부교 쪽으로 접근해서 전체 상황을 파악하고 전투태세를 갖췄다. 부대가 횡대로 줄줄이 언덕 꼭대기로 갔다. 하지만 남부군의 총알과 포탄이 아군을 향해 무참히 떨어졌다. 정말이지 눈을 뜨고 볼 수 없는 광경이었다. 나는 용감한 군인들의 슬픔 가득 찬 눈물을 보았으며, 어떻게든 그들을 구하려 필사적으로 전진했다.

　메모장에서 발췌한 것은 더 이상 없고. 지금부터 새로 쓰고 있다. 그리핀 사단이 공격을 개시했다. 전투가 시작된 것이다! 아마 2시나 3시 정도였을 것이다. 남부군은 우리를 완벽하게 볼 수 있었고, 우리가 지나갈 다리와 도로에 대한 시야도 완벽하게 확보하고 있었다. 전진하는데 총알과 포탄, 수류탄이 주위에서 터졌다. 도시 후방, 그리고 화염 앞에서 우리는 멈췄다. 언덕에 몸을 감추고 다시 대열을 구축했다. 사망자와 부상자가 땅바닥에 여기저기 널브러졌고, 사상자의 찢어진 팔다리가 발에 밟혔다. 갑작스레 적의 2개 포대가 포격을 해와 아군 진영 전체가 화염에 휩싸인 것 같았다. 하늘은 연기로 뿌옇고 총알은 소용돌이치는 파도 소리를 냈다. 하늘이 곧 무너질 기세였다. 내가 여단장과 있을 때 누군가가 "3여단!"이라고 외치는 소리를 들었다. 여단장은 포를 보면서 "신이시여, 우리를 도와주소서."라고 기도하고는, 앞 여단의 우측을 엄호하라고 외쳤다. "20연대 앞으로!" 석양과 함께, 쏟아지는 포탄과 함께 용감무쌍한 지휘관이 선두에 서서 우리 부대는 포화 속으로 전진 또 전진했다.

날이 어두워지자, 병사들은 허벅지까지 물이 차오르는 도랑을 건너 진격했다. 우측 부대는 높은 판자 장애물을 무너뜨려야 했는데, 체임벌린이 손수 작업을 시작했다. 좌우 양측에 있는 장애물 때문에 지친 연대는 정체되었다. 펜실베이니아 83연대 앞에는 공사 중인 철도가 있었고, 그 때문에 부대의 정렬이 흐트러졌다. 마리 고지 기슭에 있는 남부군 주요 전선에서 700미터 정도 떨어진 오래된 벽돌 가마 마당에서 스톡턴이 지휘하는 여단이 진격을 준비하고 있었다.

체임벌린이 회상하기를, 연대는 마리 고지 기슭에 있는 움푹 파인 길을 따라 세워진 장벽에 구보로 접근하려 했다. 미리 그곳에 와서 4열 종대로 엎드려 있는 병력이 연대원들에게 쉬이 다가오지 말라는 신호를 보냈다. 자신들처럼 희생당하지 말라고 저지하는 것이었으니 그 또한 장애물이었다. 메인 20연대는 여단의 다른 연대들보다 앞서 마리 고지 기슭의 장벽 앞에 엎드려 있는 연대를 구출하라는 명령을 받았다. 20연대 병사들은 전술 교범에 기술된 대로 한 발 한 발 사격을 했고, 저물녘까지 장벽 너머의 남부군과 사격을 주고받았다.

어떤 이유인지 여단 우측의 2개 연대가 우리와 함께 진격하지 않아서 우리 부대는 전방과 측방에서 집중사격을 받았다. 철조망과 장애물을 뚫고 생존자와 사망자가 뒤섞인 4열 종대를 지나서 죽음의 경계를 향해 나아갔다. 용감히 싸우다 죽은 수많은 시체들이 적의 사정거리에서 나뒹굴었다. 우리는 전방에서 교전하는 연대 앞으로 나아가서 그 연대가 후방으로 철수하도록 엄호했다. 그리고는 언덕 꼭대기에서 전방에 있는 남부군과 빠르고 위협적인 사격을 주고받았다.

자정 즈음, 체임벌린과 브라운은 부상자를 확인하고 말 안장에 놓고 온 담요 대신 12월의 추위를 견딜 수 있을 만한 것이 있나 주위를 살폈다. 체임벌린은 담요를 찾지 못한 것이 분명한데, 이는 그가 세 구의 시체가 있는 후방으로 돌아와 그들 중 한 명의 외투자락으로 머리를 덮고 누워 있었기 때문이다. 한밤중에 죽은 병사들에게서 전리품을 가져가려는 누군가가 체임벌린이 덮은 외투자락을 들어 올리다가 살아 있는 눈동자를 보고는 소스라치게 놀랐다. 포켓용 신약 성경이 그 죽은 병사의 외투에서 떨어지자, 체임벌린은 그것을 주웠다. 전쟁에서 살아남으면 죽은 병사의 가족에게 돌려주기로 다짐했다.

근처에 발이 느슨하게 쳐진 벽돌집이 있었다. 밤바람이 불어 발이 창틀과 벽에 부딪히는 소리가 체임벌린의 귀에는 내세를 향한 죽음의 노래처럼 들렸다: "아니야. 영원히, 영원히, 아니야!(Never – forever; forever – never!)" 이 집은 체임벌린과 같은 전장에 있었던 에임스(John W. Ames) 준장이 묘사한 같은 벽돌집인지도 모른다.

여기에 낮은 벽돌집이 서 있는데, 박공(搏栱)옆에 달린 문은 열려 있고, 열린 문에서 빛이 새어나오고 있었다. 우리는 지나가면서 열린 문 안쪽을 들여다보았다. 깡마른 여자가 미친 집시 여인의 머리와 얼굴로, 새벽 2시가 가까운데도 연기 나는 촛불 옆에 앉아 있었다. 가녀린 몸에 기운이라곤 하나도 없는 여자가, 두 군대 사이에서 마치 대치하고 있는 것처럼 보이는 집에서 혼자 버틸 수 있었던 건 문지방 위에 누워 있는 두 구의 시체와 그녀 발 가까이 놓여 있는 네 구의 시체가 같이 있었기 때문이 아닐까. 촛불이 어룽거리는 굴곡진 얼굴에 박힌 퀭한 눈

은 아무것도 보지 못한다는 듯 시체들 너머 어둠 속을 응시했
다. 이따금 그녀 주변에서 무슨 소리가 들리곤 했는데 공포 그
자체였다.

체임벌린의 메모장은 계속되었다.

이제 어두워졌고 사격은 잦아들었지만 완전히 멈추지는 않
았다. 우리는 비록 절망적인 상황이지만 이곳을 사수해야 한다
고 생각했다. 남부군은 이곳 지형에 익숙해서 야간공격을 감행
할지도 모른다. 아침에 눈을 떴을 때 남부군의 총구가 우리를
겨누고 있다면 얼마나 끔찍한가. 그렇지만 우리가 퇴각한다면
전 군이 패배할 것이므로, 피가 흥건히 고인 바닥에 엎드려 적
을 향해 총구를 겨누고 있었다. 땅은 차갑고 축축했으며 장교
들은 덮을 담요가 없었다. 이따금 선잠이 들 뿐이었다.
우리 눈과 귀는 깨어 있었다. 남부군이 매우 가까이 있어서
그들의 전선에서 말하는 소리가 들렸고, 많은 움직임을 볼 수
있었다. 이상하게 생각할 수도 있겠지만 시체 더미 속에서 나
는 깊은 잠이 들었다. 한 구의 시체 옆에 꼬옥 붙어서 잤는데,
살아 있는 자와 죽은 자가 별반 다를 바 없이 느껴졌다. 하지만
내 귀에 부상자의 울부짖음과 신음소리가 메아리쳤고, 사망한
병사들의 무시무시한 얼굴들이 내 주변을 에워싸 벽을 만들었
다. 밤에는 너무 추워서 고통스러웠다. 나와 브라운은 담요나
죽은 병사의 외투를 찾으려고 전장을 돌아다녔지만, 다른 사람
이 먼저 가져갔는지 찾을 수 없었다. 심부름을 왔거나 친구를

찾으러 온 사람이 우리 얼굴을 덮은 외투자락을 들추고는 우리
가 죽은 줄 알고 뚫어져라 눈을 쳐다봤다.

12월 14일 새벽, 돌벽에서 가까운 언덕 뒤쪽의 구덩이에 20연대 병력
은 엎드려 정렬했다. 그들 좌측에는 펜실베이니아 83연대가 작은 계
곡의 한쪽에 은폐해 있었다. 20연대는 종일 그 곳에 머물렀고, 어두워
서야 조금 이동할 수 있었다. 3여단은 마침내 다른 북부군의 지원을
받아 도시로 후퇴했다.

조용하고 평화스러운 안식일 아침이 밝았다. 우리는 소총 사격
과 포격으로부터 안전한 언덕에 의지하여 전선을 정비했다. 아
군은 앉아 있거나 엎드려 있어야 했는데, 서 있다가는 적에게
피격당할 게 뻔했다. 교체병력은 전선으로 오는 길에 남부군
사격을 받아 거의 전멸했다. 원조 물품을 말에 실어 전속력으
로 아군이 있는 언덕으로 보내려 했으나 남부군의 총에 맞은
말은 언덕 아래로 굴러떨어졌다.

남부군은 언덕 위에서 포를 쏘아 우리를 퇴각시키려 했으나
포격이 정확하지 않았다. 기총소사(機銃掃射)로 아군을 쓸어버리
려고 했는지 머리와 몸을 땅에 바짝 엎드린 우리 위로 무수한
총알이 지나갔다. 적들은 300~400명의 정찰병으로 아군의 측
방을 봉쇄하려 했으나 우리가 재빨리 흉벽을 만들어 방어했기
때문에 무사히 넘길 수 있었다. 우리는 적과 종일 사격을 주고
받는, 격렬하고도 호된 시련을 겪었지만 결코 뒤로 물러서지
않았다.

　마침내 두 번째 날 자정, 36시간의 지옥 같은 총격전을 치루고 나니 철수명령이 떨어졌다. 하지만 사방에 널린 전사자들을 놔두고 떠날 수는 없었다. '우리는 그들을 별이 총총한 밤에 매장할 것이다.'라는 글귀가 있지만, 신은 별빛보다 더 장엄한 조명을 준비했다. 총알에 맞고 포탄에 찢겨 죽은 영웅들을 널판장에 올려 묘지로 운반했다. 시신을 운구하는 북부군들은 마치 빛을 들어 천국에 옮기는 듯 경건한 모습이었다. 믿기 어려울 정도로 아름다운 북극광, 불타는 창검과 피묻은 깃발, 화염, 진줏빛 기둥, 금빛 화관(花冠) 등 모든 것들이 위를 가리켰다. 어쩌면 이렇게 모든 것이 완벽하게 어울릴 수 있을까! 어느 누가 이들보다 더 숭고하게 죽을 수 있으며, 더 영광스럽게 매장되는 것을 꿈꿀 수 있는가? 조국의 명예를 위한 죽음과 북부 고향의 광채 나는 유성 속에서의 매장!

　춥고, 젖고, 전투에 지친 부상자들은 도시로 들어와 두세 시간 정도 야영했다. 날이 밝기 전에 남부군이 한 차례 야간공격을 시도했고, 이를 격퇴하기 위해 다시 병력을 집결시켜야 했다. 아주 잠깐 휴식을 취한 후에 우리는 다시 전투 준비를 했다.

　다음날 밤 거의 잠을 설치고 전투가 벌어질 고지로 곧바로 나아갔다. 적은 100미터 정도 전방에 있었고, 먼저 와 있던 아군은 적에게 들키지 않으려 포복하고 있었다. 피아를 구분할 수 없는 칠흑 같은 밤에는 작은 실수 하나로 부대가 전멸할 수도 있으므로, 모든 병력은 숨을 죽이고 있었다. 북부군 병사들은 상당히 겁에 질린 어조였다. 남부군의 소총 참호는 눈에 보일 정도로 가깝고, 아군 1개 여단이 얼마 전 공격 당해 철수해야 했으며, 지난 밤 배치를 완료한 남부군 포대가 날이 밝기 무섭게 우리를 휩쓸어버리려 한다는 소식을 들어서였다. 덧붙여서, 그 남부군 포대는 우리에게 두 시간도 채 버티기 어려울 거라며, 조롱에 가까운 작별인사를 전하더란 것이었다. 하지만 우리가 받은 명령은 간단하고도 추상같았다. "무슨 일이 있어도 그 땅을 반드시 고수하라!"

이곳에 남은 북부군은 우리 연대뿐이었다. 북부군 다른 병력들은 좌우 시야에서 사라져 보이지 않았다. 무슨 일이 곧 터질 조짐을 느낀 우리는 포복으로 참호 맨 가장자리로 가서, 거기에 두었던 곡괭이와 삽을 그러모았다. 피해를 최소화하면서 진지를 사수하겠다는 결의에 차서 곡괭이와 삽으로 참호를 더 깊이 파고 흉벽을 돋아 올렸다. 참호와 흉벽에 병사 서너 명씩만 배치하여, 그 중 하나에 포탄이 떨어지더라도 그 밖의 병력은 피해를 입지 않도록 한 것이다. 남부군은 이러한 우리를 발견하고 총을 쏴댔고 그때마다 경보 소리가 요란했다. 진지 공사가 거의 끝날 무렵, 북부군이 도시에서 철수했으니 신속히 강을 건너오라는 명령이 떨어졌다. 우리는 사상자들의 날카로운 총검들 사이를 지나고, 시체 더미를 밟아 휘청거리면서 강으로 향했다. 발소리를 죽이느라 흙으로 다진 부교 위를 살금살금 건넌 우리는 이윽고 라파하녹 강 북쪽으로 다시 돌아갔다. 프레더릭스버그 전투는 정말 비참했다. 전투에서 한 번도 퇴각한 적 없던 20연대는 실망했다. 그러나 우리는 그런 감정에 마냥 익숙해질 수 없었고, 우리의 연대기는 여전히 펄럭이고 있었다. 비가 쏟아지고 물에 젖어 피할 곳도 없었지만, 아무런 불평 없이 땅에 엎드리거나 나무에 기대어(나도 나무에 기대었다) 밤을 새웠다. 새벽녘 안개가 걷히고서야 우리가 어디쯤에 있는 지를 알 수 있었다.

프레더릭스버그에서 몇 시간을 보냈지만, 주민들은 몇몇을 빼곤 재빨리 집을 버리고 도망갔다. 포연까지 둘러싸인 빈 도시가 연출하는 분위기란 정말 희한했다. 이 모든 혼동과 적나라함은 포격 때문임이 분명했다. 이상하게도 잔인한 분위기라고는 느껴지지 않았고 전시에 혼란도 남의 나라일 같았다. 무자비하거나 거침없는 파괴의 흔적을 결코 찾아볼 수 없었다. 그 텅 빈 도시에서 군인들은 쓰거나 가져가고 싶은 물품들을 뭐든 손에 넣을 수 있었고, 귀중품을 착취할 수도 있었다. 하지만 건물을 파괴하거나 정도에 지나치는 행위는 내 이름을 걸고 결코 없었다고 맹세한다. 분명한 것은 남부군은 우리가 주둔하는 도시가 초토화 될 때까지 계속해서 포탄을 퍼부었다는 사실이다.

나는 우리의 약탈을 가벼이 여기길 바라지는 않는다. 아니, 나는 단호히 그러한 혐의를 부인하고자 한다. 우리 북부군은 남부군 저격수들이 엄폐물로 이용하는 집을 무턱대고 포격하진 않았다. 그러나 남부군은 우리가 집을 엄폐물로 삼았을 때 가차 없이 포격을 가했다. 우리는 동네의 한 집을 연대본부로 사용했지만, 집안에 있는 물건을 옮기거나 어지럽히지도 않았다. 우리가 주둔하는 동안 하루에도 몇 번씩 포탄이 떨어졌다. 처참한 파괴는 우리 소행이 아니고 남부군의 소행이었다.

12월 15일, 3여단이 캐롤라인 가를 따라 세 블록에 걸쳐 정렬했는데 우측 끝은 조지 가에 다다랐다. 그들은 오후 내내 있다가, 프레더릭스버그 가장자리로 옮겼다. 그리고 병중에 있는 스톡턴 대령의 뒤를 이은 빈센트(Strong Vincent) 여단장의 지휘에 따라서 전선 앞쪽으로 위치를 옮겼다. 그들은 하노버 가를 따라 행군했고 도랑을 가로지르는 다리를 건너서 그들이 사수했던, 지금은 적에게 넘어간 고지로 진군했다.

그들은 적으로부터 100미터도 떨어지지 않았다. 몇몇 장소는 적과 너무나 가까운 나머지, 체임벌린이 어느 밤길에서 적군에게 말을 건넨 적도 있었다. 체임벌린이 철수 명령을 받았을 때 이미 다른 모든 부대가 철수한 뒤였고, 20연대는 고립된 상태였다. 적이 기습하면 진지에 남은 병사들이 당할 수도 있는 상황에 갑자기 처하자, 체임벌린은 병사들에게 번호를 부르도록 했다. 홀수 번호 병사들은 소란스럽게 땅을 파며 나아갔고, 짝수 번호 병사들은 그들의 차례가 올 때까지 한쪽으로 물러섰다. 이런 식으로 '앞서거니 뒤서거니' 하면서 안전지대로 철수했다.

빈센트 대령의 여단은 프레더릭스버그로부터 마지막으로 철수한 부대 중 하나로 후위부대 임무를 수행하다가 최후로 부교를 건넜다. 그 여단은 버지니아 팔머스에 다다르자 퇴각을 멈추었다. 부상자가 매우 많았고 체임벌린도 총알이 스쳐서 오른쪽 귀와 목의 살갗이 벗겨지는 상처를 입었다.

프레더릭스버그 후방, 추위와 공포에 몇 시간을 떨다가 체임벌린은 평상 업무로 복귀했다.

스트롱 빈센트 (1837 ~ 1863)

호즈던 군무국장님께

장군님,

리치필드 중위와 베스 중위의 임관사령장이 들어 있는 12월 4일자 장군님 편지를 제때 잘 받았습니다.

베스 중위의 임관일은 10월 10일이고, 리치필드 중위의 임관일은 11월 20일 임을 장군님께 보고 드립니다.

장군님께 삼가 올립니다.

J.L. 체임벌린

중령. 20연대

체임벌린은 슬프고도 추운 1862년의 12월을 팔머스 캠프에서 보냈다. 12월 25일 미드 장군이 5군단장으로 취임했다.

1863년

무엇인가 빼앗았을 때, 그리고 빼앗은 것이 귀중한 것일 때 아무 것도 그 자리를 메울 수 없다. 변하는 모든 것들은 그렇게 슬픔을 머금는다.

소장 조슈아 L. 체임벌린, 『행군』

1862년의 마지막 며칠과 새해 첫날, 체임벌린과 20연대는 1사단과 함께 라파하녹 강과 래피단 강의 합수지점에서 2킬로미터 떨어진 라파하녹 강 상류의 리차드 여울을 정찰했다. 1863년 1월 1일 원래 있었던 캠프로 돌아와서 몇 주를 더 머물렀다.

1월 20일 번사이드는 포토맥군이 수행한 작전 중에서 가장 큰 실수를 저지른다. 그는 라파하녹 강에 있는 팔머스로 신속히 도하해 프레더릭스버그에 위치한 남부군 리 장군의 겨울 캠프를 공격하려고 했다. 그러나 행군을 시작할 무렵 비가 억수같이 쏟아졌다. 포를 비롯한 많은 장비가 밑도 끝도 없는 버지니아의 늪지대에 빠졌다. 20연대도 행군 명령을 철회했지만 때는 이미 늦었다. 악천후로 팔머스에 있는 캠프로 돌아와야 했다. 이 실패는 '번사이드의 진흙 행군'이라는 큰 실수로 널리 알려진다.

20연대 모든 병력은 군에 지원한 처지라 어찌할 수는 없지만, 그래도 두고 온 집 걱정이 많았다.

메인 20연대 캠프

1863년 1월 28일

중위 존 M. 브라운

메인 20연대 부관장교

중위,

  재정상의 문제와 중요한 이해관계를 해결하기 위해 15일간 메인 주로 휴가를 요청합니다. 저의 휴가 때 연대 영관급 장교들은 모두 현위치에서 임무를 수행할 것입니다.

J.L. 체임벌린 올림

중령. 메인 20연대

2월 초에 체임벌린은 휴가를 받아 메인 주 오거스타의 코번 주지사와 대화를 나누었다. 패니와 애들이 있는 브런즈윅에 도착해서 다음과 같은 편지를 썼다.

메인 20연대 본부

1863년 2월 26일

애브너 코번 주지사님께

메인 주지사

존경하는 주지사님,

제가 오거스타를 떠나면서 주지사님께 언급했던 대로, 저희 연대의 장교들에 관해 보고 드립니다.

저희 연대는 현재 4명의 대위가 각 중대를 지휘하고, 4명의 중위와 2명의 소위가 대위를 대행하고, 5명의 소위와 소위 대행인 4명의 부사관이 있습니다. 대부분의 소위와 소위 대행은 실질적으로 중위 역할을 하고 있습니다. 따라서 11명의 공석이 생깁니다.

제 생각에 연대장은 지금의 공석을 채울 후보자를 추천할 수 없는 여건입니다. 연대장이 만족스러워하는 것 같고, 저도 동의하는 E중대 피치 중위를 대위로 진급시켜 D중대장으로, G중대 랜드 중위를 대위로 진급시켜 H 또는 B중대장으로, A중대 빌링스 소위를 중위로 진급시켜 D중대 중위로, B중대 모릴 소위를 중위로 진급시켜 같은 중대 중위로 보직해야 합니다.

위관급 장교로 임명받은 부사관들은 다음과 같습니다.

1. I중대 하사 체임벌린을 1862년 11월 20일부로 D중대 소위로 임명함.

2. A중대 하사 링컨을 1862년 11월 20일부로 I중대 소위로 임명함.

3. 특무상사 킨을 1862년 12월 10일부로 A중대 소위로 임명함.

4. H중대 하사 플러머를 1862년 12월 10일부로 C중대 소위로 임명함.

이 장교들은 맡은 직책에서 꾸준하고도 만족스럽게 제 임무를 다했기에 연대장이 주지사님께 진급을 추천했을 거라 생각합니다.

G중대 랜드 중위를 대위로 진급시켜 H중대장으로 임명하는 것과, 하사 체임벌린을 연대장 명에 의해 G중대 소위로 진급과 보직하는 것은 스피어(Ellis Spear, 역자 주 : 1858년 보우도인 대학 졸업, 1865년 남부군 항복 조인식에서 북부군 준장으로 입회한다) 대위의 요청에 따른 것입니다.

위에 명기한 장교들은 전장에서 보여준 훌륭한 행동으로 현재의 직위에 오를 수 있었고, 이는 그들의 공로에 대한 보상일 뿐 아니라 저희 연대에도 큰 이익입니다.

제가 건의드린 바를 바로 승인해 주셔야만 저희 연대도 빠른 시일에 제자리를 잡을 것입니다.

편지가 너무 길어져 죄송합니다. 저희 연대가 필요한 것이 무엇인지 주지사님께 분명하게 보고 드리고 싶었습니다. 주지사님께서 필요하거나 적절하다고 판단하시면 다른 공석도 채

애브너 코번 (1863년 메인 주지사 역임)

우도록 하겠습니다.

주지사님께서 저에게 하신 칭찬보다 저희 연대가 맡은 임무를 훨씬 잘 수행하면 좋겠습니다. 또한 군내에서 20연대가 받고 있는 호평이 빠른 시일에 메인 주까지 퍼지면 좋겠습니다.

주지사님께 삼가 올립니다.

J.L. 체임벌린

중령. 메인 20연대

메인 주 청사에서는 20연대에 대한 평판이 군내에서만큼 좋지 않았던 것을 알 수 있다. 체임벌린은 편지에다가 몇 차례 불평했다.

체임벌린의 동생인 톰은 하사에서 소위로 승진했다.

4월 초, 체임벌린은 연대의 부관장교를 대행하는 톰에게 개인적인 문제로 5일간의 휴가를 요청하는 편지를 썼다. 그는 워싱턴에서 패니를 만났다.

소위 T. D. 체임벌린

메인 20연대 부관장교 대행

소위,

　업무상 워싱턴과 볼티모어 방문이 필요해서 5일간의 휴가를 삼가 요청하는 바입니다.

J.L. 체임벌린 올림

중령. 메인 20연대

소장 버터필드

참모장

장군님:

　오늘 아침 장군님과의 대화에서 제가 의도했던 바를 정확히 전달하지 못했던 것 같습니다.

　제가 장군님을 찾아뵌 목적은 저희 20연대가 격리된 채 남아 있는 상황을 불평하는 것이 아니라, 그럴 필요성[주 : 체임벌린은 '필요성(of the necessity)' 이란 단어를 무심코 두 번 적었고, 이를 연필로 그어서 지웠다.]을 이해하시고, 앞으로 벌어질 실제 작전에서 제게 어울리는 보직을 주시도록 부탁하려는 것이었습니다.

이러한 상황에 대해 알고 있는[주 : 체임벌린은 '알고 있는 (knowing)'을 줄 위에 반복해서 썼는데, 이는 아마도 처음 쓴 글 씨를 알아보기 힘들어서였던 것 같다.] 하워드 소장님이, 사단 장님께 개인적으로 전해 드리라는 지시와 함께 설명을 동봉한 편지를 주었습니다.

장군님께서 친히 이 문제에 대해 관심을 기울이시기 바라며, 사단장님께 이를 말씀드려도 좋은지 판단해 주시기 바랍니다.

담당 군의관이 장교 몇 명만 남아 있는 것이 좋겠다고 진정으로 건의한 상황에서, 저희 연대의 모든 영관급 장교들이 병원에 남아 있을 필요는 없다고 생각합니다.

만약 하워드 장군님의 의견이 불가능하다면, 20연대가 다시 임무 수행에 적합해질 때까지 제가 다른 장군님의 참모로 근무할 수 있도록 허락해 주실 수 있으신지요?

제가 정성을 다해왔고 자신감과 자부심으로 충만한 저희 연대가 야전에 나가지 못하는 상황에서 어떤 느낌일지 장군님께서도 잘 아시리라 믿습니다.

장군님께서 절 이해하시어, 제가 수행할 수 있는 임무를 주신다면 약간의 위로가 될 것입니다.

장군님께 삼가 올립니다.

[서명이 찢김]

4월 22일, 20연대는 군의 나머지 부대와 2킬로미터 정도 떨어진 격리지대로 이동했다.

사랑스러운 내 아내에게,

캠프를 옮기고서부터 계속 폭우가 쏟아져 우리는 물건을 수직으로 쌓아 올려 나름으로 젖는 면적을 최소화하는 것밖에 달리 할 일이 없었소. 저녁에는 중요한 편지 몇 통을 쓸 일이 있어서 급하게 움직였다오. 테이블로 사용하려고 마른 판자를 찾아야 했고, 양초와 잉크, 펜, 종이를 찾았으며, 태풍과 혼란스러운 상황이 자아내는 우울한 분위기를 없애려 간간이 콧노래를 부르기도 했소. "처음으로 내가 아끼는 그대에게. 처음으로 내 사랑에게."라고 흥얼거렸는데, '자면서 사랑을 꿈꾸네(Sleeping I dream Love)'란 노래는 굉장히 바보같고 유치하지만 나 자신을 발견하는 데 부족함이 없었소. 그러나 이 모두가 당신을 항상 생각하고 있기 때문이라오.

사랑하는 여보,

편지 쓰면서 당신은 매우 슬퍼했지만, 내 마음은 그 당시 평소보다 더 당신을 향해 있었소. 당신 자신이나 나 때문에 염려할 일은 전혀 없다고 생각하오. 이 편지를 읽고 나서 당신은 보다 행복해지리라 믿어요.

나를 지금 가장 괴롭히는 일은 다음 전투에서 싸울 수 없게 될지도 모른다는 것이오. 우리는 입구마다 '천연두(Small Pox)'라고 쓰인, 불길한 플래카드가 나붙은 격리된 캠프에 있는데, 군의관들은 최소 2주일간 움직이면 안된다고 하오. 그 사이 전투가 벌어져 여기 격리된 병원 캠프에 내가 남겨진다면 그보다 더한 치욕과 좌절이 어디 있겠소. 장군의 참모로서 일하려 노

력했으나, 군과 우리 연대에 관한 일이 불확실해 그 또한 불가
능하게 되었소.

한편, 5월 첫째 화요일에 사용할 배저 대위의 유언장을 증명
하고 허가하기 위한 통보서를 인쇄해 놨소. 만약 내가 유언 집
행자로 지정되면, 그 장소와 시간에 반드시 내가 있어야 하오.
병사들이 전장에 나가는데 연대본부에 남아 있어야 할 때도 있
겠지만, 나는 나름으로 전장에서의 임무를 수행할 수 있도록
허락받을 것이고, 온힘을 다해 임무를 수행할 작정이라오. 만
약 2주 안에 변동이 생겨 내게 전투에 참가할 수 있는 명예를
준다면, 유언장 집행자로서 참여하는 일은 접을 생각이오. 하
지만 당신도 알고 있듯이 확실한 일은 없소. 유언 집행자로 일
하더라도 연대가 이동하기 전에 돌아올 가능성이 있다오. 그리
고 전투가 임박한 상황에서 휴가를 요청하는 건 명예스럽지 못
한 일일 것이오.

내가 처한 난국을 잘 알 거라 믿소. 유언 집행자가 그다지 중
요치 않은 직책이라면 나는 별로 신경 쓰지 않았을 것이오. 하
지만 그 일 또한 만만하지는 않구려. 배저 대위가 금전상의 이
유로 나를 유언 집행자로 지목했더라도 말이오. 유언 집행자로
일하는 기간보다 더 오래 이곳 병원 캠프에 머물러야 한다면
이도 저도 아니라서 굉장히 괴로울 것이오. 나는 매우 혼란스
럽소. 진퇴양난(進退兩難)이라는 표현이 적당할 것이오.

4월 27일, 마침내 연대장이 떠나 내가 연대를 책임지고 있
소. 우리는 사단과 여단이 떠나는 것을 쓸쓸히 지켜봐야 했소.
하지만 머지않아 나에게도 연대 이동 명령이 떨어질 것 같소.

당신이 지금 여기에 있으면 좋을텐데. 배저 대위가 부탁한 유언장 일은 미안하지만 포기해야만 할 것 같아요.

세상에서 가장 사랑하는 여보, 내가 얼마나 당신을 보고 싶어 하는지 모를 거요. 다른 부대와 함께 가지도 못하고, 휴가를 얻어 유언 집행자 일을 할 수도 없이 병원 캠프에 남아 있으니 실망스럽기 짝이 없소.

언제 어디로 가야 할지 전혀 앞을 예측할 수 없다오.

당신은 내가 어디에 있든 상관하지 말고 당신 가고 싶은 곳으로 가시오.

끝으로 해리스 부인에게 넉넉히, 1주일에 10달러 정도를 보내주시오. 그녀는 자신을 위해 그만큼 받을 만한 이유가 있소.

당신만의 L이 서둘러 적으며.

1월 말부터 후커가 지휘하는 포토맥군은 4월 27일을 기해 마침내 리의 북버지니아군에 춘계 공격을 개시했다. 번사이드에게서 지휘권을 넘겨받은 후커는 포토맥군을 일곱 개의 군단으로 재편성했다. 4월 27일 포토맥군의 세 개 군단이 라파하녹 강을 건너 올라갔다. 5군단은 체임벌린의 20연대를 후방에 남겨둔 채 11군단과 12군단을 따라서 라파하녹 강의 켈리 여울을 건넌 후 첸셀러즈빌이라 불리는 작은 사거리를 향해 출발했다.

4월 29일 세드윅(John Sedgwick)장군이 지휘하는 6군단은 프레더릭스버그의 라파하녹 강을 건너서 그곳의 남부군 지역을 점령하고, 남부군이 후퇴하면 추격하라는 명령을 받았다. 레이놀즈(John F. Reynolds) 장군이 이끄는 1군단은 더 하류 쪽에서 같은 임무를 수행하라고 지시받았다.

'황무지'라 부르는 버지니아 지역을 사납게 휘몰아친 첸셀러즈빌 전투로 알려진 격전이 이틀 동안 벌어지는 사이 20연대는 격리되어 있었다. 에임스는 체임벌린에게 20연대를 당연히 맡겨야 한다고 판단하고 미드가 지휘하는 5군단 사령부로 떠났다.

체임벌린은 사격 소리를 멀리서 들으며 전투에 참가하기를 갈망했다. 체임벌린은 알지 못했지만, 5월 2일 늦은 오후에 그가 들었던 사격 소리는 북부군 11군단장인 하워드를 겨냥한 것이었다. 하지만 남부군의 리 장군과 '돌벽'이란 별명의 잭슨은 지금까지보다 훨씬 대담한 계획을 세웠다. 북부군이 측방을 공격하면 그들도 측방을 공격하겠다는 것이었다. 북부군과 대치한 상황에서 북버지니아군을 세 개의 부대로 나눈 리는 세드윅을 프레더릭스버그에서 막아내고, 후커의 주부대를 첸셀러즈빌에 묶어 놓았다. 잭슨이 이끄는 부대를 북부군의 좌측으로 보내, 대기하고 있던 하워드의 후방과 맞닥뜨렸다. 아무도 예측하지 못한 작전이었다. 심야에 잭슨은 남부군 전초병의 총에 맞았다. 다음날인 5월 3일 이른 아침, 남부군 기병부대 지휘관인 스튜어트가 잭슨 대신 군단을 지휘하기 위해 일라이 여울에서 왔다.

한편 체임벌린은, 20연대가 전투에 참가할 수 있도록 개인적으로 청원했다. 5월 2일에서 3일로 넘어가는 자정, 마침내 그는 라파하녹 강의 뱅크 여울과 유에스 여울로 이동하라는 명령을 받았다. 20연대는 전신선(電信線)을 잘 방호하여 후커의 지휘소와 나머지 군과의 통신망을 보장하는 임무를 맡았다.

그날 아침 남부군은 서쪽에서 공격해 왔고, 그 와중에 세드윅의 북부군은 프레더릭스버그에 있는 도시를 점령하고 살렘 처치 주변에서

임전태세를 갖췄다. 체임벌린은 밤새 전신선을 점검했지만 무슨 이유
인지 계속 망가졌다. 20연대가 지키는 뱅크 여울의 교차로는 점점 중
요해졌는데, 이는 세드윅이 2개 전선의 남부군으로부터 공격받는 자
신의 병력을 그 교차로를 통해 후퇴시킬 수 있었기 때문이었다.

체임벌린은 5월 4일, 그리핀 사단의 2여단에 합류했다. 비록 그의
훌륭한 말인 프린스가 머리를 다쳤지만, 대부분의 힘든 전투는 끝이
났다. 5월 6일까지 후커의 포토맥군은 라파하녹 강을 다시 건넜다.

첸셀러즈빌 전투를 치른 포토맥군은 팔머스 캠프로 후퇴하려 폭우
속을 걸었다.

체임벌린에게 편지 쓸 시간이 생겼다. 그는 여섯 살 난 딸 데이지가
직접 읽을 수 있도록 모든 단어를 정자체로 적었다. 체임벌린이 쓰는
편지는 언제나 그랬듯이 군인 신분에서 벗어나 평온하고 가정적인 삶
으로 가는 탈출구였다.

1863년 5월

귀여운 내 딸 데이지에게,

전투가 없는 시간에 이 편지를 쓴단다. 바쁘게 움직이다 보
니 편지 쓸 틈이 없지 뭐니. 게다가 밤에는 글자가 보이지 않으
니 쓰고 싶어도 쓸 수 없단다. 큰 싸움이 벌어져 우리 편 사람
들이 아주 많이 죽거나 다쳤단다. 머지않아 우리는 다시 싸울
거야. 남쪽에 사는 백인들이 우리나라를 망치고 모두를 불행에
빠뜨리려고 하는구나. 우리는 그 사람들이 나쁜 짓을 그만두고
착하게 살도록 해야 한단다.

네 답장을 많이 기다렸단다. 그러나 네게 또 편지를 쓰니 즐

겁구나. 보다시피 이렇게 정자체로 편지를 쓰다보니 잘 안되는 구나. 내 생각에 데이지가 아빠보다 더 잘 쓸 것 같구나. 너에 게서 많은 편지를 받아 정말 기뻤단다. 마지막 편지는 엄마한 테 보냈는데, 아빠는 데이지의 편지를 또 받고 싶구나. 엄마는 집에 있겠지? 다음번엔 데이지와 엄마로부터 한꺼번에 두 통 의 편지를 받았으면 좋겠다.

너와 윌리는 요즘 즐겁게 지내고 있지? 이모가 너를 많이 행복하게 해줄 거라 믿어. 정말 친절하잖아. 생각하니 모두 보고 싶구나. 엄마랑 너랑 같이 있는 집은 정말 아늑하고 기분 좋았 지. 네 동생 윌리 도련님이 지금도 엄마한테 패니라고 부르니? 데이지는 이제 정원을 가꿀 수 있겠지. 여긴 너무 더워서 옷을 거의 입지 않는단다. 여기는 집에 있는 산사꽃나무가 없어서 너무 아쉬워. 땅은 다 밟혀서 풀도 거의 안 자란단다. 너와 산 책하고 싶구나. 산책하면서 꽃을 가져와서 엄마와 이모를 놀라 게 했던 게 생각난다. 가끔 들판에서 야생화를 봤던 것도 생각 나고 말이야. 아직도 새들이 노래를 부르면서 집 근처에 둥지 를 틀려고 하니?

방금 전선으로 나가서 전초대(前哨隊)를 지휘하라는 명령을 받 았단다. 이게 무슨 말인지는 엄마가 잘 말해 줄 거야.

그럼 안녕.

아빠가

체임벌린은 전장의 냉혹한 현실로 다시 불려 갔다.

5월 중순 무렵 격리지대가 해제되어 20연대는 경계 임무에 나설 수

있었다. 체임벌린은 다시 행정업무에 몰입했다. 그가 해야 할 일은 내
년 1월 연대 복귀에 관한 월간 보고서였다.

메인 20연대 본부

1863년 5월 18일

존 L. 호즈던

메인 주 군무국장

국장님,

　국장님께 1월에 있을 연대 복귀에 관한 보고서를 삼가 올립
니다. 지난 1월에 이 보고서를 보냈는데 국장님께서 받지 못하
셔서 상당히 유감스럽게 생각합니다.

국장님께 삼가 올립니다.

J.L. 체임벌린

중령. 연대장

메인 20연대

5월 20일, 미드의 참모로 있던 에임스는 전투에서 큰 공을 세워 준장
으로 진급했다. 그는 하워드가 지휘하는 11군단 예하의 여단장으로
승진했다. 체임벌린은 대령으로 진급하여 20연대 연대장이 되었다.
공석을 보충하기 위해 인사가 행해졌다. 길모어 소령은 중령으로, G
중대의 스피어 대위는 소령으로 진급했다. 또 젊고 인물이 훤칠한 펜
실베이니아 출신의 빈센트 대령은 스톡턴 대령의 뒤를 이어 3여단장
이 되었다. 동생인 톰 체임벌린은 부관장교 대행으로 지위가 약간 올
랐다.

보우도인의 전직 교수 출신인 체임벌린은 아주 자랑스럽게 20연대의 지휘권을 잡았다. 그러나 지휘관이 갖는 부담과 압박감도 만만치 않았다. 체임벌린이 풀어야 할 문제의 하나는 불공평한 처사를 받은 한 젊은 장교에 대한 것이었다. 전쟁이 끝나고서 그가 쓴 편지에서 알 수 있듯이, 체임벌린은 전쟁 중에 받은 많은 표창과 훈장을 언제나 부대에 돌려주었다. 여기서 부대란 그가 지휘한 부하들을 의미한다. 그의 편지들은 부하에 대한 동정심과 부성애를 보여준다.

그는 사실상 대령 연대장이었지만, 진급 명령지가 도착하지 않아서 편지에는 중령이라고 썼다.

메인 20연대 본부

버지니아 팔머스 인근 캠프

1863년 5월 21일

준장 L. 토마스

미 육군성 군무국장

장군님,

20연대의 산본(Mattson C. Sanborn) 소위에 대한 상황을 보고 드리고자 합니다. 산본 소위는 연대 미복귀로 1863년 4월 10일의 전쟁성 특별명령 제164호에 의거 보직해임됐습니다.

산본 소위는 뉴올리언스 인근에 주둔하던 메인 1포대 하사로 근무했으나, 병에 걸려 1863년 4월 1일까지 20연대에 복귀하지 못했습니다.

비록 그가 제 시간에 연대로 복귀하지 않았지만, 그것은 정당한 사유로 인한 것임을 보고 드립니다.

그는 공적이 있는 젊은 장교이고, 이번 문제는 그의 부주의
로 생긴 사건이 아님을 다시 한 번 말씀드립니다. 마지막으로
그의 복직을 간곡히 요청합니다.

장군님께 삼가 올립니다.

J.L. 체임벌린

중령. 연대장

메인 20연대

당분간은 연대가 현재의 캠프에 머물 것으로 생각한 체임벌린은 그의
동생 존을 초대했다. 그러나 그들이 재회하기 전, 두 형제는 지금까지
와 달리 훨씬 처절한 전투를 겪는데, 특히 존은 예기치 못했던 파란
많은 여정을 겪고 나서 체임벌린을 만나게 된다.

메인 20연대 본부

1863년 5월 22일

존에게,

너의 정성어린 편지들은 정말 고맙구나. 소중하게 오랫동안
간직할게.

형이 대학에 다닐 때 새삼스레 너와 더욱 각별해졌지. 네가
겨우 걸을 때부터 몬서몬 산에서 나무를 타고 오를 때까지 너
를 지켜보았지. 너를 알면 알수록 너를 높이 평가한 내 생각이
잘못이 아님을 되새기게 되는구나.

내가 간만에 너에게 편지를 쓰는 이유는 오랜만에 너를 만나
고 싶어서야. 2~3주 정도 여유가 있을 것 같구나. 네가 괜찮

은 시간에 나를 찾아와 주렴. 계절도 딱 좋고, 요즘 우리 캠프는 정말 지낼 만해. 곧 만났으면 더 바랄 게 없겠다.

뱅고어에서 출발하면 보스턴에서 워싱턴행 열차로 갈아타거라. 그리고 백악관을 지나 콘레드 중령의 펜실베이니아 132연대에서 통행증을 받으면 돼.

톰은 아주 잘 지내고 있어. 어머니께서 며칠 전에 톰에게 정성스런 편지를 보내셨어. 톰도 네 생각이 간절하다더라.

나는 여기서 연대장을 하고 있어. 내일 아침이면 2대대의 3년 징집 병사들을 접수할 거고, 메인 20연대를 최고로 만들 작정이야.

누이동생 새는 요즘 어디서 지내? 네게 보낼 편지와 2~3통의 편지를 더 쓰고서 새한테도 편지 쓸게.

부모님과 모두에게 사랑과 안부를 전해다오.

J. 로렌스 C.

2대대 몇 명의 병사가 불만에 가득 찬 표정으로 찾아왔을 때 체임벌린은 그들에게 동정심을 품었다. 서류에 분명히 징집기간이 3년이라고 나와 있건만, 다른 병사들처럼 자신들의 징집기간이 2년이라는 것이 그들의 주장이었다. 그들은 군대 모집 당시 사기를 당했다고 주장했으며, 전우들이 2년의 복무를 마치고 집으로 돌아갈 때 엄청난 분노와 억울함을 느껴야만 했다고 볼멘소리를 냈다. 체임벌린은 그때만 해도 몰랐다. 인간에 대한 최소한의 예의마저 무시되기 일쑤인 전쟁터에서 그렇게 불만에 찬 군인들이 체임벌린의 지휘능력과 인간성을 시험하리란 것을.

코번 주지사님께,

주지사님,

　20연대의 건의사항을 신속하게 조치해 주셔서 우선 감사의 말씀을 드립니다. 에임스 대령 앞으로 보내신 서신은 연대장인 저에게 전해졌습니다. 에임스 대령은 준장으로 진급해서 하워드 장군이 지휘하는 군단 예하의 여단장 임무를 수행하고 있습니다.

　주지사님의 배려로 군의관 먼로 씨를 명예퇴직시켰습니다. 그를 잃어 매우 유감스러웠지만, 그는 퇴직하는 것이 당연하다고 생각하는 듯했습니다.

　군인들의 후생을 위해서는 좋은 군의관이 필요합니다. 솔직히 말씀드려 군의관 문제야말로 가장 심각한 고민거리입니다.

　우리는 먼로 씨를 대신할 후임자를 기다리고 있습니다. 새로 오는 군의관은 다른 군단에서 올 것이고, 우리 부대에 적응하기 쉽지 않겠지만, 그가 불편하지 않도록 최대한 배려할 생각입니다. 장병들을 진료하는 데 지원을 아끼지 말아야겠지요. 우리 부대는 다른 군의관보다 웨스콧 씨나 헐섬 씨가 오는 것을 굉장히 환영하는 분위기입니다. 비록 그들을 다른 군단에서 우리 군단에 전보하려면 당연히 절차상 문제가 따르겠지만, 17연대장인 로버트 대령을 만나 문제 없도록 하겠습니다.

　주지사님과 의논하고 싶은 또 다른 문제가 있습니다. 징집기간이 3년이라고 명시된 몇 명의 병사에 대한 보고서는 이미 받으셨으리라 생각합니다. 그들의 입대과정을 상당히 허술하게 처리했으며, 2년의 군복무를 마치고 귀향한 그들의 전우에 비해 솔직히 몇 명의 병사에 대한 처우가 상당히 미흡했습니다. 그들의 불만을 해소해 줄 어떤 방안도 없습니다. 반즈 장군은 하극상이라는 가혹한 처분으로 그들을 전과자로 만들어 제게 보낸 것입니다.

주지사님도 눈치 채시겠지만 애초 무리가 있었던 거 같습니다. 그들에게도 어느 정도의 잘못은 있겠지만, 전우가 군 복무를 마치고 집으로 돌아가는데, 아무런 대책 없이 남겨진 그들 처지도 이해해야겠지요. 여러모로 부당하다고 생각하는 그들에게 좀 더 나은 방식의 대우가 필요하다고 봅니다. 그들이 하극상이나 폭동을 일으킬까 걱정스럽습니다. 결과야 어떻든 저는 명령을 집행해야 합니다. 저는 진심으로 그들이 정당한 대우를 받았으면 합니다. 서류에는 그들이 3년 동안 복무하도록 명시했으므로 저로선 그들을 붙잡아 두어야 하는 상황입니다. 주지사님께서 그들에게 어떤 조치를 취하실지 모르겠습니다. 하극상이란 죄명은 전시에 매우 심각한 군법 위반이지만, 여러 정황을 고려하건데 군법으로 처벌하는 대신 그들에게 한 번의 기회를 더 주시는 게 어떻겠습니까. 저의 의무는 그들이 새로운 마음가짐으로 군 복무를 할 수 있도록 도와주는 것입니다.

저의 건의가 어떻게 받아들여질지 모르겠으나, 그들이 국가를 위해 싸웠던 만큼 국가가 그들을 공정히 대우해 주는 게 옳다고 생각합니다. 그들의 주장이 어떻든 서류상 그들의 군 복무는 3년입니다. 그들이 마음을 가다듬고 남은 1년 국가를 위해 싸울 수 있도록 주지사님께서 기회를 주시길 바랍니다.

주지사님께서 잠시나마 저희 연대를 방문하셔서 감사드립니다. 그러나 주지사님을 만족스럽게 모시지 못해 죄송합니다.

지금은 다른 부대처럼 전선에 나가 싸울 수 없는 여건이지만, 저희 연대는 나름으로 전투에 지대한 역할을 했다고 자부합니다. 얼마 전 새벽, 버터필드 장군께서 전장에서 군 지휘소까지 이어지는 전신선을 확보하라고 명령하셨습니다. 낡은 전신선이 번번이 끊어져 상당히 보수가 필요한 상황이었습니다. 하지만 그날 밤 모든 전신선을 수리해서 통신 장애를 없앴습니다.

저희 연대 영관 장교들의 진급에 관해서는 언급하지 않겠습니다. 더 이상 저의 추천이 필요 없으리라 예상합니다. 저희 연대를 쭉 지켜보신 주지사님께서 잘 아시리라 생각합니다. 주지사님의 건전한 판단에 모든 것을 맡기겠습니다.

주지사님께 삼가 올립니다.

J.L. 체임벌린

중령. 연대장

메인 20연대

체임벌린은 젊은 장교의 복직을 위해 다시 진정했다.

메인 20연대 본부

1863년 5월 26일

존 L. 호즈던

메인 주 군무국장

국장님,

토마스 준장님께 산본 소위에 관해 보고한 편지 사본을 국장님께 삼가 올립니다. 그의 복직을 간곡하게 건의 드립니다.

국장님께 삼가 올립니다.
J.L. 체임벌린
중령. 연대장
메인 20연대

체임벌린이 언급한 2대대 병사들은 여전히 하극상으로 처벌 위기에 놓여 있었다. 체임벌린은 그들에게 군인복무규율을 교육하고 주지사로부터의 지침을 기다렸지만, 상황이 한 달이나 지체되어 체임벌린 스스로 문제를 해결해야만 했다.

메인 20연대
1863년 5월 27일

코번 메인 주지사님께

존경하는 주지사님,

앞서 말씀드린 후임 군의관으로 헐섬 씨나 웨스콧 씨가 저희 연대에 오기는 어려울 거 같습니다. 17연대에서는 헐섬 씨를 보내고 싶지 않다고 합니다.

헐섬 씨를 후임 군의관으로 임명할 수 없다면, 마틴 씨를 후임으로 택하겠습니다. 마틴 씨는 6대대 군의관 보좌와 4대대

군의관을 역임했습니다. 딱히 들은 이야기는 없지만, 지금껏 별 문제 없이 군의관 직책을 수행해온 그가 여기 와서도 임무를 잘 수행하리라 예상합니다. 지난번 말씀 드린 2대대 병사들은 아직도 불만이 가득합니다. 그들은 1년을 더 복무해야 한다는 사실에 분개하고 있습니다. 본심은 그리 나쁘지 않은 사람들이기에 그들을 관대하게 대했습니다. 그들에게 남은 1년 동안 다시 군인으로서의 임무를 수행하도록 명령했습니다.

그들은 주지사님의 의견을 듣고 싶어 합니다. 지금처럼 이렇게 불안하고 불확실한 마음으로는 일이 손에 잡히지 않는다고 합니다.

저는 그들을 동정하고 이해하지만, 그들이 군인으로 있는 한 명령에 절대 복종해야 한다는 사실을 강조하고 있습니다.

이 문제들에 관해서 주지사님의 답장을 기다리겠습니다.

주지사님께 삼가 올립니다.
J.L. 체임벌린
중령. 연대장
메인 20연대

5월 28일 5군단 예하 1사단은 라파하녹의 교차로를 사수하려 캠프에서 출발했다. 5월 30일까지 20연대는 라파하녹 강으로 빠져나가는 작은 지류의 하나인 호스 펜 런(Horse Pen Run)으로 이어지는 유에스 여울 하류를 지키고 있었다.

이 다음 편지에 그 지역 지도가 첨부됐는데, 거기에는 서명이 없었다. 그 편지는 단순히 메모장으로 끝났는데, 이는 20연대가 강의 상류

인 엘리스 여울로 강행군하느라 편지 쓸 여유가 없었음을 보여준다.
'메인 20연대 본부'라고 출처를 밝히고도 서명을 빠뜨린 것은 정신없
는 상황이라는 방증이리라.

메인 20연대 본부에서

1863년 6월 3일

중위.

지시하신 대로 그 여울에 관한 정보를 보고 드립니다.

저희 연대가 맡고 있는 전선을 다음과 같이 네 구역으로 나
누었습니다.

1구역 : 로우어 섬에서 유에스 여울까지

2구역 : 유에스 여울에서 500미터 전방까지

3구역 : 유에스 여울에서 스콧 댐까지

4구역 : 스콧 댐에서 호스 펜 런까지

1구역 전방에 있는 강은 깊지 않아서 건널 수 있습니다. 깊어
봐야 1미터밖에 되지 않습니다. 대안의 둑방은 대부분 지역이
가파르고 높아서 두 군데 정도만 접안이 가능하고, 차안에는 도
하지점이 하나밖에 없습니다. 이런 여건은 기병부대와 포병부
대에게 굉장히 유리하다고 볼 수 있습니다. 로우어 섬 맞은편에
로우 나루라고 불리는 지점이 있고, 우리는 이곳에 숙영지를 편
성했습니다. 어느 쪽에서나 이쪽으로 건너올 수 있지만, 막상
섬에 들어올 때는 4열 종대의 폭밖에 공간이 없습니다. 들어오
는 길에 쓰러진 나무들도 방어에 유리한 장애물입니다.

2구역에 있는 강 또한 건널 수 있는 지점이 많습니다. 대체로

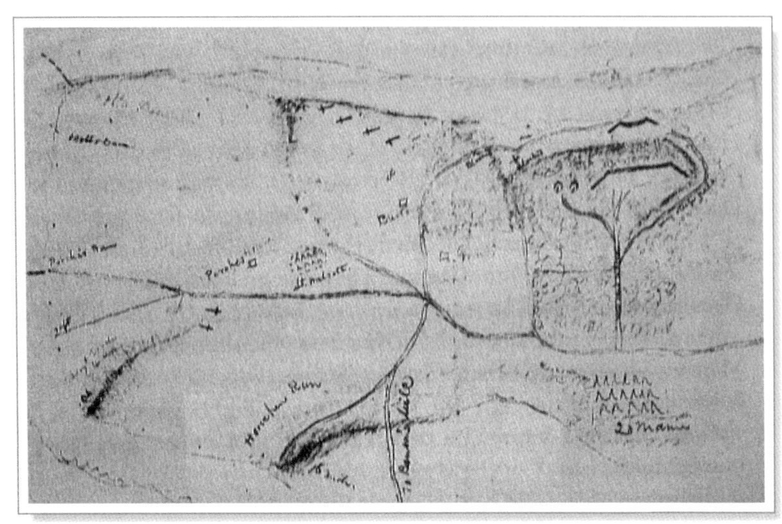

체임벌린이 그린 라파하녹 강 스콧 댐 인근의 메인 20연대 캠프

수심은 1미터 정도이지만, 수면 바닥은 상당히 울퉁불퉁합니다. 남부군 쪽으로 접근하는 경로는 다양하며 손쉽게 건널 수 있습니다. 기병부대와 포병부대가 공격할 수 있는 길은 실질적으로는 모두 막혀 있습니다. 아래쪽에 있는 우리 측 소총부대로 연결되는 길은 매우 가파른데, 이는 지형을 조금 불룩하게 돌아내는 작업을 하면 아무 문제없습니다. 강기슭 전체가 매우 험준하고 가파릅니다. 강기슭을 건너서 상륙할 수 있는 구역은 100미터 정도이지만, 현재로서는 나무들이 쓰러져 있어 그 경로가 완전히 막혀버렸고, 강을 따라 형성된 20미터에 이르는 소총 참호가 방어선을 연장시키고 있습니다. 강으로부터 300미터 정도 떨어진 산꼭대기 진지 역시 완벽한 방어선입니다.

유에스 여울에서 스콧 댐에 이르는 3킬로미터 길이의 3구역은, 댐 위쪽과 아랫부분의 400미터를 제외하고는 건널 수 있는 지역이 없습니다. 보병부대와 기병부대는 1열 종대로 겨우 400미터 지역만 건널 수 있고, 포병부대는 전혀 불가능합니다. 강기슭 전체가 매우 가파른데, 좁지만 약간 평평한 길이 절벽 앞에 있습니다. 깊은 수심이 그쪽으로 접근하는 걸 한사코 가로막습니다.

체임벌린은 라파하녹 강의 호스 펜 런에서 로우어 섬까지 경계 임무를 마치고, 6월 5일 엘리스 여울로 이동했다.

6월 13일 즈음 20연대와 5군단은 엘리스 여울에서 모리스타운으로 이동했고, 캐틀렛 역까지 갔다가 6월 15일 매나세스 교차점에서 정지했다. 병력들은 거의 한 달을 라파하녹 강에서 적 침투로를 경계했다. 급속행군을 감행한 것은 늦은 봄부터였다. 모두들 이제 곧 큰 전투가 벌어지리라 예상했다. 그들의 진군은 '남부군의 리가 행동을 개시했다.'는 증거였다.

20연대가 검 스프링스(Gum Springs)에 도착했을 때, 체임벌린은 일사병에 걸려 인근에 있는 집에서 휴식을 취하고 있었다. 6월 17일 체임벌린을 제외한 20연대는 버지니아 알디로 행군했다.

알디는 리틀 리버 턴파이크(Little River Turnpike)의 중요한 지점에 위치해 있다. 남쪽은 스니커즈 갭과 연결되고, 북쪽은 애쉬비즈 갭(Ashby's Gap)과 이어진다. 이 두 지역은 블루 릿지 산맥으로 가는 중요한 행군로이다. 남부군 스튜어트 장군의 임무는 협곡지대를 기병부대로 막아서, 북부군의 기병부대가 협곡의 서쪽에서 남부군의 군사 행동을 감제하지 못하도록 차단하는 것이었다. 킬패트릭(Judson Kilpatrick) 장군이 지휘하는 북부군 기병부대는 오후 4시에 알디 지역

에 도착했다. 뒤퍼에(Alfred Duffie) 대령의 제1 로드 아일랜드 기병부대
는 남부군의 우측과 후방으로 미들버그를 향해 전진했지만, 남부군의
야간 공격을 받고 그대로 도주했다.

알디에서의 전투는 북부군의 승리로 끝났다. 남부군은 미들버그 지
역까지 후퇴했다. 하지만 남부군 스튜어트의 작전은 지연전이었다.
이 지역에서 시간을 지체하면서 리의 북상을 도왔던 것이다.

6월 18일, 미들버그에서 종일 전투가 벌어졌다. 남부군은 다시 천천
히 후퇴했다. 다음날도 똑같은 작전이었다. 스튜어트는 시간을 벌기
위해 가장 고전적인 전술을 구사하여 적지 않은 병사들이 희생했다.

체임벌린은 6월 20일에 도착했지만, 일사병으로 텐트에서 나오지
못하는 상황이었다.

6월 21일, 북부군 플리슨턴(Alfred Pleasonton) 장군의 5개 기병여단은
빈센트가 지휘하는 3여단의 지원을 받으며 두 개의 전진로를 따라 공
격했다. 하나는 어퍼빌(Upperville)을 통해, 또 다른 하나는 북쪽으로 힘
차게 전진해서 남부군 스튜어트의 5개 여단을 애쉬비즈 갭으로 몰아
부쳤다. 체임벌린은 여전히 너무 아파서 전투에 참가하지 못했다.

6월 22일, 체임벌린의 동생인 존이 연대에 찾아왔다. 그는 6월 1일
브런즈윅을 떠날 때부터 형을 만나고 싶어 했다. 보스턴을 지나다가
존은 장병들의 후생을 돌보는 단체인 기독교위원회를 만났다. 존은
필라델피아와 워싱턴을 거쳐 프레더릭스버그에 있는 스톤맨 역에 도
착했다. 그러나 그때 체임벌린의 부대는 이동하고 없었다. 존은 팔머
스 근처에 있으면서 기독교위원회에서 잠시 활동했다. 그가 형을 만
난 것은 기독교위원회와 함께 한창 전쟁이 벌어지는 버지니아 전선을
다녀온 후였다.

6월 26일 이른 아침, 20연대는 다시 북쪽으로 전진했다. 체임벌린은 아팠지만, 엠뷸런스를 타는 대신 한사코 말을 탔다. 5군단은 에드워드 나루에서 부교를 띄워 포토맥 강을 건넜다. 전투가 임박했다.

6월 27일, 부대는 모노카키 크릭(Monocacy Creek)을 도하하여 그날 밤 메릴랜드의 프레더릭으로부터 3~5킬로미터 떨어진 지점에 캠프를 설치했다. 6월 28일 5군단장인 미드가 후커 후임으로 포토맥군을 지휘했고, 사익스(George Sykes) 소장이 미드의 뒤를 이어 5군단장으로 부임했다.

6월 29일, 5군단은 마침내 프레더릭으로 진격했고, 29킬로미터 가량 지속행군했다. 그들은 37킬로미터를 계속 행군하여 6월 30일 새벽 4시 메릴랜드의 유니온 밀(Union Mill)에 캠프를 설치했다. 그곳은 남부군의 스튜어트가 지휘하는 기병부대가 세 시간 전에 떠난 곳이었다.

7월 1일 이른 아침부터 계속 북쪽으로 행군하여 오후에 펜실베이니아로 들어섰다. 반즈(James Barnes) 사단은 오후 4시쯤 펜실베이니아의 하노버에 도착했다. 숙영지에서 걸어총을 하고 캠프를 설치하려는 순간 새로운 행군명령이 떨어졌는데, 포토맥군의 일부가 전투했던 게티즈버그로 가라는 것이었다. 게티즈버그는 펜실베이니아 남쪽의 작은 도시였다. 병사들은 북부연방 지역에서 남부군과 싸울 생각에 들떠서 부대기를 펄럭이며 밤새 행군했다.

여름밤에 행군하는 부대를 향해 펜실베이니아 네덜란드 여성들이 손수건을 흔들었다. (펜실베이니아의 거의 모든 남자는 가축을 끌고 '도주했다') 행군 대열 사이에선 두 가지 소문이 돌았다. 한 가지는 매클레란이 군을 장악했다는 소문이고, 두 번째는 여름밤 펜실베이니아에 떠도는 기묘한 안갯속으로 삼각모자와 망토를 쓴 사람이 말을 타고 돌아다닌다는 소문이었다. 행군 대형의 선두에 있는 병사들은 그 남자를 알아 봤다. 그는 분명히 조지 워싱턴(George Washington) 장군이었다. 미합중국 건립자의 영혼은 미합중국을 지키기 위해 병사들을 승리로 인도하고 있었다!

사람이라면 누구나 생사의 갈림길에 망설이기 마련이다.(역자 주 : 체임벌린의 『행군』에서 인용)

20연대는 자정이 넘어서야 행군을 멈추었다. 병사들에게 주어진 휴식은 세 시간이었는데, 근육이 차가워지고 뻐근해질 때 갑자기 집합명령을 받고 3~5킬로미터를 더 행군했다. 어느 병사의 계산으로는, 7월 1일 아침부터 51킬로미터를 행군했는데 마지막 23킬로미터는 야간 행군이었다. 그들은 어두워지기 전 한 시간 정도 휴식하면서 탄약을 점검하고 각자의 무기에 실탄을 장전했다.

행군하는 길에 병사들은 북부군의 2개 군단이 엊그제 패배했다는 소식을 들었다. 남부군은 게티즈버그의 서쪽 마을과 남쪽 산등성이에 잔류한 북부군을 몰아냈다. 지쳐있는 패잔병들은 새벽녘을 기다렸고, 마을 남쪽 언덕과 산등성이에서 재개될 전투를 기다렸다. 지원군이 절실히 필요했다.

동쪽에서 게티즈버그로 오던 20연대 병사들은 록 크릭(Rock Creek)을 지나 볼티모어 파이크(Baltimore Pike)를 따라 북쪽 방향인 메릴랜드의 웨스트미니스터(Westminister)로 갔다. 그들은 공동묘지 능선에서 멈췄고, 그곳에서 가까이 살던 컬프(Culp) 가족의 이름을 딴 컬프 능선에서 또 멈췄다. 북부군의 1군단과 11군단은 좌측과 전방으로, 12군단은 컬프에 전선을 구축했다.

오후에 5군단은 3군단을 지원했다. 병사들은 후방 전선에 있는 복숭아 과수원에서 휴식했다. 숨을 조이는 듯 생기 없는 공기를 들이마시며 그들은 편지를 쓰거나 커피를 마셨다.

3시쯤에 병사들은 전방을 울리는 포소리를 들었다. 그들은 4시에 게티즈버그에서 메릴랜드에 있는 태니타운(Tanytown)까지 진군했다. 그들은 다시 공동묘지 능선에 올라탔고, 남쪽으로 이어지는 길을 따라 내려갔는데, 시클즈(Daniel Sickles) 소장의 3군단을 지원하기 위해서였다. 그들은 수풀 더미와 늪지대를 건너고, 바위 더미와 산울타리를 넘었다. 20연대는 나중에 유명해질 복숭아 과수원과 밀밭에 도착했다. 체임벌린은 3군단의 좌측을 주시했다. 사단의 1, 2여단이 복숭아 과수원과 밀밭 사이에 배치되었고, 빈센트 여단과 체임벌린의 연대는 예비대로 대기했다.

여단 뒤에는 그래닛 스퍼(Granite Spur) 또는 리틀 라운드 탑이라 불리는 둥글고 작은 고지가 있었다. 웨이커트(Weikert) 가족이 지난가을 벌목을 해서 고지의 서쪽에는 나무가 거의 없었지만, 동쪽에는 나무가 많았다. 고지에 올라선 미드 장군의 공병참모인 워렌(G.K. Warren) 장군은 남부군 부대가 없다는 것을 알았다. 거기서 악마의 굴(Devil's Den)에서 벌어지는 전투도 목격했지만, 키가 큰 나무에 시야가 가려 남부군의 공격이 어디까지 확대되었는지는 알지 못했다. 고지 아래 숲에 남부군이 있나 확인하려 화력 수색용 포격을 했다.

포탄이 숲속에서 폭발하고 나무가 쓰러지자 숲속에 은폐한 남부군 병사들이 워렌의 눈에 보였다. 피아를 구분하기 어려운 소총부대들이 보였고, 그들이 소지하고 있는 소총에 햇빛이 반사되어 반짝거렸다.

그들은 아군이 아니었다. 워렌은 두 명의 장교를 보냈는데 한 명은 시클즈 장군에게, 또 한 명은 사익스 장군에게 보내 우군을 찾도록 했다. 한편, 남부군 여단장 로(E.M. Law) 준장은 악마의 굴을 가로질러 어떤 고지의 숲에서 쉬다가 얼떨결에 남부군의 집단 이동에 동참했다. 오우츠(William C. Oates) 대령이 지휘하는 앨라배마 15연대는 슈가로프(Sugar Loaf) 또는 빅 라운드 탑(Big Round Top)이라고 부르는 언덕을 행군했다. 남부군은 북부군 저격수를 피해서 가파른 언덕을 기어 올라갔다. 남부군은 전장에 이르기 전 40킬로미터를 행군했기에 몹시 지친 상태였으나 공격대형을 갖추려 다시 11킬로미터를 더 행군했다. 빅 라운드 탑에 도착했을 때, 오우츠 연대의 병사들은 일사병과 탈수 현상으로 기진맥진했다. 연대 전투력은 거의 바닥이 났다.

남부군은 5분간 휴식했고, 오우츠 연대장이 유리한 고지를 어떻게 확보할 것인지 로 장군의 참모장교와 상의하면서 5분이 더 지나갔다. 이때의 10분은 남부군에게 가장 중요한 10분이었다.

오우츠가 지체하지 않았더라면 남부군이 리틀 라운드 탑을 전투 없이 점령했을 것이다. 그렇게 했다면 포를 설치해서 공동묘지 능선에 있는 북부군을 전멸시켰을 것이고, 북부군에게 치명타를 입혔을 것이며, 그 피해는 몇 개월 전 북부군이 첸셀러즈빌에서 입었던 피해와 비슷했을 것이다. 공동묘지 능선을 공격하지 않고 동쪽으로 진군해서 태니타운과 볼티모어 도로를 가로질렀더라도 북부군과 워싱턴 사이를 남부군이 점령하면서 북부군을 궁지에 몰아넣었을 것이다.

다행히도 북부군의 워렌은 이런 일들이 일어나기 전에 남부군을 발견했고, 주위에 있는 여단을 불러들였다. 빈센트는 사익스 장군의 참모를 불러 무슨 일이 벌어지는지 확인했고, 빈센트 여단을 리틀 라운

G.K. 워렌 (1830~1882)

드 탑으로 보내 서둘러서 진지를 구축했다.

20연대에 속해 있었던 콘(Elisha Coan)은 진흙을 헤쳐나가 리틀 라운드 탑과 악마의 굴 사이에 있는 골짜기로 행군했던 날을 기억했다. 체임벌린도 콘의 기억과 똑같았고, 거친 농경지를 지나 리틀 라운드 탑에 도착했던 것까지 기억했다. 북부군이 언덕에 오르자 남부군이 포를 쏘았다. 체임벌린 형제들은 총알이 얼굴을 스칠 때 같이 있었다. 체임벌린은 톰을 후방으로 보내고 존을 전방으로 보내면서, "이렇게 모여 있다가 한꺼번에 포를 맞았다가는 어머니께 너무 큰 시련을 줄 거야."라고 말했다.

그들이 고지 남쪽에 도착했을 때 빈센트는 이미 도착해 있었다. 여단의 선두에 진군했던 미시간 16연대는 여단 우측에서 방어태세를 취했고, 체임벌린의 20연대는 여단의 가장 좌측에 위치했다. 빈센트는 체임벌린에게 "무슨 일이 있어도 그 땅을 반드시 고수하라"고 말했다.

빈센트가 떠나자 체임벌린은 바위와 나무로 둘러싸인 지형을 최대한 유리하게 활용할 수 있도록 전선을 재정비했다. 그는 B중대를 모릴(Walter G. Morrill) 대위에게 맡겨 연대를 방호하게 했다. 전선에 배치된 20연대의 각 부대는 이제 남부군의 포격을 감당해야 했다. 여기서 체임벌린은 처음으로 발등에 부상을 당했다.

체임벌린이 가까스로 산꼭대기에 병력을 배치했을 때 갑자기 포격이 멈추었다. 대신 여단이 있는 우측에서 교전하는 소리가 들려왔다. 남부군은 체임벌린의 20연대를 향해 파도처럼 밀려왔다.

남부군의 눈으로 본다면, 로 여단의 공격은 남쪽에서 시작했다. 오우츠의 앨라배마 15연대는 최초에는 여단 중앙에 위치했으나, 우측에 있던 2개 연대가 이동을 하면서 여단의 맨 우측으로 밀려났다. 60세인 벌거(Michael Bulger) 중령의 앨라배마 47연대는 15연대 바로 좌측에 있었다. 그들이 빅 라운드 탑으로 진군했을 때를 오우츠는 잊지 않았다.

산 아래와 평지 사이 300미터 정도 지형에서 바위 뒤에 숨어 공격하는 북부군과 마주쳤다.

오우츠는 A중대를 보내 군수품을 운반하는 북부군 짐마차를 탈취했다. 그리고 계속 전진하다가 울퉁불퉁한 바위에서 약 40미터 정도 떨어진 지점에 멈췄다. 그때 오우츠는 그 바위에서 이제까지와는 차원이 다른, 벽력같은 포탄이 쏟아지는 것을 목격했다. 오우츠 연대는 빈센트 여단의 4개 연대와 충돌했다. 빈센트 여단 우측에는 미시간 16

연대, 좌측으로 뉴욕 44연대와 펜실베이니아 83연대, 그리고 맨 좌측으로는 20연대가 위치했다. 체임벌린은 아직 전투에 본격적으로 참가하지는 않았지만 '여단 우측의 노출된 곳으로 공격하는 머스켓총소리'를 생생하게 들었다. 그 당시 좌측 선회부대로서 임무를 수행한 남부군 오우츠 대령은 진술했다.

> 메인 20연대원들이 우리의 우측, 나무와 나무 사이를 뛰어다니면서 서쪽으로 돌진하는 것을 본 나는, 우측 제대를 전진시키면서 20연대를 둘러싸고 그 좌측을 강타하라고 명령했다. 전방의 적 전선에 길이 트인 것을 알고 나는 돌격을 명령했다. 전방의 적은 도망쳤다. 그러나 내 좌측 2개 중대와 대치한 적들은 비키지 않고 완강하게 버티면서 연대 좌측으로 사격을 가해왔다. 이제까지 보아온 사격 중에 가장 끔찍했다.

오우츠가 본 것은 자신의 연대에 대응하는 체임벌린의 부대였다. 니콜스 중대장은 20연대 방어선 중앙에서 체임벌린에게 전방에 특이사항이 있다고 보고했다. 체임벌린은 니콜스 중대 앞에 있는 큰 바위 꼭대기에 올라가서 전방을 주시했는데, 남부군 선두부대와 빈센트 여단이 교전을 벌이고 있었다. 체임벌린은 이렇게 증언했다.

> 상당히 많은 남부군이 빅 라운드 탑 아래의 계곡을 통과하여 우리 좌측을 향해 움직이는 것을 볼 수 있었다.

체임벌린과 니콜스 중대장이 본 것은 군수품 짐마차 쪽으로 이동하는 남부군 샤프(Shaaf)의 A중대였을 것이다. 남부군이 그의 부대 좌측으로 기동하는 것을 알아챈 체임벌린은 즉각적으로 조치했다. 스피어 중대장도 비슷한 상황을 목격했다고 보고했다.

체임벌린은 망설이지 않고 중대장들을 소집해서 명령했다. 체임벌린은 우측에 위치한 중대들을 연대 맨 좌측으로 이동하라고 명령했다가 곧 정정했다. 그 움직임이 퇴각하는 것처럼 보이고, 포탄이 날아오면 속수무책이라고 판단해서였다. 대신 병사들을 3~5보 간격으로 바위와 나무에 은폐시켰다. 전 전선을 방어하다가 필요할 때 교전한다는 전술로 바꾸었던 것이다. 작전은 성공적이었다. 체임벌린 연대에서 퍼붓는 사격은 전혀 약해지지 않았다. 이것이 오우츠가 사후검토 보고서에 기술한, 북부군이 나무와 나무 사이를 뛰어다니면서 서쪽으로 이동했다는 부분이다. 체임벌린 부대의 일제사격은, 오우츠가 앞서 기술했듯이, 이제까지 보아온 사격 중에 가장 끔찍했다. 오우츠는, 자신의 연대가 오기 전에 빈센트 여단이 바위를 일부러 지그재그로 배열해 놓았다고 생각했다. 체임벌린으로서는, 연대가 방어선에 도착하여 전투대형을 겨우 갖췄을 때 오우츠 연대가 돌격해온 것이었다.

남부군 벌거 중령이 지휘하는 앨라배마 47연대는 7개 중대만 가지고 공격했다. 나머지 중대는 전위부대 역할이었다. 이 나머지 중대들은 북부군의 뉴욕 44연대, 펜실베이니아 83연대, 보이지 않는 곳에서 날아오는 메인 20연대의 사격에 크게 당했다. 이는 남부군의 파도가 북부군의 암벽에 부딪힌 격이었다. 앨라배마 47연대는 빅 라운드 탑을 지나면서 좌측과 우측으로 갈라지는 간격이 생겼다. 47연대가 펜실베이니아 83연대와 조우했을 때, 엄호를 받지 않은 좌측이 뉴욕 44연대로부터 날아온 포격에 흐트러졌다. 남부군 47연대의 모든 중대가 전방을 공격해 온다고 체임벌린은 생각했지만, 실제로는 부대가 겹친 상황이었다. 47연대 우측의 3개 중대만이 체임벌린의 우측 중대를 공격했을 뿐이었다. 20연대의 신속하고 정확한 대응사격으로 남부군 47연대는 혼란에 빠졌다. 47연대의 7개 중대는 리틀 라운드 탑의 바위 뒤로 몸을 숨겼으며, 앨라배마 15연대는 20연대에 대응하려다가 일제사격을 받고 퇴각했다.

체임벌린은 남부군이 좌측에 근접하리라 예상했다. 체임벌린이 생각한 대로 남부군은 처음에 그쪽으로 움직였는데 오우츠의 연대는 아니었다. 왜냐하면 오우츠 연대의 A중대는 전투가 끝날 때까지 복귀하지 않았기 때문이었다. 체임벌린이 목격한 부대는 아마도 더 우측으로 이동했던 앨라배마 15연대였을 것이다.

오우츠 연대는 리틀 라운드 탑 아래의 작은 계곡에서 돌격해 왔는데, 이번에는 메인 20연대의 전선 전체를 타격하려는 것처럼 보였다. 오우츠는 북부군 전선을 향해 반 정도 치달았는데, 그 병력이 '거센 바람에 맞서 걸으려는 사람들처럼' 휘청거렸다. 하지만 이곳저곳에서 앨라배마 연대의 소수 부대가 체임벌린의 전선을 뚫었고, 체임벌린의 전선은 경사면을 따라 또 다른 바위 쪽으로 5보, 10보, 또는 20보 후퇴했다.

다른 곳에서는 체임벌린의 병력이 남부군 전선을 뚫고 그들과 뒤섞여 거칠게 싸웠다. 양측 부대의 전투전열은 마치 파도처럼 앞뒤로 굽이쳤다. 메인 20연대의 일부 병사들은 고지 꼭대기까지 몰려 후퇴했다가, 다시 산등성이를 타고 내려가면서 남부군을 몰아붙였다. 체임벌린은 그때를 되새겼다.

당시의 교전은 거친 소용돌이와 회오리바람 같이 이리저리 끊임없는 공방의 연속이었다.

체임벌린은 바로 옆에서 어떤 병사가 이마에 총을 맞는 모습을 목격했다. 그는 그 병사를 후송하여 평화로이 죽음을 맞이하도록 했다.

그 병사를 평화롭게 죽도록 해주었다. 그 병사는 연기와 화염 속에서 30여 분을 피가 흥건한 두건을 머리에 두르고 있었다. 그 병사에게서 고귀한 젊음과 영혼을 느꼈다. 나는 그 얼굴을 결코 잊지 못하리라. 그를 만난다면 이 세상 어느 구석에서든 알아볼 수 있으리라!

찰스 헤이즐럿 (1838~1863)

훗날 80대가 된 체임벌린은 다음과 같이 회상했다.

이런 끔찍한 살육전이 잠잠해졌을 때, 인간의 신비한 본능인지 정확한 이유는 모르겠지만, 뿔뿔이 흩어진 전선 속에서 적은 수의 우리 측 병사들은 듬성듬성 무리를 지은 채 서 있었는데, 그들은 톱날처럼 들쑥날쑥하지만 강철처럼 날카롭게 지옥 불 같은 열기 속에서 침착하고 의연한 모습이었다.

전투 중 서너 번 정도 소강기가 있었다. 전선 곳곳에 남부군과 북부군 양측의 전사자와 신음 소리를 내는 부상자들이 엎드려 있었다. 그러나 체임벌린과 그의 병사들이 숨 돌리는 동안, 남부군이 빈센트 여단의 나머지 부대를 공격하면서 부대 우측과 후방에서 들려오는 사격 소리가 격렬했다. 헤이즐럿(Charles Hazlett) 중위의 포대도 손으로 포를 끌면서 리틀 라운드 탑 고지로 밀려 올라갔다. 빈센트 대령이 치명상을 입은 건 이렇듯 혼란스러울 때였다.

잠깐의 소강기에 20연대 병사들은 작은 바윗돌들을 모아 방호벽을 쌓아 올렸다. 돌이 그렇게 많지는 않았지만, 최대한 납작 엎드리면 적의 사격으로부터 엄폐될 수 있었다. 체임벌린의 병사들은 부상자들을 안전한 장소로 옮겼다. 사망자들에게서 갖가지 탄약과 사용 가능한 무기를 회수했고, 몇몇은 그들의 엔필드 총을 성능이 더 좋다고 믿는 스프링필드 총으로 교체했다. 죽음을 알리는 귀신들의 날굿이 소리가 다시 계곡에서 들려왔다. '남부군의 고함소리'가 들려왔던 것이다. 이번에는 그들의 전선이 훨씬 더 좌측으로 미끄러져 가는 듯 보였고, 체임벌린의 구부러진 대형의, 좌측 제대를 향해 물결치듯 돌격해 왔다. 50년 후 체임벌린은 다음과 같이 회상했다.

내 주위에는 아군보다 적군이 더 많았다. 남부군 병사들은 마치 아가리를 벌려 우리를 집어삼키려는 듯 날카로운 기세로 공격했다. 억센 남부군 분대가 우리 전선을 뚫고 들어와서는 홀연히 사라지기도 했다. 주위에서는 온통 저항하는 외침과 사격을 주고받는 소리, 절망에 찬 소리, 간청하는 속삭임과 짓눌린 신음 소리, 헐떡이는 기도 소리와 간간이 들리는 찬송가 소리, 그리고 사랑하는 사람을 부르는 속삭임이 뒤섞였다. 이는 형언할 수도 없고, 꿈에서 조차 보기 어려운 광경이었다.

체임벌린은 에임스와 겨울 내내 열심히 공부했던 조미니의 전술원칙을 떠올렸다.

오로지 방어에만 치중하는 군대는 공격을 당하면 결국은 고지에서 후퇴할 수밖에 없다. 따라서 역습을 노리면서 방어 체계의 모든 이점을 활용해야 한다.

먼지와 포연 사이로 체임벌린은 마치 환영처럼, 두명의 기수가 토지어(Andrew Tozier) 상사 곁에서 저격 당한 것을 보았다. 토지어는 유령처럼 하얀 연기 속을 출몰하면서, 깃발을 땅에 꽂거나 깃대에 팔꿈치를 건 채 총을 고정하고는, 가능한 빠르게 탄알을 장전하면서 사격했다. 연기 자욱한 전방으로 체임벌린은 동생 톰을 보내 병사들이 간격을 유지하도록 했다. 토지어에게는 사망자의 공백을 메우라고 했다. 총알이 빗발치는 상황이어서 체임벌린은 톰이 살아서 토지어에게 다다를 수 없다고 판단했으므로, 다른 장교에게도 같은 지시를 했다.

오우츠 연대장은 칼을 휘두르면서 "앞으로 나가자 전우들이여!"라고 외쳤다. 남부군은 고지 위로 올라가서 체임벌린의 부대를 몰아부쳤다. 오우츠는 북부군 5개 부대에 대한 공격을 성공적으로 감행했다. 그는 직접 사격을 하면서 권총 사정거리에 있는 북부군 병사들을 쏘아댔다. 그는 그 당시의 상황을 40년 후에도 악몽으로 기억하고 있었다.

언덕을 40 걸음 정도 올라가니 산꼭대기 조금 못 미친 곳에 돌무더기가 있다. 메인 20연대가 돌무더기 뒤에서 불쑥 나타나 우리에게 반격해 와서 백병전이 벌어졌다. 우리 연대 기수단은 돌무더기에서 불과 한두 발자국 떨어져 있고, 나는 3미터 정도 떨어져 있었다. 20연대 병사가 덮쳐오자 기수인 아키발드(Archibald)가 뒤로 물러섰다. 아키발드 곁에 있던 오코너(Pat O'Conner) 하사가 총검으로 그 양키놈의 머리를 찔러 죽인 건 그때였다.

체임벌린은 또다시 부상을 입었는데, 이번에는 허벅지 안쪽에 총상을 입었다. 그 광경을 20연대 병사들이 지켜보고는 사기가 떨어져 황급히 퇴각했다.

다시 소강기를 맞아 남부군은 더 우측으로 가려고 제대를 재정비했다. 사망자와 부상자가 소지했던 탄약과 무기는 탈취된 상황이었고, 남부군은 다시 공격을 감행했다.

오우츠는, 앨라배마 47연대가 빅 라운드 탑의 숲 뒤로 퇴각했다고 생각했다. 체임벌린은 그러나, 47연대가 제대를 재정비하고 있다는 사실과 그들이 곧 반격하리란 것을 알고 있었다. 예상대로 우측으로 이동한 47연대가 다시 공격을 감행했다. 병사들은 그때부터 지휘관인 체임벌린의 능력에 확실히 의지했다. 탄약도 떨어진 그들은 더 이상 적군을 보려하지 않고 오직 체임벌린만 주시했다. 체임벌린을 보는 병사들의 눈은, 과연 어떻게 곤경에서 빠져나오게 할 수 있을지 애절한 빛을 띠고 있었다. 체임벌린은 50년 뒤 진술했다. "짧은 순간 나는 깊은 생각을 해야 했다."라고.

체임벌린이 그때 되새겼을 상황을 조미니의 『전쟁술』은 기술하고 있다.

갖은 고투 끝에 승리를 눈앞에 둔 적이 돌연 강력한 역습을 받는다면 그만큼 동요와 실망이 클 것이다. 강력한 역습은 강력한 군을 무너뜨릴 만큼 군대는 사기를 먹고 산다.

체임벌린의 양쪽 제대는 두 개의 적과 싸우고 있었다. 체임벌린의 우측은 앨라배마 47연대의 우측 중대들과, 그리고 좌측은 앨라배마 15연대와 싸우고 있었다. 20연대가 싸웠던 작은 고지는 깎아지른 산등성이로 이루어져 좌측의 스피어 대위 위치에서 뿌연 연기 사이로 토지어가 보이는데, 그는 부대기를 소중하게 부여 잡고 있었다. 좌측의 사격이 잠시 주춤해지자 스피어가 재빨리 체임벌린에게 다가왔다. 체임벌린은 훗날 그때를 자주 언급했다.

나는 '성공할 가망이 없는' 분대들을 스피어 대위에게 주어 적의 측면을 공격함으로써 주도권을 확보하도록 했다.

체임벌린이 지휘한 20연대 중앙은 이미 연기로 가득 차 있었다. 연기로 가득 찬 중앙으로 F중대(흑인으로 구성된 중대인데 이미 50%의 손실이 있었다.)의 멜쳐(Holman S. Melcher) 중위가 체임벌린에게 다가와, 고지 아래 있는 부상자들을 구하러 가게 해달라고 요청했다. 그것은 위험을 무릅쓴 용기이고 그야말로 목숨을 건다는 뜻이었고, 전우를 구하기 위해 목숨도 아깝지 않다는 자세였다. 감동한 체임벌린은 멜쳐의 요청을 허락하고는 부하들에게 진격명령을 내렸다. 멜쳐의 대담한 요청에 체임벌린 또한 대담한 결심으로 답변한 셈이었다.

멜쳐 중위는 부상자가 있는 쪽으로 내려갔고, 체임벌린은 고지로 올라갔다. 학자 출신인 체임벌린이 그처럼 긴박한 순간, 조미니의 전술을 그대로 실전에 옮기다니 참으로 경이롭지 않은가.

체임벌린의 과감한 행동은 조미니의 『전쟁술』에 있는 그대로였다.

최선의 방어는 결정적인 시간에 어떻게 공격하는지 아는 것이며, 또한 그 공격을 하는 것이다.

병사들은 체임벌린의 명령이 떨어지길 기다렸다. 체임벌린은 소리쳤다. "착검!" 소총을 든 병사들이 일제히 검을 총에 꽂았고, 그 이후의 명령은 딱히 필요가 없었다. 다음 명령은 당연히 "돌격 앞으로!"였다. 병사들은 일제히 소리를 지르면서 달려갔고, 중대장들도 "앞으로!"라는 명령을 패기 넘치는 목소리로 반복했다. 그들은 바위와 나무는 거들떠보지 않고 전속력으로 가파른 언덕을 치달았다.

정말 미쳐버린 분위기였고, 오우츠의 증언으로는, 그들이 성공할 수밖에 없었다. 체임벌린이 이끄는 20연대에 기세가 눌린 병사들에게 오우츠 대령은 서둘러 퇴각 명령을 내렸다. 오우츠는, 우측의 보병 연대, 후방의 2개 연대, 그리고 도보 기병연대가 이미 남부군 저지선으로 퇴각했다고 보고받은 상태였다. 북부군의 포탄 세례까지 받는 상황이라 질서 있는 퇴각이라기보다 '우리가 왔던 방향으로 제각각 돌아가는' 형국이었다.

그러나 돌격하던 체임벌린의 우측 부대는 퇴각하는 남부군과 맞닥뜨렸다. 리틀 라운드 탑과 빅 라운드 탑 사이의 계곡에서 도망쳐 나오는 오우츠의 부대였다. 오우츠의 부하들 중에는 돌격해 오는 체임벌린의 병사들에 맞서서 굳건히 자리를 지키는 병사도 있었다. 체임벌린은 남부군 장교를 향해 돌진했다. 그러자 그 장교는 체임벌린을 향해 권총을 발사했다. 총알은 놀랍게도 한 뼘 차로 체임벌린의 얼굴을 빗겨갔고, 체임벌린의 칼끝은 장교의 목을 겨누었다. 남부군 장교는

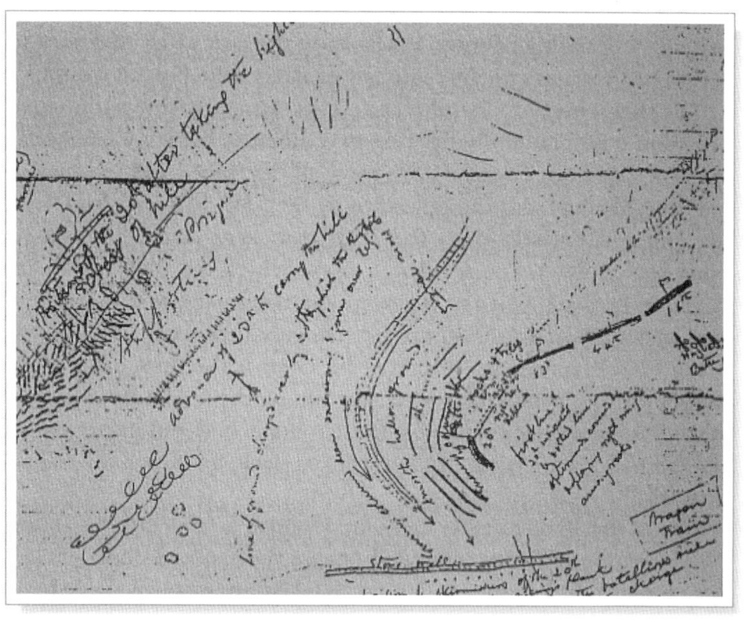

체임벌린이 그린 1863년 7월 2일 리틀 라운드 탑의 메인 20연대 전투 스케치

권총을 바닥에 내려놓고 순순히 항복했다.

20연대 우측 지휘를 맡은 스피어 중대장은 공격명령을 듣지 못했다. 그는 다만 어디선가 "돌격 앞으로!"라고 외치는 소리를 들었고, 토지어와 부대기가 움직이는 것을 보았을 뿐이다. 그래서 그는 눈치껏 상황을 파악해서 병사들에게 돌격명령을 내렸다.

스피어 중대는 체임벌린 쪽보다 적의 저항을 훨씬 덜 받았다. 오우츠는 병사들이 전후방에서 사격을 받는 상태라 이미 퇴각을 명령했다. 스피어 중대가 있는 곳은 적군이 저항을 심하게 할 수 없는 지형이었다. 남부군은 모릴의 B중대 쪽으로 퇴각하다가 웨이커트(Weikert) 농장의 돌벽 후사면을 기어서 퇴각했다. 울타리를 기어오르던 그들 몇몇이 총에 맞아 쓰러지는 것이 스피어 대위의 눈에 잡혔다. 스피어는 체임벌린의 좌측부대와 함께 우측으로 선회하여 리틀 라운드 탑과 빅 라운드 탑 사이의 골짜기로 병력을 집중했다. 모릴 중대가 퇴각하는 남부군에게 총알을 내리쏟고 있었기에 스피어 중대는 우측으로 방향을 틀어 이동했다. 그러다 보니 라운드 탑 사이의 골짜기로 내려가는 것이 수월했다. 스피어 중대와 마찬가지로 체임벌린의 우측 부대도 비교적 여유로이 골짜기로 내려갈 수 있었다.

체임벌린은 언덕을 내려가다가 고참 중령인 벌거와 마주쳤는데, 그와 몇 마디 주고받았을 것이다. 한편 오우츠는 우측에 있는 병사가 목을 관통 당해 피를 흘리는, 소름 끼치는 광경을 지켜봐야 했다.

오우츠 연대의 A중대는 숲속에서 길을 잃고 헤매다가 체임벌린의 B중대와 우연히 조우했다.

그 두 중대는 서로 사격을 주고받았지만, 체임벌린은 이미 뉴욕 44연대가 있는 곳까지 전진한 상황이었다. 체임벌린은 유리한 상황에서 병사들을 통제하는 것이 쉽지 않으리라 생각했다. 사기가 끝까지 오른 그들은 리치먼드까지 갈 수 있으리란 자신감에 차 있었다. 하지만, 필사적으로 저항하는 남부군과의 총격전을 계기로 병사들은 그 일이 만만하지 않음을 깨달아야 했다.

체임벌린은 리틀 라운드 탑에서 2시간 정도 전투를 더 했고, 다시 병사들을 통제할 수 있게 되자 그가 몹시 어렵게 차지한 리틀 라운드 탑 남쪽으로 돌아가 경계태세를 갖추었다.

체임벌린이 추산하길, 부상자 150명에 중상자는 50명, 경상자는 100명, 사망자는 50명이었다. 전선의 좌측에 30명의 전사자가 놓여 있고, 체임벌린을 포함해서 105명이 부상했다.

해가 지자 전투는 사그라졌다.

빈센트 대령이 심각한 부상을 입고 거동하지 못하자 라이스(James Rice) 대령이 여단장을 맡았다. 곧 그의 입에서 명령이 떨어졌는데, 리틀 라운드 탑과 빅 라운드 탑을 야간에 확보하라는 것이었다. 체임벌린의 20연대는 격렬한 전투를 치르느라 기진맥진한 상태였다. 탈진해서 쓰러진 병사들도 있고, 전투가 소강상태에 이르자마자 혼곤히 잠에 빠져든 병사도 있었다. 병사들이 힘들어 보이자 체임벌린은 조용히 기수를 불러서 고지에 올라갈 병사들은 자신을 따르라고 했다. 그렇게 해서 라이스 대령의 명령을 따르면서 병사들을 배려할 수 있었는데, 지휘관의 솔선수범이란 바로 그런 것이었다.

200명의 병사가 체임벌린을 따라 빅 라운드 탑을 올라갔다. 기수단이 연대장을 따랐지만, 병사들은 무슨 일이 생겼는지 전혀 알지 못했다. 남부군이 사격했지만 그들은 일절 대응사격을 하지 않았다. 대응하면 적에게 200명밖에 안 되는 병력수를 밝히는 셈이기 때문이었다.

제임스 라이스 (1828~1864)

체임벌린의 이 전략 또한 매우 훌륭한 것이지만, 사실 그들에겐 쓸 만한 화기가 별로 없었다. 병사들은 용기를 잃지 않고 묵묵히 체임벌린을 따랐다.

고지에 거의 다다르자 병사들은 혼란과 공포에 휩싸였다. 어둠 속에서 총알이 날아왔고 몇몇은 길을 잃었다. 그러나 체임벌린의 용감한 부대는 이내 사태를 수습했다. 남부군 병사를 생포했고, 적들이 점령했던 협곡을 되찾았다. 그날 밤은 조용했다. 더 많은 북부군이 체임벌린의 부대를 지원하러 왔고, 그들은 날이 새도록 고지에 머물렀다.

동이 터오는 7월 3일, 체임벌린은 리틀 라운드 탑 북쪽으로 이동하여 사익스 장군의 군단 지휘소로 갔다. 그곳에 이르자 병사들은 지진이 일어나는 느낌을 받았다. 2시간 동안 롱스트리트의 대규모 포격이 있었기 때문이었다. 게티즈버그 전투에서의 20연대 역할은 여기서 끝이 났다. 그들은 '피켓의 돌격'을 듣고 보았지만 더 이상 전투에 참가하라는 명령을 받지 못했다.

체임벌린과 20연대는 7월 4일, 시클스 장군의 부대가 전투를 벌였고, 20연대도 지나간 적 있는 지역을 정찰한 뒤 부대에 복귀해야 했다. 그때 윌로우비 런(Willoughby Run)을 지나쳤는데, 거기서 발견한 광경과 냄새와 소리는 어떻게 설명할 수 없을 정도로 처참했다. 시체들은 제멋대로 엎어져 있으며, 어떤 시체는 포탄에 갈기갈기 찢어지고, 어떤 시체는 잠든 것처럼 평온했다. 부상한 병사들은 물을 달라거나 군의관을 부르거나 어머니를 외치고 있었다. 너무 고통스러운 나머지 죽여 달라고 애원하는 병사도 있었다. 체임벌린의 병사들에게 가장 끔찍한 것은 자신들이 싸웠던 곳에 무덤을 파고 전우들의 시체를 가지런히 정렬해서 묻는 일이었다. 시체들은 팔꿈치를 맞대고 가지런히 누웠다. 무쇠 같은 얼굴은 죽으면서 떠올렸을 용감한 생각들을 그대로 간직하고 있었다. 대장부다운 결의, 영웅적인 희생, 거룩한 화해……. 어떤 어린 병사의 얼굴은 아리따운 어머니의 모습으로 변해 죽은 아들과 속삭이는 듯 보였다. 빅토리아 여왕 시대의 전형적인 공포와 비탄이 되살아난 이 모습은, 감수성이 예민한 체임벌린조차 쉽사리 표현하기 어려웠을 것이다.

게티즈버그 인근 전장

1863년 7월 4일

사랑하는 패니에게,

우리는 아주 영광스럽게 싸우고 있소. 사망자와 부상자가 정말 많지만, 우리는 남부군을 보기 좋게 무찔러 버렸다오.

20연대는 불사신 그 자체였소. 우리 연대는 두 번째로 처절한 전투를 치른 영광을 가졌소. 남부군의 여단 전체가 공격한 맨 좌측을 바로 우리 연대가 방어하고 있었다오.

우리는 진지를 사수했을 뿐만 아니라, 남부군을 보이지 않는 곳까지 내쫓아 버렸소. 남부군에게 엄청난 사망자와 부상자를 남기고 200명에 가까운 병사와 6명의 장교를 포로로 붙잡았는데 그 중에는 여단 감찰참모도 있었소. 나는 직속상관들에게서 많은 칭찬을 들었다오. 공격을 성공적으로 끝낸 우리는 남부군이 완강히 버티고 있는 고지를 점령하라는 명령을 받았소. 거의 반 정도의 전투 손실을 입은 상황에서 착검 공격으로 적진을 휩쓸고 많은 포로를 획득했소.

빈센트 대령은 정말 심각하게 부상을 당했다오. 여단의 가장 큰 손실이었소. 20연대 장교 6명이 부상했고, 135명의 병사가 죽거나 부상했소. 난 정말 많은 칭찬을 받고 있지만 죽거나 부상한 이들에게 공을 돌리고 싶소.

우리 부대는 정말 사기가 높고 전의에 불타오르고 있다오.

우리 쪽에서도 많은 장군이 죽었소. 11군단의 에임스와 브라운도 영광스럽게 전사했소.

시간이 나면 당신에게 연락하겠소. 당신에게 말해주고 싶은 사건들이 아주 많다오. 예를 들면 포로들을 어떻게 생포했고, 총검을 어떻게 회수했는지, 어떻게 남부군 연대 전부를 포획했는지 등등.

잘 지내길 바라며.
당신의 L.

비가 내리는 캄캄한 7월 5일 밤에 20연대는 게티즈버그를 뒤에 두고 행군했다. 영광스럽고도 소름 끼치는 행군이었다. 20연대는 마쉬 크릭(Marsh Creek)에 도착했는데 그곳은 물이 불어 있었다. 그날 밤은 메릴랜드의 에미츠버그에서 숙영했다. 7월 6일에는 조금만 이동하고 오래 휴식을 취했다. 체임벌린은 상관들에게 2~4통의 편지를 썼다.

반즈 장군

5군단 1사단장

장군님,

장군님께서 허락하신다면 비공식적으로 7월 2일 게티즈버그에서 벌인 접전에서 장군님의 사단 좌측을 메인 20연대가 맡아 활약했던 기록(시간이 없어 제가 원하는 대로 요약하지는 못했습니다)을 제출하고자 합니다.

저희 연대는 여단의 맨 좌측에 방어선을 구축했습니다. 연대가 열심히 교전을 준비할 때 저는 기수를 데리고 고지에 올라 남부군의 동정을 살폈습니다. 중무장한 남부군이 저희 연대 좌측과 후방을 공격하는 것을 파악했습니다. 남부군이 대열을 좁혀 저희 쪽으로도 공격을 확산해 왔기에 즉각 대처해야 했습니다. 저희 전방으로 오던 남부군의 선두가 돌연 방향을 45° 틀어 여단의 다른 부대로 다가갔습니다. 남부군의 움직임과 저희 연대의 배치를 고려하여 저는 즉시 연대 우측을 좌측으로 전개했습니다. 병사들의 개인 간격을 3~5보 정도로 유지토록 배치했고, 나무와 바위 뒤에 몸을 숨기도록 했습니다. 나머지 병력은 그 뒤에서 일렬 횡대로 전투태세를 갖추었습니다. 연대의 좌측도, 좌측과 후방으로 더 전개시키다 보니 연대 기수가 연대의 맨 우측에 있었습니다.

작전은 일사불란하게 이루어졌고 저희 연대가 전투태세를 갖추는 동안, 아군 포병이 연대 전방으로 화력을 지원했습니다. 만약 남부군이 저희 연대를 2분만 더 빨리 공격했더라면 쉽사리 승리했을지도 모릅니다. 엄호를 받으며 공격하던 남부군은 견고하게 구축된 저희 연대 방어선을 보고 경악을 금치 못했을 겁니다. 남부군은 저희 방어선 10여 보 앞까지 진출해서 "돌격 앞으로!"를 외치며 사격을 하며 들이닥쳤습니다. 저희는 흔들림 없는 일제사격으로 남부군을 격파했습니다. 남부군 2제대도 1제대와 마찬가지로 격렬하게 전진해 왔고 똑같이 죽음을 맞이했습니다. 3제대, 4제대도 똑같았습니다. 한 시간 반가량의 전투는 그야말로 필사적이었습니다. 10미터 정도의 거리에서 승패가 4차례나 갈리다 보니 방어선은 부상자와 사망자로 뒤덮였습니다.

저는 제 연대 상황을 여단에 보고했습니다. 총알이 떨어져서 방어선을 몇 분 정도밖에 지킬 수 없을 것이라고 강조했습니다. 다행히도 그 순간 남부군은 주춤거리는 기색이었고 저희는 남부군을 격퇴할 기회라 여겼습니다. 사망자와 부상자, 아군, 적군을 가리지 않고 탄약을 모아 남부군의 필사적인 공격을 감당해냈습니다. 탄약이 고갈돼 사격을 하지 못할 지경에 이르렀을 때 주위를 보니, 좌측의 절반 정도가 전사한 상태였습니다. 저는 우측의 2개 중대를 좌측으로 보냈지만 얼마 되지 않아 또 급격히 인원이 줄었습니다.

장교들이 "전멸했다!" 소리치며 다가왔고, 병사들은 후방으로 등을 돌렸습니다. 저는 후퇴해서는 안 되겠다고 판단하여 "착검!"을 지시하고, 용맹스런 장교 몇몇과 "돌격 앞으로!"를 명령하면서 앞으로 내달았습니다. 저희 병사들은 거칠게 소리치며 남부군을 향해 돌진했고, 좌·우측은 다시 하나로 합류했습니다. 저는 연대를 5보 간격으로 좌측에 배치하고 우측으로 방향을 돌렸습니다. 돌격 속도를 일정하게 유지한 채 우측의 펜실베이니아 83연대와 함께 반경 800미터 정도를 휩쓸었습니다. 총알이 없는 저희는 총검만을 사용했으나 남부군은 깜짝 놀라 도망가기 시작했습니다. 그들은 사격할 엄두도 못 내고 무기를 버리면서 "살려 달라."고 빌었습니다. 저희는 남부군 모든 중대를 포로로 잡았습니다. 368명의 남부군 포로 가운데는 대령, 중령, 그리고 잘 알려진 12명의 장교도 있었습니다. 포로들을 심문할 시간도 없어 저는 그들 모두를 후방으로 보냈습니다.

포로들은 저희 연대가 뜻밖에 규모가 작은 것을 보고 놀랐고 유감스러워했습니다. 저희 연대는 고작 198명뿐이었습니다. 포로들은 여단 전체가 싸웠다고 했습니다.

저는 즉시 라이스 대령에게 전황을 보고했습니다. 라이스 대령은 저희 연대에 신속하게 탄약을 보충해 주었습니다.

저희는 급조한 흉벽 아래에 아군과 적군을 가리지 않고 전상자를 모았습니다. 저희 병사 중에 21명이 전사했고 100명 이상이 부상했습니다. 반면 남부군은 50명이 전사했고 부상자는 헤아릴 수도 없었습니다. 놀랍게도 방어선이 적군에게 자주 밀리고 뚫렸는데도 저희 연대에서 한 명도 포로로 잡히거나 '실종자'가 없었습니다. 날이 어두워졌을 무렵 라이스 대령이 명령을 내렸습니다. 저희 연대 방어선의 좌측(엄밀히 말하면 연대의 전방)에 있는 가파른 고지를 점령하라는 것입니다. 그 고지는 격퇴된 남부군이 피난처로 삼은 지역이었습니다. 제 병사들은 전투가 끝나자마자 잠에 곯아떨어질 정도로 지쳐 있었습니다. 그러나 명령을 받은 저는 어떻게든 이행해야 했지요. 저는 소수의 병사를 착검시켜 고지에 올랐습니다. 남부군의 사격 소리가 산발적으로 들렸습니다. 인원이 적은 저희는 남부군에게 규모를 드러내지 않으려 대응하지 않았습니다. 고지를 점령하고 25명의 적군을 생포했는데, 여단장인 로 장군의 참모장교도 있었습니다. 그들이 포로로 잡힌 내력은 이렇습니다. 그날 밤 그들이 일제사격을 했지만 저희는 절대로 대응하지 않았지요. 그것이 오히려 그들을 당황케 했던 겁니다.

포로를 심문한 저희는 그때야 남부군 후드(John Bell Hood) 장군의 사단이 저희로부터 200~300미터 전방의 협곡에 집결해 있다는 걸 알았습니다. 포로들은 그들이 고지를 점령하려고 미리 보낸 정찰대였던 것입니다. 다행스럽게도 그 병력을 적발해 냄으로써 오히려 저희가 남부군을 정찰할 수 있었습니다. 물론 후드 장군은 남부군 정찰대로부터 어떠한 보고도 받을 수 없었지요.

그날 밤 후드 장군의 부대와 치열하게 접전을 벌여 저희는 또다시 다수의 남부군을 포로로 잡았습니다. 저희가 붙잡은 남부군 포로는 총 393명인데 300명이 무장한 병사였습니다. 저희는 장교, 병사, 취사병, 노무자, 악대원 등 모두 380명으로 싸워, 136명의 손실을 보았습니다.

저희와 싸운 남부군 부대는 로 여단, 후드 사단, 롱스트리트 군단, 앨라배마 15·47연대, 텍사스 4·5연대였습니다. 저희가 붙잡은 포로들은 모두 위에서 열거한 부대 소속이었습니다.

남부군 부대서열과 지휘관 이름은 앨라배마 15연대의 파월 대령, 앨라배마 47연대의 벌거 중령, 텍사스 5연대의 존슨 대위, 로 장군 여단의 감찰참모인 크리스찬 중위 등으로 이는 저희가 체포한 포로들의 진술로부터 나온 정보입니다.

저희가 야간에 점령한 고지는 빅 라운드 탑입니다. 슈가 로 프라고도 부르는데, 라이스 대령은 '늑대 고지(Wolf Hill)'라고 보고서에 명기했더군요.

전투가 벌어졌을 때 저희 연대를 적극적으로 지원해 준 우드 워드 대령의 펜실베이니아 83연대에게 특별히 감사드립니다.

장군님께 삼가 올립니다.

J.L. 체임벌린

대령. 메인 20연대

다음 보고서는 게티즈버그 외곽, 마쉬 크릭에 있는 20연대 캠프에서 작성했다. 그 보고서에는 반즈 장군한테 보낸 기록과 달리 일부 숫자를 수정했고, 어떤 명령을 받았는지, 그 위대한 '우측으로의 선회'가 어떠했는지 썼으며, 다음과 같은 문장을 사용했다.

정말 최후의 수단으로 저는 돌격 명령을 내렸습니다.

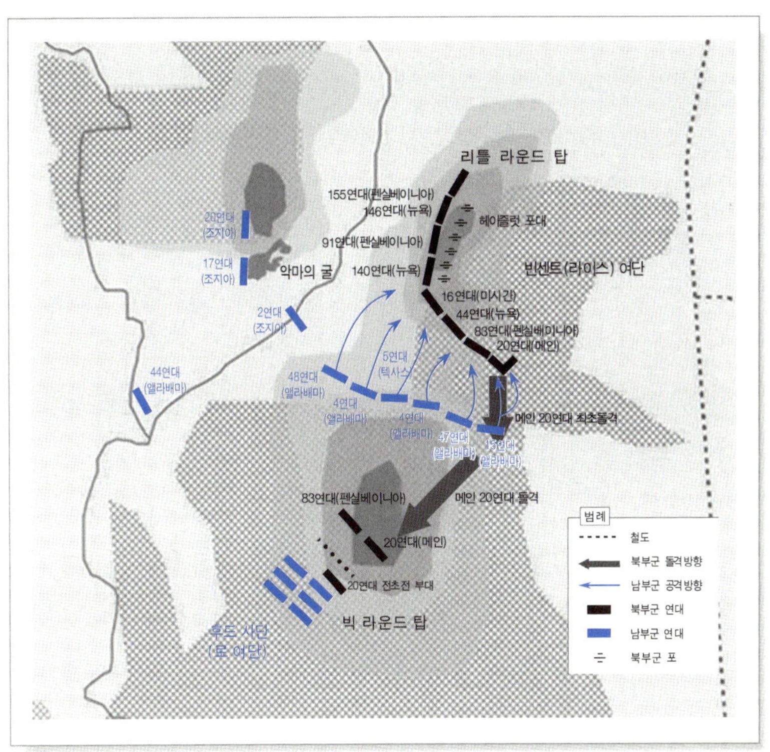

게티즈버그 전투 요도

메인 20연대 본부

게티즈버그 인근 전장

1863년 7월 6일

중위,

여단 본부의 명을 따라 게티즈버그에서 있었던 7월 2일, 3일 전투에서 20연대의 활약을 담은 보고서를 제출합니다.

7월 2일 오후 4시경 전장에 도착했을 때, 여단장 빈센트 대령은 여단 좌측, 즉 여단 방어선 맨 좌측에 20연대를 배치하고, 남부군이 곧 공격할 것이라고 알려주면서 저희 연대가 무슨 일이 있어도 그 땅을 반드시 고수해야 한다고 했습니다.

저는 바위와 나무로 뒤덮인 고지에 제 병력을 배치하고, 정찰대 1개 중대를 좌측으로 보내 취약한 좌측이 기습 공격 당하지 않도록 했습니다.

적의 공격으로 연대 우측에서 치열한 교전이 벌어졌습니다. 동시에, 남부군 전체를 조망할 수 있는 높은 바위에서 저는 그들의 대병력이 저희 좌측으로 빠르고 은밀히 이동하는 것을 발견했는데, 저희 후방을 몰래 치려는 의도 같았습니다. 저는 장교 한두 명을 이끌고 우측 제대를 좌측으로 이동시켜 1, 2보 간격으로 병력을 펼쳤습니다. 물론 바위와 나무에 몸을 숨기라고도 했지요. 좌측 제대를 더 좌측과 후방으로 이동시켜 연대기가 있는 곳에서 직각을 이루도록 배치했는데, 연대기는 좌측 제대의 첫 휴식처였던 자리에 위치했습니다.

병사들이 잘 기동해준 덕분에, 전방 화력은 약해지지 않았고, 적군은 그곳에서 아무런 성과를 거둘 수 없었습니다. 좌측 제대는 견고하고 빈틈없는 방어선을 구축하여 적의 공격에 대비했고, 대비하자마자 남부군이 공격을 시작했습니다. 남부군은 공격 거점을 확보하고는 빠른 속도로 돌격해 왔는데, 물론 강인한 공격 의지를 보여 주는 것이었습니다. 하지만 견고하고 빈틈없는 저희 방어선을 보고 깜짝 놀랐을 겁니다. 양측이 치열하게 사격을 주고받았습니다. 저희 방어선 10보 앞까지 쳐들어온 남부군은 저희의 지속적이고 효과적인 사격에 그 자리에서 더 이상 움직이지 못했습니다.

　살아생전 목격한 가장 잔인하고 피비린내 나는 사투가 한 시간 동안 벌어졌습니다. 아군과 적군이 뒤엉켜 싸웠습니다. 제 주변에는 남부군 병사가 더 많았습니다. 양측이 충돌하는 지점이 앞뒤로 이리저리 이동했는데, 남부군과 북부군이 번갈아 전선을 장악하는 모습이었습니다. 저희 방어선은 3번 후퇴했지만, 그때마다 다시 반격하여 적군을 몰아냈습니다. 남부군 또한 격퇴 당할 때마다 새로운 전선을 구축하여 패기에 가득 차서 다시 공격해왔습니다. 탄약이 급격히 줄어 여러 병사를 후방으로 보내 지원을 요청했습니다. 그 사이 죽거나 죽어가는 병사들에게서 탄약과 쓸 만한 무기를 확보했습니다. 남부군이 맹렬하게 마지막 공격을 시도했습니다. 그들이 쓰던 총과 탄약을 어느새 저희가 인수하여 그들을 겨누었습니다. 그러나 그마저도 소모돼가고, 남부군의 새로운 전선은 점점 가까워지고 있었습니다. 저희 좌측 제대의 절반은 이미 무력한 상태였습니다. 좌측 제대를 지원하려 우측에서 2개 중대를 데려왔지만, 그 숫자가 정찰대 정도에 불과했습니다. 장교들의 영웅적인 패기도 더 이상 소용이 없었습니다. 용맹스런 20연대는 적군의 사격 앞에 몸부림치며 괴로워했습니다.

　더 이상 방어를 할 수 없음이 명백했습니다. 정말 최후의 수단으로 저는 돌격 명령을 내렸습니다. 병사들은 각각 "착검!"이라고 소리쳤습니다. 착검하는 소리가 병사들에게 새로운 힘을 준 듯했고, 모두들 소리치며 앞으로 돌격했습니다. 좌우 제대가 하나가 되어, 좌측으로 뻗고 그와 동시에 우측으로 돌면서, 전체 연대가 반원을 그리며 에워쌌습니다. 우측 제대는 펜

실베이니아 83연대의 지원을 받았습니다. 남부군은 가파른 산
등성이를 타거나 펜실베이니아 83연대의 전방을 지나는 것 외
에는 도주로가 없었습니다. 적군의 1제대는 도망가려고 하지도
않았습니다. 놀란 채 서서 장전한 무기를 버리고 중대 전체가
항복했습니다. 그러나 남부군 후방 병력은 대처할 여유가 있어
저희를 괴롭혔습니다. 저희 연대 정찰대는 돌벽의 뒤쪽을 사격
해서 남부군을 혼란에 빠뜨렸습니다. 이 전투에서 저희는 장교
를 포함해서 368명의 포로를 잡았고, 300정의 화기를 획득했
습니다. 포로들은 4개 연대 출신이었는데, 여단 전체가 공격했
다고 진술했습니다.

여단장 라이스 대령(빈센트 대령은 치명상을 입었습니다)은
크로포드 장군의 병사들로 지원했고, 탄약 3,000발을 보급했
습니다. 저희는 부상자와 포로를 후방으로 후송했고, 사망자를
수습하여 가지런히 정렬해 놓았습니다.

라이스 대령은 저에게 계속 공격하라고 명령했습니다. '늑대
고지' 또는 '빅 라운드 탑'이라 불리는 높고 가파른 고지가 목
표입니다. 빅 라운드 탑은 저희 좌측 전방에서 800미터 또는
그 이상 떨어진, 남부군이 반격하려고 병력을 배치해 놓은 곳
인데, 본격적으로 전투가 벌어지는 상황에 대비하여 저희가 사
수해야 할 요지였습니다.

어느새 날이 어둑어둑해졌습니다. 저희는 인내심에 한계를
느낄 정도로 지치고 더웠으며 목이 말랐습니다. 잠깐의 휴식에
도 여러 병사가 쓰러져 잠이 들었습니다. 하지만 공격 명령이
떨어졌을 때 그들은 죽음을 각오하고 힘차게 고지에 올랐습니

다. 200정밖에 총기가 남지 않은 데다 적은 병력 숫자를 노출하지 않으려, 그리고 저희가 압도 당할 것이 자명한 교전을 피하려 저는 사격을 엄격히 통제했고, 총검만을 무기로 사용하라 명령했습니다. 고지를 곧장 올라 공격했는데 다행히도 캄캄한 어둠이 저희 병력을 숨겨 주었습니다. 적군이 사격했으나 머리 위로 총알이 빗나갔습니다. 남부군은 후퇴하는 것이 현명하다고 판단한 기색이었습니다. 저희 또한 자칫하면 전멸하거나 고립될지 모르는 상황이었으나 모두들 새로운 패기로 공격을 감행하여 25명의 포로를 잡았습니다. 그 중에는 로 장군의 참모 장교도 있었습니다. 그들에게서 후드 장군의 사단이 전방 가까운 곳에 집결했고, 고지를 점령하기 위한 공격 준비를 마치고 저희 병력의 위치와 숫자를 파악하기만을 기다리고 있다는 정보를 입수했습니다.

저는 고지의 울퉁불퉁 솟은 바위를 이용하여 병력을 배치했으며, 2개 중대를 전방에 보내 적의 지형을 정찰토록 했습니다. 정찰병들은 200∼300미터를 넘지 않는 협곡에 수많은 남부군 병력이 있다고 보고했습니다. 정찰병들에게 적을 계속 감시하도록 지시하는 한편, 각 방어선의 경계를 강화했습니다. 이따금 아군이 있는 후방에서 날아오는 오인사격도 주의해야 했습니다. 펜실베이니아 83연대와 펜실베이니아 5연대, 12연대 지원군이 왔고, 다음날 정오에는 1여단 지원군이 도착했습니다.

저희는 남부군 후드 장군 사단 휘하의 로 장군 소속 여단과 교전을 벌였습니다. 포로들은 자신들이 앨라배마 15연대와 47

연대, 그리고 텍사스 4연대와 5연대 소속이라고 밝혔습니다. 저희가 잡은 포로 수는 393명이었으며, 획득한 화기는 300정이었습니다. 또한 저희 1제대 앞쪽에서 최소한 150명의 남부군 사상자를 발견했습니다.

저희는 358정의 소총을 소지하고 전투에 임했습니다. 소총을 쏠 줄 알면 공병, 악대원 할 것 없이 무장하고 싸웠습니다. 저희 측 피해는 사망자 30명과 부상자 105명이었는데, 부상자 상당수가 치명상을 입었고 한 명이 포로로 잡혔습니다. 저희 방어선이 남부군에 자주 뚫렸는데도 실종된 병사는 없었습니다.

안타깝게도 매우 용감하고 젊은 켄달 중위가 전사했고, 빌링스 대위가 전투 초반에 치명상을 입었으며, 린스콧 중위가 늑대 고지 정상에서 크게 다쳤습니다. 저희 연대가 이번 전투에서 성과를 거둘 수 있었던 것은 이러한 장교들의 숭고한 희생 덕분이었습니다.

저희 장교들과 병사들의 활약상은 전투 결과가 말해주리라 생각합니다. 동등한 공을 세운 다른 병사를 생략할 우려가 있어서 제가 일일이 열거하지는 않겠습니다. 게티즈버그에서 싸운 380명의 장교와 병사 모두 명예의 전당에 올라야 할 것입니다.

또한, 펜실베이니아 83연대장 우드워드 대령에게도 지속적이고도 용맹스럽게 지원해 준 데 감사를 표합니다. 특히, 거센 사격 속에 몸을 던져가면서 저를 도운 83연대 지포드 부관에게 감사를 전하고 싶습니다.

장군님께 삼가 올립니다.

J.L. 체임벌린

대령. 메인 20연대

5군단 1사단 3여단

부관참모 대행 허렌딘(Geo.B.Herendeen) 중위

아래 보고서는 체임벌린이 위의 편지를 쓴 후 에미츠버그 인근으로 이동하여 쓴 것이다. 이 보고서는 1889년 『반란군 전쟁 : 북부군과 남부군의 공식 기록(War of the Rebellion: Official Records of the Union and Confederate Armies)』에 실어 출판했다.

대령. 조슈아 L. 체임벌린의 보고서 제196호

메인 20연대

에미츠버그 인근 전장

1863년 7월 6일

여단장님:

여단장님의 요청으로, 지난 7월 2일과 3일 벌어진 게티즈버그 전투에서 메인 20연대가 어떻게 작전을 수행했는지 삼가 보고드립니다.

저희 연대는 남부군 기병부대를 정찰하는 임무를 수행했습니다. 전날 해지기 직전에야 펜실베이니아 하노버에 도착한 병사들은 상당히 지친 상태로 숙영했습니다. 매우 적은 식량이 배급되었는데, 병사들은 저녁을 준비하면서 그날 게티즈버그 인근에서 북부군이 적군과 맞닥뜨렸다는 소문을 입에 올렸습니다.

이윽고 게티즈버그로 진군하라는 명령이 떨어졌습니다. 저

희 병사들은 신속하고 패기 넘치게 이동했고, 민간인들은 저희를 환영하느라 도로를 가득 메웠습니다. 동트기 직전 도로변에서 한두 시간 잠을 자고는 7월 2일 오전 7시경, 게티즈버그 남동부에 있는 고지에 도착했습니다.

오후 4시 쯤 연대 좌측과 정면에서 조금 떨어진 곳에서 날카로운 포성이 들렸고, 이를 신호로 사단 전체가 신속하게 포성 방향으로 이동했습니다. 저희가 접근할수록 포격은 거세졌습니다. 몇 문의 아군 포가 배치된 분지를 지나 연대는 숲에 다다랐는데, 반대편 숲에서 사격 소리가 요란스레 들려왔습니다. 전선으로 진군할 때 여단장 빈센트 대령으로부터 신속히 좌측으로 이동하라는 명령을 받았습니다. 저희는 그래닛 스퍼 또는 리틀 라운드 탑이라 불리는 울퉁불퉁한 산을 점령하려 플럼 런(Plum Run)을 가로지르는 농장 길을 따라갔습니다.

리틀 라운드 탑을 올라가면서 저희는 남부군 포의 사정거리에 들었음을 알았습니다. 포탄이 바위와 나무에 떨어지는 상황에서 고지를 향해 걸음을 옮겼습니다. 한두 개의 포탄이 병력대형 가운데에서 터졌습니다. 리틀 라운드 탑 남쪽 경사로 이동할 때 빈센트 대령이 저희 연대가 점령해야 할 고지를 알려주었습니다. 그곳이 저희 방어선 맨 좌측으로 남부군의 필사적인 공격이 예상되는 지점이라면서, "무슨 일이 있어도 그 땅을 반드시 고수하라!"고 명령했습니다. 이것이 제가 들은 빈센트 대령의 마지막 말이었습니다.

우측 제대를 견고하게 배치하려 저는 돌무더기와 나무가 많은 지형을 이용했습니다. 저희 방어선은 슈가 로프 또는 빅 라운드 탑이라 알려진 고지를 마주보았는데, 슈가 로프는 리틀 라운드 탑보다 더 눈에 띄었습니다. 제가 있는 곳과 슈가 로프 사이는 키 작은 나무들이 분포한 분지였습니다. 방어선이 구축되자 저는 모릴 대위가 지휘하는 B중대를 즉시 정찰대로 보내 연대 좌측과 분지를 가로지르게 배치하여, 연대의 노출된 측면과 후방이 기습 당하는 것을 방지하고자 했습니다.

그러나 남부군의 거센 포격에 이어 보병부대가 저희 여단을 공격할 때까지도 저희는 여전히 불안한 배치 상태였습니다. 남부군 보병 공격은 곧이어 저희 연대 우측을 향했고, 점점 방어선 전체로 확장되었는데 꽤 날카로웠습니다.

저희 연대의 한 장교가 교전 중인 전선 너머로 적군의 수상한 움직임을 보았다고 보고해 온 것은 그때였습니다. 높은 바위로 올라간 제 눈에도 상당수의 남부군이 이동하는 것이 보였는데, 그들은 빅 라운드 탑 방향에서 계곡을 통과하여 저희 연대 좌측 전방으로 향하고 있었습니다. 교전 중이므로 방어선을 바꾸기 어려운 상황이었지만, 병사들 간격을 넓혀 연대를 좌측으로 펼쳤고, 동시에 좌측 제대가 우측 제대와 거의 직각을 이루도록 하여 원래 방어선보다 두 배 가량 길이를 늘였습니다. 은폐하기 쉬운 지형에 있는 몇몇 중대는 일렬로 세웠습니다. 적의 사격이 빗발치는데도 장교와 병사들이 저를 잘 따라주었습니다. 우측 제대는 적에게 유리한 기회를 주지 않으려 계속 대응사격을 했습니다. 남부군은 이내 총격을 감행했습니다. 그들은 저희 연대 좌측에 사격을 개시했는데, 그쪽이 취약하다고 예상한 것이 분명했습니다.

저희는 가까운 거리에서 거세게 사격을 시작했습니다. 갑작스럽고 위력적인 공격을 받은 남부군은 계곡의 바위와 나무 뒤로 후퇴하더니, 함성과 함께 총을 쏘며 다시 공격해 왔습니다. 그들은 10미터 앞까지 밀고 올라왔지만, 저희의 효과적인 사격으로 돌격을 중지하고 은폐할 수밖에 없었습니다.

남부군은 포기하지 않았습니다. 저희 방어선을 다시 공격해 왔고, 한 시간여 사투가 벌어졌습니다. 적군 몇몇 분대는 저희 방어선 곳곳을 침투해 백병전을 벌였습니다. 전선은 파도처럼 앞뒤로 왔다갔다 움직였습니다. 사망자와 부상자들이 한때는 저희 전방에, 다른 때는 저희 후방에 놓여 있을 정도로 엎치락뒤치락하는 전선이었습니다. 저희 연대는 한순간 고지에서 밀려났지만 필사적으로 되찾았고 남부군을 산 아래로 밀어붙였습니다. 전투가 잠시라도 중단되면 저희 측과 남부군은 사상자나 부상자를 옮기고, 전장에 쓰러진 병사들로부터 탄약을 거둬들였으며, 상태가 더 좋은 소총들을 챙겼습니다. 그리고 주변의 돌을 그러모아 돌벽을 만들었습니다.

펜실베이니아 83연대를 지휘하는 우드워드 대령이 용감히 싸우고 현명하게 저희와 공조한 덕분에 연대 우측이 공격받는 일은 없었습니다.

남부군은 마지막 공격을 위해 전력을 쏟아 부었습니다. 협곡에서 우측 2제대로 나타난 남부군이 모든 것을 쓸어버릴 기세로 거세게 사격했고, 저희는 전장에서 수거한 적은 양의 탄약으로 최선을 다해 대응하는 수밖에 없었습니다. 남부군의 끈질긴 공격을 버티기란 불가능해 보였습니다. 저희 측 피해는 매우 심각했습니다. 좌측 제대의 절반이 쓰러지고 연대의 1/3이 사망하거나 심하게 부상한 채 후방에 누워 있었습니다. 물론 후방에서도 총소리가 들려 불안하기는 마찬가지였습니다. 사격 소리는 리틀 라운드 탑 북쪽에서 났는데, 헤이즐럿 중위의 포대를 지원하는 여단이 공격 당한듯 했습니다. 총알이 저에게도 날아와 적군이 리틀 라운드 탑을 거의 포위한 절망적인 상황이 아닐까 두려웠습니다. 탄약은 바닥났습니다. 20연대 병사들은 마지막 한 발을 쏘면서 백병전을 준비했습니다.

백병전에서도 남부군의 병력이 압도적이었습니다. 저희는 죽기 전에 먼저 공격해야만 했습니다. 저는 "착검!"을 외쳤고 그 한마디로 충분했습니다. 병사들은 차례로 불을 켜듯 착검했고, 함성과 함께 남부군을 향해 돌격했습니다. 그 결과는 놀라웠습니다. 남부군 1제대의 많은 병사가 무기를 버리고 항복했습니다. 한 장교는 한 손으로는 저의 머리를 겨냥하여 총을 쏘면서 다른 손으로는 칼을 겨누었습니다. 우측 제대를 고정하고 좌측 제대를 앞으로 이동시켜 저희 연대는 '우측으로 선회'했습니다. 그러자 남부군 2제대가 무너졌습니다. 나무와 나무 사이를 오가며 대항하던 그들 가운데 많은 병사가 포로로 잡혔습니다. 결국 저희는 협곡을 점령하고 여단의 전방에 있는 거의 모든 남부군을 격퇴했습니다.

모릴 대위는 저의 좌측 제대에서 뽑은 정찰병과 그의 지시를 따르는 열댓 명의 저격수와 함께 남부군을 효과적으로 공격하여 적을 격퇴하는데 공이 컸습니다.

협곡의 남부군을 빅 라운드 탑 서쪽에 몰아내었는데, 너무

먼 곳까지 추격하다 저희가 애써 점령한 곳을 기습 당할지 몰라 자제했습니다. "리치먼드까지 밀고 나가자!"라고 외치는 병사들을 말리고 연대를 원래 위치로 정렬했습니다.

2명의 영관 장교와 몇몇 위관 장교를 포함한 400명의 포로를 후방으로 보냈습니다. 그들은 주로 앨라배마 15연대와 47연대 출신이었고, 몇몇은 텍사스 4연대와 5연대 소속이었습니다. 연대 전방에서 150명의 남부군 사상자를 발견했습니다.

날이 저물었을 때, 라이스 대령은 빈센트 대령의 사망을 알렸습니다. 빈센트 대령은 사망하기 전에 여단의 지휘를 라이스 대령에게 맡겼습니다. 피셔 대령이 저희 연대를 지원하려 여단을 이끌고 왔습니다. 이 두 여단은 저희 후방에 집결했습니다.

라이스 대령이 제게 이르기를, 피셔의 여단은 얼마 전 남부군을 몰아낸 빅 라운드 탑의 서쪽을 사수할 계획이었다고 했습니다. 하지만 여단이 늦게 도착해서 계획이 수포로 돌아갔다는 것이었습니다. 그 말을 듣는 순간 남부군이 빅 라운드 탑에서 병력을 증강한다면, 반격하기 매우 좋은 기회를 얻을지 모른다는 사실이 제게는 염려스러웠습니다. 라이스 대령은 저에게 즉시 이동하여 고지를 점령하라고 했습니다.

밤 9시가 되었습니다. 저희는 탄약을 수령하지 않고 바로 이동했는데, 이는 수가 적은 아군 병력을 적에게 노출하지 않으려는 의도였습니다. 200명의 소규모 병력이 착검한 총을 앞세우고 산등성이를 타고 이동했습니다. 지면이 가파르고 울퉁불퉁해서 병사들 간격이 매우 벌어져 있었습니다. 저희 앞쪽에 남부군 분대들이 서성이는 소리가 들렸습니다. 고지 꼭대기에서 산발적이고 목표가 불분명한 사격 소리가 들리더니, 용맹스런 린스콧 중위가 치명상을 입었습니다. 어둠 속을 은밀히 기동하여 남부군 포로 25명을 잡았는데, 그 중에는 얼마 전 저희와 맞서 싸운 남부군 로 장군의 참모장교도 있었습니다. 고지에 이르러 지형을 정찰하고는 라이스 대령에게 탄약 보급과 우측 제대의 지원을 요청했습니다. 연대 우측 제대는 적의 움직임과 말소리가 똑똑히 들릴 정도로 남부군과 가까웠습니다.

피셔 대령의 여단 소속 부대가 저희를 지원하러 오다가 혼란에 빠졌습니다. 그들은 나무가 많은 길을 따라 고지에 오르다 저희 우측 제대, 즉 적 가까이 왔습니다. 그들이 오는 소리를 듣고 저는 남부군이 기동하는 것으로 착각했습니다. 우측 제대를 보강하려 병사들을 배치하려는 순간 기척을 느낀 남부군이 사격을 개시했습니다. 놀란 것은 저희 연대뿐 아니라 피셔의 부대도 마찬가지였습니다. 피셔의 부대는 상황이 버겁다는 것을 깨닫고 오던 길로 되돌아갔습니다.

저는 고립된 상황이 불안해서 펜실베이니아 83연대의 지원을 요청했는데 다행히도 신속하게 도우러 왔습니다. 뒤이어 뉴욕 44연대도 와 주었습니다. 두 연대를 적절히 배치하고 전초병을 전방으로 보내 밤사이 30분마다 보고하도록 했습니다. 나머지 병사들은 무기를 휴대한 채 수면을 취했습니다.

자정 즈음에 피셔의 부대가 다시 산을 타고 올라와 저희 좌측에 자리했습니다. 피셔의 부대는 남부군 위협이 없었으므로 연락을 취하지 않았습니다.

저희는 386명의 병사가 358정의 소총을 들고 전투에 참가했

습니다. 소총을 쏠 수만 있다면 공병이든 악대원이든 가릴 거
없이 싸웠습니다. 심지어 발에 통증이 있어 행군도 제대로 못
하는 병사도 싸우러 나섰습니다. 이는 말 그대로 전쟁이었습니
다. 군사재판에 회부되어 형벌을 받은 몇몇 포로들도 전투에
참가했는데, 맡은 바 소임을 잘 수행했으니 감형을 건의할 생
각입니다.

제가 확실히 말씀드릴 수 있는 저희 측 피해는 30명의 사망
자와 106명의 부상자로, 부상자 중 상당수가 치명상을 입었습
니다. 빌링스 대위, 켄달 중위, 린스콧 중위가 전사하거나 치명
상을 입었습니다. 위 장교들은 모두 순수하고 고귀한 소명의식
을 가진 유능한 군인으로서, 그들을 잃어 매우 애통합니다. 저
희 장교와 병사들은 공식적으로 보고할 가치가 있는 영웅적인
업적과 고귀한 전공을 세웠습니다. 하지만 일일이 열거하려다
가 생략할 우려가 있어 지금은 말씀드리지 않겠습니다. 메인
20연대 군인들의 결의와 용기, 영웅적인 용맹심 덕분에 남부
군의 무시무시한 공격을 막아내어 승리를 거둘 수 있었고, 역
사가 그들의 업적을 자연스레 기억해주리라 믿습니다.

7월 3일 정오, 여단 우측, 북부군 주요 전선의 좌측에 자리
잡은 저희 연대는 격렬한 공격을 받았습니다.

7월 4일 전방을 정찰하여 남부군이 최소한 윌로우비 런 너머
까지 후퇴한 것을 확인하고는 리틀 라운드 탑으로 돌아왔습니
다. 그곳에서 저희 측 사망자들을 전투하다 쓰러진 곳에 묻었
고, 탄약 상자로 묘비를 만들어 이름을 새겨주었습니다. 또한,
7월 2일 저희 연대가 위치했던 방어선 앞쪽에 50명의 남부군

사망자들도 묻어주었습니다. 그 후 저희 측 부상자들을 리틀 라운드 탑 인근 민가로 데려가 치료했습니다. 에미츠버그 도로를 따라 행군하기 시작한 것은 7월 5일 아침이었습니다.

여단장님께 삼가 올립니다.
조슈아 L. 체임벌린
대령. 메인 20연대장
5군단 1사단 3여단
부관참모 대행 허렌딘 중위

7월 7일 20연대는 5군단에 합류하여 29킬로미터를 행군했다. 저녁 6시에 메릴랜드 프레더릭에서 8~10킬로미터 떨어진 곳에 캠프를 설치했다. 8일에는 카톡신 산을 비바람 속에 행군했고, 그날 오후 메릴랜드 미들타운에서 야영했다. 7월 10일 아침 샤프스버그의 파이크 도로와 윌리엄스포트 도로가 만나는 존스 교차로에서 철수하는 남부군과 조우했다. 연대는 이내 '격렬한 교전'으로 2명이 죽고 6명이 다쳤지만 파이크 도로를 접수했다. 7월 11일 파이크 도로의 논밭과 숲을 지나 서쪽으로 3킬로미터 이동하여 야영했다.

메인 20연대 본부
헤이거스타운(Hagerstown) 인근 전장
1863년 7월 11일

존 L. 호즈던 국장
메인 주 군무국장
국장님,

저를 대령으로 진급시키고 20연대장으로 보직시켜 주셔서 영광입니다. 또한 길모어 소령을 중령으로 진급시켜 주셔서 감사합니다. 저는 1863년 5월 20일을 진급 일자로 했습니다. 저희 군단은 군 사령부와 2개월 정도 연락이 끊겨 3주 동안 우편 연락도 끊겼으며, 한 달 가량 어떠한 문서나 수화물도 보내거나 받지 못했습니다.

보고서를 작성할 시간이 없고, 충분한 종이도 없지만 20연대가 수행한 훌륭한 업적에 대한 기술을 어찌 늦출 수 있겠습니까. 지금은 빠르게 행군하고 있으며 가까운 시일에 힘든 전투가 벌어지리라 예상합니다.

국장님 앞으로 보낼 보고서가 많아 급한 대로 몇 장 적어 보내고 나중에 또 보내도록 하겠습니다.

이 짧은 휴식에도 우연히 찾은 문서들이 있어 그 내용도 아울러 보내겠습니다. 저희 연대는 몇 주 동안 벌써 세 번의 전투를 치렀습니다. 한 번은 버지니아에서, 나머지는 펜실베이니아와 메릴랜드에서 치렀습니다. 이 모든 전투에서 괄목할만한 성과를 거두었으나 시간이 없으니 자세한 보고는 차후에 드리겠습니다.

애쉬비즈 갭 인근 버지니아의 미들버그에서 1명이 죽고 7명이 다쳤습니다. 게티즈버그에서는 30명이 죽고 100명이 다치고 6명이 실종되었습니다. 실종자는 아마 샤프스버그와 헤이거스타운의 존스 교차로 전투에서 포로로 잡힌 것 같습니다. 7월 10일에는 8명이 죽거나 다치거나 실종되었습니다.

군단, 사단, 여단 지휘관들이 게티즈버그에서의 저희 연대

역할을 각별히 격려하고 칭찬했습니다. 저희가 매우 격렬한 전
투를 치렀을 때 방어선 맨 좌측을 담당했습니다.

국장님께 삼가 올립니다.

J.L. 체임벌린

대령. 메인 20연대

리 장군은 호되게 당하고도 포기하지 않았다. 북버지니아군은 아직
교전 중이었고, 헤이거스타운과 다운즈빌(Downsville) 강의 북쪽 만곡
선 사이의 요새에서 물이 범람하여 도하가 힘든 포토맥 강을 등지고
있었다. 리 장군은 윌리엄스포트와 폴링 워터스를 가능한 한 빨리 건
널 작정이었다. 게티즈버그 전투 이후 1주 반가량 북부군과 남부군이
벌인 교전은 거의 모두 지연전이었다.

다음은 게티즈버그 전투와 7월 10일 존스 교차로에서 리 장군과의
교전으로 입은 전투 손실 현황을 첨부한 것이다.

헤이거스타운 인근 전장

1863년 7월 13일

호즈던 국장님께

앞에서 진술한 손실 현황은 엄격한 검증을 거쳤습니다. 모두
사실이라 판단합니다.

대수롭지 않은 부상자는 보고하지 않았습니다. 거의 모든 병
사가 온전한 모습으로 전투를 마치지 못했습니다. 많이 다친
병사들만 보고서에 첨부했습니다.

국장님께 삼가 올립니다.

J.L. 체임벌린

대령. 메인 20연대장

7월 14일 미드 장군은 메릴랜드 쪽에서 포토맥 강을 건넌 리 장군을 추격했다. 20연대는 윌리엄스포트까지 32킬로미터를 행군하다가 남쪽 산맥을 타고 키디즈빌을 거쳐 메릴랜드의 버킷스빌에 숙영지를 편성했다. 7월 16일에는 메릴랜드의 베를린으로 이동했고, 7월 17일까지 야영하다가, 포토맥 강을 건너 버지니아로 들어온 5군단에 합류했다. 그들 부대는 카톡틴 산과 블루 릿지 산맥 사이의 로도운(Loudoun) 계곡을 지나 버지니아의 러브츠빌(Lovettsville)로 갔다.

7월 16일과 17일 사이, 농부들이 수확한 밀 위에 병사들을 취침시킨 책임을 물어 라이스 대령이 체포되어 체임벌린이 잠시 3여단을 지휘했다.

행군하고 전투하느라 시간이 없었지만 체임벌린은 늦게라도 월간 보고서를 작성했다.

메인 20연대 본부

메릴랜드 베를린 인근 캠프

1863년 7월 17일

존 L. 호즈던 국장

국장님, 저희 연대 5월 보고서를 삼가 발송합니다.

J.L. 체임벌린

대령. 메인 20연대장

월간 보고서를 작성하고 패니에게도 편지를 썼다.

사랑하는 패니에게

뉴욕 소인이 찍힌 당신의 편지를 보고 놀라지 않을 수 없었소. 난 지금 브런즈윅에 있을 당신에게 편지를 쓰고 있다오. 무릎에 편지지를 올려놓고 당신에게 편지를 썼던 게티즈버그에서 우리 20연대는 방어선 맨 좌측을 담당했는데, 그쪽으로 남부군이 대거 공격을 해왔소. 우리 연대가 치른 훌륭한 업적은 나중에 자세히 얘기해 주겠소. 난 남부군 여단 전체로부터 공격을 받아 2시간 동안 싸웠다오. 탄약이 바닥나서 시체와 죽어가는 사람, 아군과 적군 할 거 없이 탄약통을 뒤져서 탄약을 모았소. 2대 1의 열세였지만 용감히 싸웠소. 우리는 비록 전투에서 140명을 잃었지만 남부군 여단 전체를 무너뜨리고, 150명의 부상자와 308명의 포로를 획득했고 300정의 무기를 회수했소.

그 후에 나는 200명의 병사와 착검 공격으로 고지를 점령했다오. 사익스 장군은 우리의 전투를 그날의 가장 중요한 전투라 했고, 모든 지휘관이 격려와 칭찬을 아끼지 않았소.

임무를 완수하고 돌아올 때 내 머리에는 피가 흐르고 팔에 차고 있던 밴드는 피로 얼룩졌소. 이때 여단장이 내 손을 부여잡고 말했소. "체임벌린 대령, 당신의 용기는 정말 대단하고 당신의 침착함과 노련함이 우리 모두를 살렸소."

안타깝게도 난 32명의 숭고한 병사들을 잃어 한 무덤에 가지런히 묻었다오. 100명은 부상을 당했고, 몇 명은 죽어가고, 몇 명은 회복되고 있소. 내가 아끼던 켄달 중위는 죽었고, 빌링스 대위는 심하게 다쳤소. 5명의 다른 장교들도 다쳤지만 그렇게 심각하지는 않소.

슬프게도 빈센트 대령은 전투 초반에 쓰러져 그 다음 날인가 이틀 후에 죽었소. 그의 죽음은 정말 비통하오. 링컨 대통령이 그를 장군으로 진급시켰지만 그는 이미 의식이 없었다오. 난 이제 빈센트 부인께 편지를 쓰려는데 당신도 그렇게 했으면 좋겠소.

패니, 나는 많은 포로를 잡았고, 그들 중 장교 한 명이 내게 멋진 권총을 주었소. 칼과 다른 것들과 함께 말이오.

정말 힘겨운 전투였소. 말 1,000마리가 포탄에 찢겨 전장에 널부러졌고, 병사 500명도 쓰러져 있었소. 내 포로들 중에는 텍사스와 앨라배마에서 온 용감한 남부군들도 있었는데 그들은 이전까지 한 번도 패한 적이 없다고 말했소.

당신이 뉴욕에 있다는 것이 마음에 걸리오. 거기서 빠져 나오는 건 쉽지 않겠지요? 당신이 집에 머무르면 좋겠는데 말이오.

난 정말 위험에 처해 있소. – [갑자기 편지가 끝났다]

연대는 7월 18일부터 20일까지 버지니아의 러브츠빌에서 구스 크릭(Goose Creek) 남쪽으로 행군을 계속했다. 버지니아의 알디 근처의 강가에서 이틀간 숙영했다.

애브너 코번 주지사님께

메인 주지사

존경하는 주지사님,

주지사님께서 궁금해하시는 저희 연대 소식을 전할 기회를 어렵사리 잡았습니다. 그 연유를 덧붙이자면, 소화물을 취급하는 집배원이 여기서 3~5킬로미터 떨어진 곳에 있어서 제때 편지 부치기가 쉽지 않습니다.

주지사님께 우선, 저에게 이런 훌륭한 연대를 맡겨주신 데 감사를 표합니다. 저에게 이런 자신감을 부여해 주신 것에 언제든 보답하겠습니다. 부하들의 후생을 보살피는 것이 장교된 책무라고 생각합니다. 지휘관이란 자기에게 부여된 권한에 책임을 느껴야 한다고 생각합니다. 병사들이 육체적으로나 정신적으로 최상의 상태를 유지해야만 군대는 제 기능을 발휘할 수 있습니다.

한 달간 저희 연대는 가장 활동적이고 명예로운 전투를 수행했습니다. 제각각 다른 주에서 벌어진 세 번의 전투에서 정말 눈에 띄게 온 힘을 기울여 싸웠습니다. 게티즈버그에서의 대규모 전투에서 저희 연대는 두드러진 성과를 거두었습니다. 방어선 맨 좌측에 배치되어 적의 가장 강력한 공격에 맞섰습니다. 남부군 여단 전체가 저희 연대와 싸웠습니다. 남부군은 매섭게 공격을 해왔고, 우리는 계속해서 병력을 보충하거나 편성해서 싸웠습니다. 2시간이나 싸워 양쪽 모두 손실이 막중했습니다.

살아남은 병사들은 기진맥진했고, 개인당 60발의 탄약도 다 쓴 상태였습니다. 주위에서 탄약을 주워서 계속해 쏘았지만 그것마저도 거의 떨어졌습니다. 그대로 방어만 할 수는 없다는 생각에 검을 총에 꽂았습니다. 저희는 돌격했고 총검으로 백병전을 치렀습니다. 저희는 그들을 전장에서 완전히 밀어냈고, 380명의 포로를 잡아 275정의 무기를 빼앗았습니다. 포로들은 앨라배마와 텍사스의 5개 연대 병사들이었는데, 그 중 열두 명은 장교이고 여단 장군 지휘관의 참모장교도 있었습니다. 그들은 여단 전체가 저희를 공격했다고 증언했고, 이런 전투를 열두 번은 했어도 한 번도 패한 적 없었다고 진술했습니다.

저희는 다시, 남부군에게 탈취당해선 안 될 중요한 고지를 점령하라는 명령을 받았습니다. 제 위의 장군님들조차도 힘든 작전이 될 거라 예상했습니다만, 사실 저희는 매우 지쳐 있었고 198정의 화기밖에 남아 있지 않았습니다. 그러나 저희는 고지를 올라 돌격하여 많은 포로와 무기를 획득했습니다. 고지를 점령하고 남부군을 고착시킬 수 있었던 건 바로 어둠이었습니다. 어둠이 남부군을 기만한 것이지요.

저희의 업적은 공식적으로 인정받았지만 메인 주의 일부 사람들이 저희의 업적을 과소평가하더라도 개의치 않을 것입니다.

저는 수단과 방법을 가리지 않고 병사들을 지키고자 했지만 32명의 훌륭한 병사를 잃었습니다. 그들의 용기가 이 전장을 '명예의 전장'으로 만들어 주었습니다. 102명의 부상자들에 대해서도 슬퍼하고 있습니다. 이 외에도 다른 전투에서 3명이 죽었고, 16명이 다쳤거나 실종됐습니다. 제가 마음대로 쓰는지 모르겠으나 이것은 공식적인 편지가 아닙니다. 주지사님께서는 저희 연대가 이룬 업적을 누구보다 궁금해하시지 않으셨습니까.

길모어 중령이 행군하다가 어쩔 수 없이 메릴랜드로 떠난 것을 안타깝게 생각합니다. 그는 지금 볼티모어에 있지만 임무를 다시 수행할 만큼 건강하지 않습니다. 저희 모두 의료반이 없어 고생했습니다. 무리한 행군으로 많은 병사들이 쓰러졌습니다. 저 또한 병사들에게 지휘관이자 군의관, 아버지 역할까지 하다가 병에 걸려 죽을 지경에 이르렀습니다. 군의관들이 도착했을 때는 너무도 기뻐했습니다.

페리 목사님과 다른 인원들을 포함하여 주지사님께서 추천한 성직자 브라운 박사를 스튜어드 병원에 임명해 주셔서 감사합니다. 제게는 영관장교가 절실히 필요합니다. 연대에서 영관장교라고는 저 혼자뿐입니다. 에임스 대령이 제안한 소령 임명자에 대해 다른 의견이 있으신지요. 저는 진심으로 찬성합니다.

주지사님께 삼가 올립니다.

J.L. 체임벌린

대령. 메인 20연대

7월 22일 오후, 20연대는 버지니아 렉터타운(Rectortown)을 향해 남쪽으로 16킬로미터 정도 행군했다. 20연대와 5군단은 7월 23일 아침, 리 장군의 부대를 공격하는 3군단을 지원하려 매나세스 갭을 통과했다. 7월 24일 5군단은 매나세스 근처 웨핑 고지에서 3군단 우측으로 정찰을 나갔다가 오후에 3킬로미터 뒤쪽으로 철수했다. 그 다음 날 아침부터 워렌턴 5킬로미터 바깥에 숙영하기 전인 26일까지 계속해서 행군했다.

체임벌린은 임무를 훌륭하게 수행한 병사들은 포상하고, 직무를 유기한 병사들은 가차 없이 징계했다. 그는 교실에서 떠드는 학생을 내쫓듯 그들을 징계했다.

메인 20연대 본부

버지니아 워렌턴 인근

1863년 7월 26일

중위.

본분을 망각했다가 회개한 병사들은 더 이상 징계하지 마시기를 삼가 건의 드립니다. 즉, D중대의 라인즈(John Lynes Jr.)와 E중대의 콘웨이(John Conway)는 게티즈버그 전투 임무를 완벽히 수행했습니다. 재판을 기다리고 있던 타운센드(Thomas Townsend)도 총을 들고 전선에 뛰어들어 샤프스버그 파이크 전투에서 전사했습니다.

그렇지만 재판을 앞둔 브라운(Charles C. Brown)과 웬트워스(William H. Wentworth)는 한시라도 빨리 재판을 받아야 합니다. 그들은 재판대기 중인 자로서 회개하는 기색조차 없으므로 엄하게 처벌받아야 합니다.

또한, 브라운과 웬트워스와 함께 군법 회의 재판 대기 중인 무어(Henry H. Moor)는 헌병대 구류를 건의합니다. 그들의 나태한 모습은 군대 예절과 군기에 악영향을 미치고 있습니다. 병력도 부족한데 정말 오랫동안 아무 일도 하지 않는 그들을 호송병 없이 붙들고 있는 건 쓸모없는 짐이 아닐 수 없습니다.

J.L. 체임벌린 올림

대령. 메인 20연대

5군단 1사단 3여단

부관참모 대행. 중위. 클라크(Jno M. Clark)

7월 27일에도 부대는 워렌턴을 지나 5킬로미터를 더 행군하고 숙영했다.

7월도 어느덧 끝나가는데 체임벌린은 계속된 군사작전과 군의관이 진단한 '말라리아'로 고통스러워하고 있었다.

메인 20연대 본부

버지니아 워렌턴 인근

1863년 7월 27일

중령 로크(F.T. Locke)

부관참모

중령,

건강이 악화되어 20일간의 병가를 내겠습니다. 제가 최근 병고에 시달리고 있음을 공손히 말씀드립니다. 적과 대치한 상황에서 연대 지휘권을 내려놓을 수 없어, 힘들지만 전투에 참가했습니다.

그러나, 더 내버려둔다면 건강이 심각하게 악화될 것 같습니다.

J.L. 체임벌린 올림

대령. 메인 20연대

코번 주지사에게 체임벌린은 전투손실 현황을 보고하면서, 게티즈버그 전투를 치르고 나서 얻어낸 명성을 이야기했다.

20연대 본부

워렌턴 1863년 7월 29일

A. 코번 주지사님

메인 주지사

주지사님,

브라이언트(Verano G. Bryant)에 관해 삼가 보고드리겠습니다. 그는 게티즈버그로 가다가 부상해 지금은 병원에 있지만 퇴원하면 전역할 것입니다.

그의 중대장인 빌링스 대위와 에스테스 상사가 전투 중 영광의 상처를 입고 전사했습니다. 정말 슬픈 일입니다.

주지사님께 삼가 올립니다.

J.L. 체임벌린

대령. 메인 20연대

(다음)

게티즈버그 전투에서의 병력 손실로 연대 전투력이 극도로 감소하여 유감스럽습니다. 스튜어드 병원의 군의관보좌인 베이커가 연대의 보직 군의관으로 임명되었으므로 스튜어드 병원에 공석이 생겼습니다. 군목인 브라운도 보직에 변화가 생겼습니다.

저희는 내일 라파하녹 강을 건널 것입니다.

　20연대는 게티즈버그 전투에서 맹활약해서 군내에서 좋은 평판을 얻었습니다.

C.

7월 말, 체임벌린은 15일의 병가를 얻어 워싱턴으로 갔다가 휴가 연장 신청을 해서 브런즈윅으로 가니 가족들이 좋아했다. 그러나 부인을 만나러 가는 라이스 대령이 체임벌린에게 여단을 지휘해달라고 했다. 체임벌린은 집에서 주지사에게 보낼 편지를 쓰고, 라파하녹의 베벌리 여울에 있는 여단 지휘소로 돌아왔다.

브런즈윅, 1863년 8월 7일

애브너 코번 주지사님

메인 주지사

주지사님,

　C중대의 빌링스 대위와 I중대의 린스콧 중위의 죽음에서 간접적으로 배운 것이 있습니다. 지금 당장 그 공석을 채울 인원을 건의 드리지 않겠습니다. 연대에 관심이 쏠려 있는 문제이기에 주지사님께 건의 드리기 전에 좀 더 신중을 기하겠습니다. 다만 한 사람은 건의 드리겠습니다. I중대의 베스 중위를 대위로 진급시켜 A중대장으로 임명하고 싶습니다. 루이스 중위가 A중대장을 맡고 있지만 그는 몇 달 전의 무단이탈로 진급에서 멀어졌습니다. 군법을 위반한 그는 의심할 여지 없이 보직해임 당할 것입니다. 게티즈버그 전투로 긴박했던 때라 저는 그를 징계하지 않고 전투에 참가하게 했습니다. 훌륭하게 임무

를 수행했으므로 저는 그의 정당하지 않은 무단이탈에 아무 조치도 취하지 않았습니다. 그는 현 계급을 유지할 수는 있지만 진급은 하지 못하겠지요. 그의 평시 군대생활은 활력이 부족하고 신속하지 못합니다. 베스 중위는 루이스 중위의 부족함을 채워 줄 중대장 적임자입니다.

중대장에서 해임되는 루이스 중위가 크게 상심하겠지만, 또 다른 기회가 온다면 저는 그의 진급을 건의할 겁니다.

저는 건강을 회복하려 명령에 따라 2~3일간 집에 머물렀습니다.

제가 떠나 있어도 연대가 임무수행 하는 데는 문제가 없습니다. 저를 치료해 준 벤슨 박사와 쇼 박사에게 감사하고 있습니다.

주지사님께 삼가 올립니다.
J.L. 체임벌린
대령. 메인 20연대

체임벌린이 연대 장교들의 진급을 언급한 편지들을 살펴보면, 체임벌린은 전투를 겪는 군인들이 보편적으로 안고 있는 문제를 숙고했으며, 그 해답을 찾으려 애썼다는 것을 알 수 있다. 체임벌린은 전투의 본질을 군인들의 내면을 통해 이해하려 했다. 전투란, 조국에 대한 의무와 명예, 개인적인 사랑이 뒤섞여 인간의 본성이 모질게 시련받는 현장이다. 즉 절망적인 두려움, 나약한 겁쟁이인 자신에 대한 분노, 자아에 대한 사랑이 혼재되고, 그것을 극복하려 자신과 싸우는 것이 전투이다. 또한 전투는 인간의 위대한 본성을 드러내기도 한다. 전사자와 부상자는 체임벌린에게 가장 숭고하고 용감한 사람들이었다. 전장을 지킨 병사들도 체임벌린의 존경을 받을 만한 사람들이었다. 조국에 대한 의무를 회피하거나 다른 사람에게 미룬 자들을 체임벌린은 존경할 수 없었고, 물론 진급 따위를 상신할 수도 없었다. 전투를 통해 어떤 것들은 모호해졌지만 어떤 것들은 분명해졌다.

전사자를 언급했을 때 체임벌린은 1862년 8월 15일 자신이 쓴 린스콧의 입대 추천서를 기억했을 것이다.

제 생각에 그는 군인이 되기에 적합한 조건이며, 명예로운 군인이 되리라 확신합니다.

메인 20연대 본부

버지니아 베벌리 여울

1863년 8월 25일

코번 주지사님

주지사님,

연대에 복귀해서 연대의 상황과 요구사항을 파악했으며, 다음 인원들에 대한 진급과 보직을 건의 드립니다.

브라운의 진급으로 포트랜드의 도넬(William E. Donnell)을 중위 및 부관장교로,

빌링스의 전사로 C중대의 루퍼스 중위를 대위로 진급시켜 C중대장으로,

스피어의 진급으로 G중대의 체임벌린 중위를 대위로 진급시켜 G중대장으로,

플러머의 진급으로 C중대의 스탠우드 소위를 중위로,

체임벌린의 진급으로 E중대의 셰어우드 상사를 중위로 진급시켜 G중대로,

베스의 진급으로 I중대의 모스 상사를 소위로 진급시켜 I중대로.

여타 공석의 보직에 대해서는 모든 대상자에게 똑같은 기회를 주기 위해 서둘러 임명하지 않겠으나, 마땅히 진급해야 할 대상자가 발견되면 바로 추천하겠습니다.

스피어 대위의 소령 진급과 베스 중위의 대위 진급은 제가 없는 동안 연대 본부에서 이뤄졌습니다.

제가 없는 동안 연대는 제일 선임인 클라크(A.W.Clark) 대위의 지휘 아래 있었고(스피어 대위는 아직 소령으로 진급하지 않았습니다), 주어진 임무를 충실히 해냈다고 믿습니다.

길모어 중령이 오랜만에 부대로 복귀하여 기쁩니다.

제가 그리핀 장군님의 명령으로 3여단장의 중책을 맡았습니다. 저희 연대의 지휘권은 충실히 임무를 수행할 수 있는 길모어 중령이나 스피어 소령에게 위임하겠습니다.

고난과 역경과 명예를 함께한 연대를 떠나 유감스럽지만, 이 연대를 계속해서 지켜보겠으며, 명성이 떨어지지 않도록 노력하겠습니다.

연대를 지휘했던 저로서는 오로지 연대의 후생과 연대원의 행복만을 기원하겠습니다.

주지사님께 삼가 올립니다.

J.L. 체임벌린

대령. 메인 20연대

8월 26일 라이스가 준장으로 진급하고 체임벌린은 3여단장이 되었다.

5군단 1사단 3여단 지휘소

버지니아 베벌리 여울 캠프

1863년 8월 31일

코번 주지사님

주지사님,

    저는 메인 5포대의 트위첼(A.B. Twitchell) 중위의 인격과 명성을 익히 알고 그가 공적이 있는 장교임을 말씀드립니다.

    저는 메인 주의 포병 장교 중에서 그보다 인격이나 리더십, 경험, 용감무쌍한 정신을 가진 사람이 없으므로 그의 진급을 건의드립니다.

    그의 임명은 메인 주에 명예로운 일입니다.

주지사님께 삼가 올립니다.

J.L. 체임벌린

대령. 메인 20연대. 여단장

그날 밤 체임벌린은 패니에게 편지 쓸 시간이 생겼다.

3여단, 8월 31일

여보,

    이 언덕 위의 막사 출입구에서 "3여단, 소등!" 하며 나팔이 울렸소. 당신의 잠꾸러기였던 나는 피곤하지만 막사 불이 꺼지기 전에 사랑의 편지를 써야겠소.

당신과 집에 있던 때를 상상하면 기쁘오. 사랑하는 가족이 모처럼 모두 함께 지내지 않았소. '모두'란 단어에서 나도 모르게 눈물이 흐르고 고통이 가슴을 조이는구려. 그때는 말하지 못했지만 당신의 아름다운 모습은 아직도 내 곁에 있소. 나의 소중한 아내이자 고생하는 엄마인 당신 입술에 입맞춤하고 싶군요. 하루빨리 당신과 함께 하나님의 사랑과 지혜를 예배할 수 있기 바라오.

그래요, 모든 것이 잘되고 있소. 하나님께 우리가 다시 만나기를 기도하고 있소.

당신이 사랑스러운 데이지와 함께 날 위해 기도하는 걸 들었소. 임무를 수행하느라 수많은 날을 비바람 치는 고난 속에서 보냈지만 그 고결한 기도가 날 지켜줬다고 생각하오. 별로 위험하지 않은 날에도 말이오. 위험에 처하고서도 난 하나님의 존재와 나를 위해 기도하는 사람들을 뻔뻔스레 잊고 있었소.

내가 얼마나 당신과 데이지와 함께 성찬식 식탁에 둘러앉고 싶은지……. 우리가 아무런 격식도 없이 기쁘게 함께 있을 수만 있으면 얼마나 좋을까.

성찬식 날 교회에서 데이지를 받아주지 않으면, 난 데이지를 못 가게 할 거요. 사실 데이지를 받아주길 바라지만 말이오. 당신도 데이지의 성찬식 날 있었으면 하오.

당신에겐 '두 가지 분위기'가 있소. 편지 쓸 때마다 나는 항상 그걸 느끼오. 어젯밤 당신에게 편지 쓸 때도 그랬소. 당신이 내게 전한 '꿈같은 사랑'을 적어도 나는 편지에서만큼은 놓치지 않을 거요. 당신이 만일 '사실적인 얘기'를 전하고 싶다면 편지에 그대로 털어놓아도 좋소.

　오! 당신은 사랑받고 싶은 거요. 항상 사랑받아 왔으므로 계속 사랑받고 싶은 여자! 하지만 사랑에는 느낌과 논리가 있지. 당신은 '좋아한다' 라는 말을 생각해 본 적이 있소? 서로가 호감을 느껴 어울리고 싶은 감정이 그 말에는 있지. '닮았다' 라는 말도 그와 비슷한 표현 아닐까. 맞아 패니, 난 당신을 좋아해요. 자신 있게 말하건대 난 당신과 닮았으니까 당신을 좋아하는 거요. 물론 '좋아한다'는 감정이 누구에게나 다 똑같은 의미일 수는 없소. 하지만 당신은 정말 예쁘고 사랑스러운 여인이고 나는 정말 당신을 좋아하오.

　내가 당신의 '두 눈동자'를 말하지 않았소? 아직 내 편지를 받지 못한 거요? 맞아요. 27일까지 당신에게 도착하지 않았을 수도 있소. 당신의 눈동자를 처음 보고 얼마나 반했는지 모르오. 난 여자 얼굴을 쳐다보는 것에 별 관심이 없었지만 나도 모르게 더 가까이서 당신을 보려고 했소. 당신 사진은 어디 있지? 당신이 내 것이라는 '증거'를 보내줄 수 있겠소?

　사랑하고 좋아하오.

체임벌린은 9월 중순까지 베벌리 여울을 방호하며 라파하녹 강에 머물렀다. 그가 패니에게 보낸 편지는 빅토리아 여왕 시대의 전형적인 문체였다. 아내가 만들어준 달콤한 피클을 부대에 복귀하다가 어떻게 잃어버렸는가 설명한다든지, 아내의 맞춤법과 머리 스타일에 대해 놀리듯 쓴 것이 그러하다. 아마 빈센트의 죽음 – 지금은 체임벌린이 빈센트가 지휘했던 3여단을 맡고 있다 – 이 아내에게 솔직해진 계기가 아니었을까. 그 이전과 달리 그의 편지는 점점 솔직해지는 모습을 띠고 있었다.

전쟁이 곧 끝나리란 그의 생각은 얄궂을 정도로 비극적이었다. 왜냐하면 괴로운 전쟁이 20개월이나 남았기 때문이다.

지금 뜨거운 정오라오. 이때 당신 볼이 창백할까, 아니면 장미처럼 홍조를 띠고 있을까? 집에 있는 내 사랑이 행복했으면 좋겠소. 텐트 밖에 앉아 저 멀리 강기슭에 그림자를 드리운 나무와 안개 낀 폭포를 보고 있소. 그러나 당신만큼 내 시선을 오래 빼앗을 수는 없지.

어젯밤 꿈에 많은 여인이 우리 캠프로 왔는데, 난 당신도 왔을까 들떠 있었지요.

당신도 예견하듯이 이 전쟁은 거의 끝나가고 있소. 힘든 전투는 다 끝났소. 게티즈버그 전투만큼 치열한 전투를 한두 번 볼지 어떨지 모르겠지만.

여단 참모들이 빈센트 부인에게 보낸 선물을 이야기하겠소. 가슴에 다는 5센티미터 길이의 달걀 모양 장식핀이었는데 얼룩마노석이 달려 있어서 애도의 의미를 지닌 걸로 알고 있소. 다이아몬드로 절묘하게 물망초 무늬를 박아 넣었고, 작은 진주가 테두리에 반짝였소. 진주 하나하나에는 금 핀이 박혀 있었고, 핀 뒤에는 다음과 같은 문구를 새겨 넣었더군. '스트롱 빈센트 장군을 추모하는 참모장교'. 또 거기에는 로켓(locket, 역자

주 : 사진, 머리털, 기념품 등을 넣어 목걸이 등에 다는 작은 금합(金盒)을 만드는 돌쩌귀가 있어 웬만한 곳에는 핀을 달 수 있었소. 의미 있지만 슬픈 선물이 아닐 수 없었소. 나에게 그것은 표현할 수 없는 슬픔과 어두운 아름다움을 간직한 한 편의 시였소.

우리 같은 거친 군인들에게 감성과 고상한 취미가 남아 있는 게 신기하지 않소? 그렇지 않고서야 이런 보석을 어찌 생각해 냈겠소.

사랑하는 패니, 지금은 더운 오후에요. 이렇게 더운 오후에도 난 당신을 사랑하오.

내가 정말 피클을 잃어버린 게 맞나? 나는 당신이 장난꾸러기 기질을 발동해서 그걸 숨긴 게 아닐까 생각한다오. 아니면 내가 그 무거운 걸 들고 가지 않기 바라서 친절한 당신이 숨긴 것인지도 모르지. 박스로 된 배낭을 사서 그 안에 피클을 넣어 다시 보내줄 거요? 어떻게 보낼지 좋은 방법을 아오? 당신은 보스톤 행 기차를 놓치고는, 예전에 존이 그랬듯이, 손수 운전해서 뉴욕 역까지 와서는 만원인 객차에 억지로 그 무거운 짐을 밀어 넣을 거요? 설령 그랬다고 칩시다. 그런 다음 어찌할 거요? 기관사에게 부탁할 거요? 아니면 누군가한테 도움을 청해서 그가 당신 배낭을 보스톤 행 열차에 집어넣었다 칩시다. 그런 다음 그 짐은 어떻게 되겠소?

패니, 나비같이 예쁜 당신. 'advise' 철자가 틀렸구려. 또 'bussiness(원래는 business)'는 말할 것도 없고. dreamyly(꿈같은)은 또 뭐요. 하하 사랑스럽고 달콤한 당신, dreamily라고 써야지. 당신의 예쁜 롤리폴리(roly poly, 역자 주 : 오뚝이 모양의 장난감)

뿔, 그 자그마한 생쥐들은 안녕하지요? 그거 말이요. 내가 귀엽다고 만지작거리며 놀렸던, 자고 나면 일어나는 당신의 그 부풀은 머리!

[다음은 첫 번째 페이지 맨 위에 거꾸로 적혀 있었다]

당신이 편지 부칠 때 수신처를 '20연대' 나 '3여단' 이라 적으면 내가 받아볼 수 있소. 모든 편지는 이곳 여단에서 분류하니 말이오. L.

9월 16일 5군단과 함께 베벌리 여울을 떠난 체임벌린의 여단은 라파하녹을 지나 버지니아 컬피퍼(Culpeper)까지 이동했다. 그 다음날은 컬피퍼를 3킬로미터 정도 지난 곳에 캠프를 설치했다. 북부군과 남부군 가릴 것 없이 많은 부대가 머물렀던 컬피퍼 외곽에서 그들은 몇 주간 머물렀다. 1862년 8월 9일에 벌어졌던 세다 산 전투 현장 부근이었다.

체임벌린은 군사 행정업무뿐만 아니라 부대가 필요로 하는 사항, 특정 직책에 장교를 충원하는 문제를 지속적으로 주지사와 소통했다. 2대대 병사 문제는 아직도 미결 상태였다.

1사단 3여단 지휘소

1863년 9월 19일

세다 산 인근

코번 주지사님

주지사님,

제가 12일에 받은 20연대 군의관 임명 편지에 감사드립니다.

20연대 장교들과 의논했는데, 마틴 박사가 아니라면 오히려 저희 현재 군의관인 쇼 박사를 계속 두고 싶어 한다는 걸 알았습니다.

저는 웨스콧 박사를 반대하지는 않지만 연대는 쇼 박사에 만족하고 있습니다. 그는 저희와 오래 있지는 않았지만 그가 진급하기를 원합니다. 그가 진급하면 스튜어드 병원의 베이커가 입대할 수 있고, 주지사님께서 원하시는 대로 브라운(William Brown) 목사를 베이커의 공석에 임명할 수 있습니다. 현재 저희는 군의관보좌 보직이 1명밖에 안 됩니다.

이러한 조정은 저희 모두에게 좋을 겁니다.

하지만 주지사님께서 난처하시다면 저희를 위해서 무리하게 조정하실 필요는 없습니다. 주지사님께서 저희에게 유능하고 훌륭한 군의관을 보내실 거라 확신합니다.

연대의 사기와 명성은 소문이 자자합니다.

길모어 중령과 스피어 소령도 임무를 충실히 수행하고 있습니다.

징집병은 9월 25일에야 여기 도착한다고 알고 있습니다. 그들이 전장에서 이탈하지 않도록 노련하고 조심스레 다루겠습니다. 메인 출신의 용사는 그런 일이 없겠지요. 하극상을 저지른 메인 2대대의 병사들을 석방했습니다. 그들은 이제 새로운 임무를 부여받은 건장한 군인들입니다.

최근 편지에서 제가 추천했던 장교들을 임명하려면 시간이 좀 걸리겠지만 꼭 허락해 주시기 바랍니다. 징집병을 교육하려면 장교들이 더 많이 필요하기 때문입니다.

주지사님께 삼가 올립니다.

J.L. 체임벌린

대령. 메인 20연대. 여단장

10월 13일 아침, 체임벌린의 3여단은 지친 상태로 포토맥군에 합류했다. 리 장군의 북버지니아군(롱스트리트 군단을 뺀)은 다시 북쪽으로 이동하고 있었다. 저녁때 소규모 교전이 있었지만 5군단은 연루되지 않았다. 10월 14일 버지니아 브리스토(Bristoe) 역 야영지에서 취사하는 남부군 포병부대를 체임벌린의 여단 정찰대가 보고했다. 병사들은 즉각 공격태세를 갖췄으나 사단장 그리핀 장군은 교전하지 말고 계속 행군하라고 지시했다. 체임벌린이 전투를 피한 경우는 그때가 처음이었다.

체임벌린은 주지사에게 연대의 변동 사항을 보고하면서 몇몇 장교의 진급을 건의했다.

포토맥군 5군단 1사단 3여단 지휘소

오번, 1863년 10월 28일

A. 코번

메인 주지사

주지사님,

10월 23일 보내신 20연대 K중대 장교들의 진급에 관한 편지에 삼가 감사드립니다.

니콜스 중위를 그 부대에 추천할 기회가 한두 번 있었습니다만, 그때마다 과도한 음주가 안타깝게도 그 기회를 무산시켰습니다. 그렇지만 공석이 있고 니콜스 중위의 나쁜 음주 습관도 고쳐져서 이번에 대위로 진급했습니다.

니콜스 중위는 용감하고 힘이 넘치는 장교이기에 그를 관대하게 대했던 것입니다. 만일 다른 사람이 그랬다면 관대하지 않았을 일까지도 말입니다. 기병부대에 들어가면 그는 새로운 각오를 다질 것입니다. 그의 거침없는 성격이 그 부대에 맞으리란 판단에 그를 강력히 추천했습니다.

20연대를 지휘하는 길모어 중령은 니콜스 중위나 풀러 중위의 진급을 시기상조라고 말합니다. 그들이 성숙해지면 그때 가서 추천할 겁니다.

오래전에 예상한 몇 가지 변화들이 생길 것 같습니다.

군의관 보좌인 쇼 박사가 지금 최고의 의술을 보여주고 있습니다. 그의 실력이 여단에 좋은 여론을 형성했고, 제가 관찰한 바로도 몇 번의 외과수술은 매우 신뢰할 만했습니다. 주지사님께서 그를 진급시켜도 별다른 이견은 없으리라 생각합니다.

제가 지금은 여단을 지휘하고 있지만 20연대에 대해서는 지속적으로 관심을 기울이고 있습니다.

주지사님께서 가능한 빠른 시일에 이런저런 공석들이 채워지도록 조치해 주십시오. 저는 호즈던 군무국장의 보고서에 포함될 20연대 부대사 초안을 준비하고 있습니다.

주지사님께 삼가 올립니다.

J.L. 체임벌린

대령. 메인 20연대

11월, 3여단은 워렌턴 사거리에서 5킬로미터 떨어진 캠프에서 1주일 넘게 보냈다. 그 기간에 체임벌린은 게티즈버그 전투 보고서를 마무리했다.

5군단 1사단 3여단 지휘소

워렌턴 사거리 인근

1863년 11월 4일

준장 존 L. 호즈던

메인 주 군무국장

장군님,

군단에서 승인한 게티즈버그 전투 보고서 사본을 장군님께 삼가 올립니다.

제가 드리는 보고서가 장군님께서도 자랑스러워하실, 메인의 동료 이야기여서 매우 기쁩니다. 하지만 이 보고서를 쓰면서도 산적한 업무를 처리하느라 몇몇 병사의 훌륭한 업적을 잘 기술하지는 못했습니다. 제가 여기에 하루나 이틀 정도 더 머문다면, 장군님께 더 많은 정보를 전달할 수도 있을 것입니다. 제가 전해 드리는 내용이 장군님께서 작성하는 보고서에 큰 도움이 되리라 생각합니다. 몇몇 수치에서, 제가 썼던 지난번의 첫 번째 편지와 다를 수 있습니다. 아마도 이번 수치가 더 정확할 것입니다.

제가 20연대를 지휘해서 성공적으로 전투를 치르는 데 스피어 소령이 큰 도움을 주었습니다. 이 편지는 내일 오후에 부칠 것입니다.

저는 8월에 여단장으로 보직되었기에 장군님께서 보낸 문서
들은 길모어 중령을 거쳐 제게 전달되었습니다.

장군님께 20연대의 세부적인 사항을 보고 드리려 온 힘을 다
하겠습니다.

장군님께 삼가 올립니다.

J.L. 체임벌린

대령. 메인 20연대

11월 7일에 미드 장군은 라파하녹 역에서 리 장군을 공격했다. 오후 3
시경 체임벌린의 3여단은 전초대 임무를 받고 오렌지-알렉산드리아
철도 좌측을 따라 흐르는 강에서 3킬로미터 떨어진 곳까지 전진했다.
3여단 우측의 모릴 대위 부대는 주공을 맡은 6군단 예하였다. 20연대
는 6군단 예하부대와 접촉을 유지하며 별도의 명령 없이 남부군에 대
한 공격을 지원했다. 남부군 진지를 백병전으로 쓸어버린 공로로 모릴
대위는 명예훈장을 받았다. 체임벌린의 말인 샤를마뉴(Charlemagne)가
앞다리에 또 다른 부상을 입었다. 전투를 마친 3여단은 야영했던 곳
으로 돌아왔다.

11월 9일부터 10일까지 체임벌린은 켈리 여울에서 라파하녹 강을
건너 5킬로미터에 이르는 하류를 정찰했다. 버지니아 지방은 눈이 내
리기 시작했다. 체임벌린은 병사들과 함께 얼어붙은 진눈깨비 위에서
불도 없이 잠을 잤다. 게티즈버그 전투를 치르기 전에 걸린 '말라리
아'에서 완전히 회복하지 못한 상태인 체임벌린은 병이 덧날 수밖에
없었다. 11월 중순 군의관과 함께 마차에 올라 워싱턴으로 갔다. 험하
고 추운 여정에 그의 의식은 가물거렸다. 1863년 11월 19일 조지타운

(Georgetown)에 있는 통합병원(Seminary General Hospital)에 도착했다.
체임벌린이 입원한 1863년 11월 19일, 링컨 대통령은 새로 꾸민 게티
즈버그 국립묘지에서 연설했다. 링컨은 체임벌린의 병사들이 묻힌 그
곳에서 불멸의 명언을 남겼다.

체임벌린은 편지를 쓸 수 없을 정도로 아팠다. 누군가 체임벌린 대
신 짧은 글을 썼다. 그 글에 달린 체임벌린의 서명은 마지못해 휘갈겨
쓴 글씨였다. 입원하기 직전 가물거리는 의식으로 그가 쓴 편지는 매
우 짧았다.

5군단 1사단 3여단 지휘소

버지니아 켈리 여울

1863년 11월 15일

중령 로크
5군단 부관참모
중령

동봉한 군의관의 진단서에 따라 15일의 병가를 삼가 요청합
니다.

J.L. 체임벌린 올림

대령. 메인 20연대. 여단장

동봉한 군의관의 진단서는 다음과 같다.

저는 메인 20연대의 J.L.체임벌린 대령이 말라리아에 걸린
지 4일이 지나 위독한 상태임을 진술합니다. 이 장교의 생명은

군의관 없이 앰뷸런스로 후송하거나 여기에 머물면 정말 위험
합니다. 15일 전에 다시 군무에 복귀하기는 힘드리라 예상합니
다. 반드시 군의관이 동행해서 워싱턴까지 후송해야 합니다.

M. W. 타운센드

뉴욕 44연대 군의관

5군단 1사단 3여단

버지니아 켈리 여울

1863년 11월 15일

1864년

나 때문에 너무 슬퍼하지 마오. 나는 반드시 살아남아 우리 애들
을 만날 것이오.

소장 조슈아 L. 체임벌린

체임벌린은 1863년 12월부터 이듬해 1864년 1월까지, '말라리아'에서 회복하는 시간을 가졌다. 처음에는 증상이 미미하다가 추운 곳에서 숙영하면서 악화됐던 것이다. 그가 회복하는 동안 포토맥군은 마인 런 (Mine Run) 전투를 치렀다. 1863년 12월에는 많이 좋아져서 브런즈윅에 있는 집에서 휴가를 보낼 수 있었다. 1864년 2월부터 3개월간 트렌턴, 뉴저지, 워싱턴에서 군법 회의 관련 업무를 수행했다. 그가 없는 동안 20연대는 버지니아의 라파하녹 역에 겨울 캠프를 차렸으며, 스피어 소령이 지휘하고 있었다. 체임벌린도 어느 정도는 연대 운용에 관여했다.

워싱턴, 1864년 1월 24일

1863년 4/4분기 연대 재산 목록에는, 119개의 드라이버와 렌치가 1863년 5월 20일 메인 20연대 에임스 대령에게서 저에게 무리 없이 인계된 걸로 기재하고 있으나, 저는 그 연장들을 받은 적이 없습니다. 그때부터 지금까지 언론은 그것들을 워싱턴에 보관한 것으로 말하고 있습니다.

(저희가 운반한 적이 없는 다른 물품들과 같이) 그것들은 1862년 9월 17일 여단장의 구두 명령에 의해 안티탐 전장에서 워싱턴으로 옮겨 보관했다고 해서, 저는 매우 신중하게 ['그리고 철저하게'라고 적혀 있고, 위에 가로줄이 그어져 있었다.] 그것들을 찾았으나, 언론이 말하는 119개의 드라이버와 렌치가 들은 상자는 행방불명인 것을 알았습니다.

저는 위의 내용이 사실이고 진실임을 명예를 걸고 맹세합니다.

J.L. 체임벌린

대령. 메인 20연대

체임벌린은 파견 근무를 하면서도 역량을 발휘해서 동료 군인뿐 아니라 고향 친구들이 원하는 자리에서 일할 수 있도록 노력했다. 또한 적임자로 인정된 사람들을 보증하는데 온갖 힘을 기울였다.

워싱턴

1864년 2월 10일

포그 여사는 정말로 믿음직스럽고 성실합니다. 지난 3년 동안 효율적으로 일해 왔으며, 제가 이쪽 분야에서 본 사람 가운데 단연 으뜸입니다. 그녀 같은 사람을 만나서 저로서는 매우 영광이었고 기분 좋은 일이 아닐 수 없습니다. 그녀가 이런 직책에 정말 잘 맞는다고 말씀드리고 싶습니다. 그녀가 이룬 업적은 사람들이 생각하는 것보다 훨씬 더 큽니다.

그녀의 공로를 국가가 인정했으면 좋겠고, 그녀의 뛰어난 품성을 많은 사람에게 알려야 한다는 생각에 이렇게 편지를 씁니다.

J.L. 체임벌린

대령. 메인 20연대

워싱턴

1864년 3월 10일

이 추천서는 메인 20연대에서 중위로 근무했던 니콜스 씨 이야기입니다. 그는 기병부대에 지원하려 합니다.

니콜스 씨는 중대를 위해 갖은 노력을 했으나 그가 기대한 보직을 받지 못했습니다. 그의 용기와 성실성은 모두 다 인정했으며, 그의 희생정신은 모든 군인이 본받아 마땅합니다.

그는 이제 보병부대보다는 기병부대에서 근무하길 원합니다. 저 또한 그가 기병부대에 훨씬 더 잘 맞을 것이라고 생각합니다. 그의 진취적인 정신과 용기가 기병부대에서 더 잘 발휘될 것이라고 믿습니다.

공정하게 평가해서 니콜스 씨가 용감한 사나이임을 추천하는 바입니다.

J.L. 체임벌린
대령. 메인 20연대

체임벌린이 보기에, 니콜스의 무분별한 음주는 '진취적인 정신과 용기'를 다 무너뜨리는 나쁜 습관이었다. 어쩌면 이런 따뜻한 추천서가 골칫덩어리인 장교를 다른 곳으로 전출시키는 체임벌린의 방법이었는지도 모른다. 하지만 상당히 '밝게' 쓰인 이 추천서는, 체임벌린이야말로 대장부의 덕목을 아는, 진정성과 진취적인 사고방식을 가진 사람임을 잘 표현하고 있다.

일반 군법 회의
워싱턴
1864년 3월 15일

코니 주지사님께

주지사님,

브런즈윅의 기븐(Thomas M. Giveen) 군이 새로이 창설하는 메인 주의 포병부대에 소위로 지원한다고 제게 편지를 보냈습니다.

저는 기븐 군을 아주 잘 알고 있습니다. 그의 역량은 출중합
니다. 그가 군 입대를 자원했다는 사실이 매우 기쁩니다. 그가
원하는 직책을 주신다면 주지사님께서도 매우 만족하실 겁니
다. 메인 주와 그 부대를 아주 명예롭게 할 충분한 자질이 그에
게는 있습니다.

기븐 군에 대한 믿음을 전해 드리고 싶으며, 좋은 교육 환경
에서 자란 그는 군인이 갖추어야 할 요건을 다 갖추었습니다.

주지사님께 삼가 올립니다.

J.L. 체임벌린

대령. 메인 20연대. 여단장

체임벌린이 워싱턴에서 이런 편지와 추천서를 쓰면서 보낼 때 메인
20연대는 그랜트 장군이 지휘하는 다른 부대와 춘계 합동작전을 준비
하고 있었다.

군법 회의 관련 업무에 매달려 지루하기만 했던 나날은 아니었다.
패니와 함께 할 수 있는 시간이 생겼기 때문이다.

체임벌린은 패니와 함께 4월 초에 게티즈버그 전장을 찾았다. 그곳
에서 싸운 지 10개월 만이었다. 리틀 라운드 탑에 올라가 전장을 둘러
볼 때 그에게는 어떤 환영(幻影)이 떠올랐을 것이다. 패니에게 전투 이
야기를 해주었다. 그때 체임벌린은 비장한 표정을 지으며 전장에서
싸우다 죽은 병사들의 넋을 위로했을 것이다.

뉴저지 트렌턴

일반 군법 회의

1864년 4월 25일

사무엘 코니 (1864~1865년 메인 주지사 역임)

코니 주지사님께

주지사님,

　최근에 20연대 군종 목사로 지명된 미첼 씨가 그 직책을 거절했으므로, 연대 간부들이 갓프레이 씨를 군종 목사로 추천했습니다.

　그가 지체 없이 신고할 것이라고 믿습니다.

주지사님께 삼가 올립니다

J.L. 체임벌린

대령. 메인 20연대.

봄이 되어 버지니아의 도로가 마르기 시작하자, 군사작전이 재개되었다. 링컨 대통령은 서부 전선에서의 공적을 인정하여 그랜트 장군에게 동부 전선의 지휘를 새로이 맡겼다. 연방정부의 제조, 수송, 통신, 그리고 수많은 병력을 효과적으로 활용한 그랜트의 능력은 남부동맹으로선 더 없는 장애였다. 그랜트와 체임벌린의 인연은 곧 복잡하게 발전하고, 그 때문에 체임벌린은 목숨을 잃을 뻔했지만, 결국 평생에 남을 큰 명예를 안게 된다.

1864년 5월 1일, 라파하녹 역에서 야영했던 20연대는 래피단 강을 건너는 행군을 시작했다. 그들은 승리하지 않으면 돌아오지 않겠다는 각오로 진군했다.

5월 4일, 부대기가 휘날리고 군악 연주가 울려 퍼지는 화창한 봄 하늘 아래에서, 메인 20연대와 5군단은 저만나 (Germanna) 나루에 놓인 부교를 넘어 래피단 강을 건넜다. 그러나 다음 날에는 어둡고 소름 끼치는 분위기가 흘렀다.

그런 분위기는 섬뜩하게 덤불이 엉켜 있는 윌더니스라고 알려진 정글에서 나왔는데, 프레더릭스버그 서쪽 지역으로, 그 건너편은 정확히 1년 전에 첸셀러즈빌 전투를 치른 곳이었다.

이따금 정글에서 기이한 소리가 흘러나왔는데 이 세상이 아닌 곳에서 누군가를 저주하는 것처럼 낮고 공허했다. 늘어진 나뭇가지가 휘감은 안개는 한 치 앞을 볼 수 없을 정도로 자욱했다.

전투가 벌어지고 많은 연대 장병들이 죽거나 부상했다. 리틀 라운드 탑에서 용감히 싸웠던 B중대장 모릴 대위는 포탄 파편에 얼굴을 맞았는데, 얼굴이 피범벅이 된 채 실명했다. 총명하고 사려 깊은 멜처 대위는 남부군 후방에서 무사히 차단 임무를 마치고 20연대에 복귀했다. 브런즈윅에서 열심히 병사들을 모집했던 모렐 대위는 전사했다.

윌더니스의 안개는 점점 짙어지고, 소총에서 뿜어져 나오는 화염이 건조한 나뭇잎에 불을 붙였다. 부상자들은 산 채로 화염에 휩싸였다. 그날 밤의 윌더니스는 지옥 그 자체였다. 산불이 난 하늘은 붉었고,

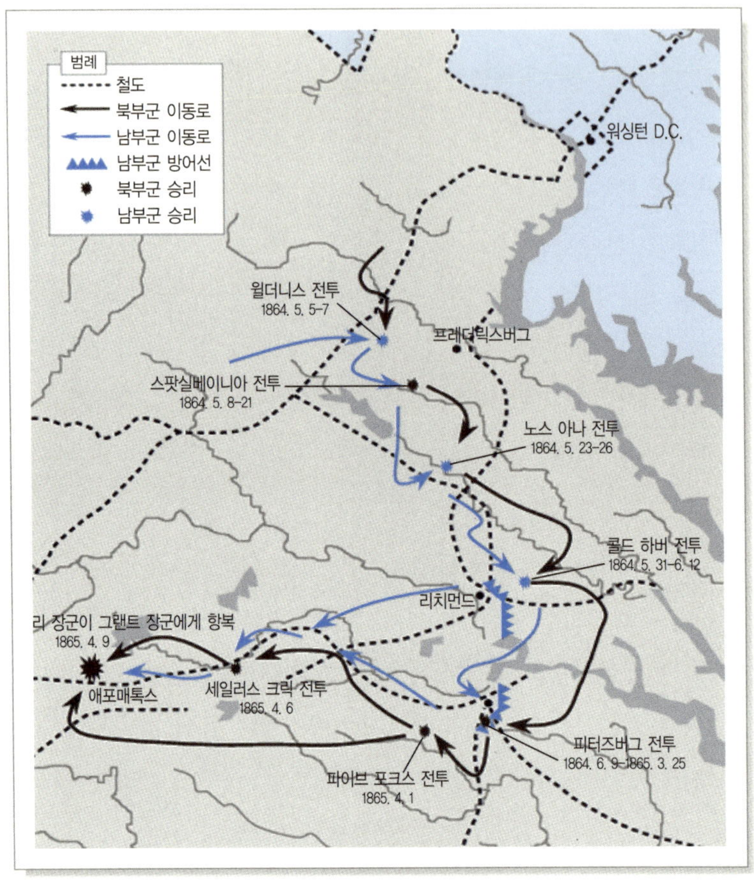

1864~1865년 버지니아 전장

생존자의 귀에는 불에 타서 죽어가는 병사들의 비명이 들려왔다.

5월 6일 전선은 20연대가 위치한 곳에서 밑으로 내려갔고, 7일에는 몇 차례 정찰 임무만을 수행했다. 이틀 동안 20연대에서만 100명 이상의 전투손실을 입었다.

윌더니스 전투를 많은 사람이 북부군의 패배라고 여겼다. 포토맥군의 병사들은, 전투가 끝나면 늘 그랬듯이, 포토맥 강 북쪽으로 돌아가서 부대를 재편성하리라 예상했다. 복수전을 치러야 한다고 믿었는데 뜻밖에도 그랜트 장군은 윌더니스에서 퇴각하라고 명령했다. 법원이 있는 요충지대 스팟실베이니아를 공격하여 리 장군의 부대를 리치먼드로부터 분리하려는 계획이었다.

전투가 벌어지는 동안, 체임벌린은 아직 트렌턴에 있었다. 당연히 그는 전선으로 돌아가려고 편지를 썼다. 전쟁성의 군무국장에게 편지를 보냈지만 제대로 전달되지 않은 사실을 알고 체임벌린은 다시 썼다.

워싱턴

1864년 5월 9일

대령 타운센드(F.D.Townsend)

군무국장

대령님,

지난 4월 25일 트렌턴에서 쓴 지휘권 회복 요청서가 전달되지 않은 것 같습니다. 군법 제41조에 의해 1월 27일 정지된 저의 지휘권을 회복시켜 주십시오.

워싱턴의 조지타운에서 치료받아 지금은 직무를 수행하기에 아무런 무리가 없습니다. 중요한 순간마다 전장에 있었기에 나가서 싸우고 싶은 생각이 간절합니다.

전장과의 통신이 다시 연결되는 대로 저의 지휘권 회복을 허락해 주시길 바랍니다.

국장님께 삼가 올립니다.

J.L. 체임벌린

대령. 메인 20연대. 여단장

5월 둘째 주에 접어들자, 체임벌린은 20연대로 복귀했다. 체임벌린이
자리를 비운 동안 바틀릿(Joseph J. Bartlett) 장군이 3여단을 지휘했다.
워렌 소장은 5군단을 지휘하고 있었다.

체임벌린이 복귀하기 전인 5월 8일, 워렌이 이끄는 군단은 버지니
아 스팟실베이니아 법원과 가까운 로렐(Laurel) 고지에서 남부군과 하
루 동안 격돌한 끝에 퇴각했다. 이것이 스팟실베이니아 전투의 서막
이었다. 이 전투는 그랜트 장군이 북버지니아군을 피하려 동쪽과 남
쪽으로 행진을 다시 시작한 5월 21일까지 이어졌다.

복귀한 바로 다음 날부터 체임벌린은 임무를 시작했다. 바틀릿이
병에 걸리자 체임벌린은 다시 3여단의 지휘권을 넘겨받았는데, 바틀
릿의 병세가 악화될 때마다 연대장과 여단장 직책을 오가며 임무를
수행했다.

적의 포격이 치열한데도 체임벌린은 스팟실베이니아에서 메인 주
지사에게 편지를 썼다.

스팟실베이니아 법원 전방

1864년 5월 18일

코니 주지사

주지사님,

제가 추천하는 장교들의 진급과 보직을 삼가 건의드립니다.
지금 건의드리는 이유는, 이번 전투에서 발생한 사상자들 때문
에 그들의 공로가 묻힐 수도 있기 때문입니다.

제가 건의드리는 장교들은 다음과 같습니다.

모렐의 전사로 D중대의 킨 중위를 대위 진급과 동시에 A중

대장으로,

모릴의 진급으로 H중대의 브릭포드 소위를 H중대 중위로,

린스콧의 전사로 I중대의 모스 소위를 I중대 중위로 건의드
립니다.

저희 연대의 군종목사에 관해서는 아직 신고받은 바 없습
니다.

어제 저녁에 거의 손실 없이 800미터를 진군했습니다.

지금 적군과 600~800미터도 되지 않는 거리에 위치한 아
군 참호에 엎드려 편지를 씁니다. 오전 내내 거센 포격을 받았
지만, 머리를 심하게 다친 D중대의 엘리스만이 20연대의 유일
한 사상자입니다.

저는 군법 회의 파견 근무를 마치고 지휘관으로 복귀하기까
지 어려운 시간을 보냈습니다. 남부군과의 전투에 참가하지 못
한 1주일이 제 생애 가장 불행한 때였습니다. 지금은 이를 만회
하고 있습니다.

병가 중인 바틀릿 장군을 대신하여 제가 여단장을 맡은 탓
에, 스피어 소령이 20연대를 지휘하고 있습니다.

저희는 매우 거센 포격을 받고 있습니다. 곳곳에서 쉬지 않
고 포탄이 터지고 사상자가 속출하는 상황입니다.

리 장군의 압박이 거셉니다. 저희는 남부군의 우측을 공격하
려 리치먼드로 이동 중입니다.

메인 20연대는 결코 물러서는 일이 없습니다.

주지사님께 삼가 올립니다.

J.L. 체임벌린

대령. 메인 20연대. 여단장

5월 21일 포토맥군과 함께 5군단은 스팟실베이니아의 참호를 떠나 노스 안나 강과 사우스 안나 강, 그리고 하노버 교차로를 향해 행군했다. 그들은 포(Po) 강에 있는 기니(Guiney) 다리를 건너 숙영했고, 다음 날 아침에 다시 출발했다. 바틀릿 장군의 병세가 악화되어 체임벌린이 3여단을 지휘했다. 그들은 텔레그래프 도로와 그것과 평행한 도로를 따라 남쪽으로 이동했다.

5월 22일 체임벌린의 여단은 남부군 포대를 타격하려 폴 캣(Pole Cat) 샛강을 건넜다. 샛강이 예상보다 깊어서 체임벌린은 가까이 있는 울타리를 뜯어 임시 변통의 다리로 썼다. 움직임을 포착한 남부군이 잠시 사격을 하고는 물러났다. 다음날, 5군단은 그리핀 장군이 지휘하는 사단이 교두보를 확보하자 예리코 밀즈(Jericho Mills)의 노스 안나 강을 건너 거의 2킬로미터를 진군했다. 체임벌린의 여단은 남부군이 공격했을 때 사단의 예비대로 배치되어 있었다. 전투는 점점 격렬해지고, 바틀릿의 여단 소속 3개 연대가 전투에 참가했다. 체임벌린의 20연대는 좌측으로 보내졌다. 날이 어두운데다 북부군이 강력히 저항하니 남부군은 교전을 멈추고 퇴각해야만 했다.

북부군 군단들은 노스 안나 강을 건너면서 남부군이 강기슭에 참호를 잘 구축해 놓은 것을 보았다. 남부군의 견고한 참호를 목격한 그랜트 장군은 동쪽과 남쪽으로 옆걸음질 치듯 이동하기로 했다. 20연대는 5월 26일 밤샘 행군을 했고, 다음 날도 파문키(Pamunkey) 강을 건널 때까지 종일 행군을 했는데, 파문키 강에서 리치먼드로 진군하는 길목을 리 장군의 부대가 차단하고 있었다. 요크 강과 제임스 강 사이에 있는 버지니아 반도를 건너려 며칠 동안 남부군과 교전했는데, 바로 이곳이 1862년 여름 '7일 전투'로 유명한 곳이었다.

5월 말부터 6월 초까지, 사단은 베데스다 처치(Bethesda Church)에 있었다. 버지니아에 위치한 그곳에서 매클레란 장군이 1862년 남부군에 의해 저지 당한 경험을 알고, 그랜트 장군은 가능한 빠르게 그곳을 통과하기로 했다. 그러나, 이번에도 다시 리 장군이 콜드 하버에서 북부군을 저지하기 위해 기다리고 있었다.

6월 1일에 콜드 하버 전투가 시작되었다. 다음 날 북부군은 공격을 계획했지만 실행하지 못했다. 남부군은 방어 진지를 강화할 시간을 벌었다.

6월 3일 오전 4시 40분, 10분간의 포격 후 그랜트는 콜드 하버 인근의 남부군 참호를 10분간 포격하고는 몇 차례 보병공격을 감행했다. 5시 15분에 공격이 끝났는데 5,600명에서 8,000여 명의 대병력을 잃었다. 그랜트의 군사작전은 늘 침착했지만 그날만은 달랐다. 훗날 그가, '나는 콜드 하버에서 마지막 돌격을 감행했던 것을 항상 후회한다.'라고 기록할 정도였다. 그리핀 장군이 지휘하는 사단을 제외한 5군단의 대부분 부대는 직접적으로 전투에 참가하지 않았다. 그리핀의 사단은 9군단과 협력하여 남부군 헤스(Henry Heth) 소장과 로즈(Robert E. Rodes) 소장이 지휘하는 사단을 성공적으로 공격했다. 20연대는 그날 베데스다 처치에서 싸웠고, 26명의 사상자가 발생했다. 이는 체임벌린이 20연대를 지휘한 마지막 전투였다.

콜드 하버 전투 후 5군단은 재편성되었다. 워렌 장군은 1군단의 베테랑 군인들(121 · 142 · 143 · 149 · 150연대)과 신병들로 이루어진 펜실베이니아 187연대를 통합하여 새로운 여단으로 편성했다. 여단을 지휘해 본 경험이 있는 체임벌린이 여단장으로 임명되었다.

6월 6일 체임벌린이 여단장으로 취임한 것을 강조하면서 워렌 장군은 체임벌린의 준장 진급을 열렬히 추천했다. 6월 9일 미드 장군은 체임벌린을 진급 대상자 명단에 올렸다.

6월 12일 그랜트는 제임스 강을 건너기 위해 이동했고, 체임벌린의 1여단도 그날 저녁 행군을 시작했다. 다음 날 아침 그들은 롱 브릿지(Long Bridge)라 이름 붙은 부교를 이용해서 반도를 양분한 치카호미니(Chickahominy) 강을 건넜다.

포토맥군의 선두 부대는 제임스 강에 도착하여 도하 준비를 했다. 6월 16일 이른 아침 5군단은 윈드밀 포인트에 있는 제임스 강을 건너서 플라워듀 헌드레드(Flowerdew Hundred)라 부르는 식민지 시대의 재배지에 상륙했다.

그 주에 체임벌린은 갑자기 복부에 총상을 입을지도 모른다는, 남북전쟁을 묘사한 문학 작품에서 나오는 섬광 같은 운명의, 불길한 예감에 사로잡혔다. 그는 말안장 뒷자리에서 안감을 빼내어 복부를 감쌌다. 이는 포탄이나 유산탄 조각을 막지는 못하겠지만, 체임벌린에게 심리적인 안정을 주었다.

제임스 강을 건넌 5군단은 피터즈버그를 향해 밤샘 행군을 했고, 6월 17일 2개의 예비 군단 좌측에 위치했다. 계급이 낮은 병사들은 알리 없겠지만, 북부군이 피터즈버그로 행군하여 최남부지방(Deep South, 역자 주 : 사우스 캐롤라이나, 미시시피, 플로리다, 앨라배마, 조지아, 루이지애나, 텍사스 등 남부동맹 7개 주)에서 리 장군으로 연결되는 병참선을 차단한다는 계획에 반발하는 몇몇의 장교가 있었다.

메인 주 브런즈윅 출신으로 갓 여단장이 된 체임벌린은 생애 최악의

사태에 직면했다. 그의 불길한 예감이 현실로 변하는 순간이었다.

미드 장군은, 리치먼드와 콜드 하버에서 온 남부군이 피터즈버그를 신속하게 에워싸고 있다는 사실을 깨달았다. 그는 전쟁의 승패를 가름할 중요한 시기임을 깨닫고 이른 아침 돌격을 명령했다.

6월 18일 토요일 오전 4시 30분, 북부군이 피터즈버그를 점령하기 위해 진격했는데, 처음 맞닥뜨린 적군의 방어진지는 비어 있었다. 남부군이 전방에서 퇴각하여 도시의 밀집지역으로 이동한 것이었다. 체임벌린의 1여단은 5군단 좌측에서 이동했다. 1여단이 제 위치에서 정렬했을 때, 예루살렘 플랭크(Jerusalem Plank) 도로에서 남쪽을 겨냥한 남부군의 포격을 받았다. 포탄에 맞아 사상자가 발생했고, 오전 10시 30분 워렌 장군은 체임벌린을 찾아와 남부군 포격을 멈추게 할 수 있겠느냐고 물었다. 체임벌린은 이를 명령이자 자신이 해볼 만한 도전이라고 여겼다.

체임벌린의 여단은 4열로 이동했고, 좌측열은 피터즈버그-노폭 철도를 따라 행군했다. 철도를 건넌 체임벌린은 여단을 2개 제대로 편성하여 철도 남쪽 숲에 배치했다. 전방은 펜실베이니아 연대의 베테랑들로 편성했고, 후방은 187연대 신병들이 맡았다. 연대는 남부군 포병부대의 측면에 사격을 퍼부어 이내 그들을 몰아냈다. 훗날 체임벌린은 회상했다.

날카롭고 치열했지만 짧은 전투였다. 우리는 모든 것을 함락했다.

여단이 진격할 때 체임벌린과 참모들은 두 제대 사이에서 말을 타고 진군하고 있었다. 갑자기 포탄이 머리 위에서 터져 모두 말에서 떨어

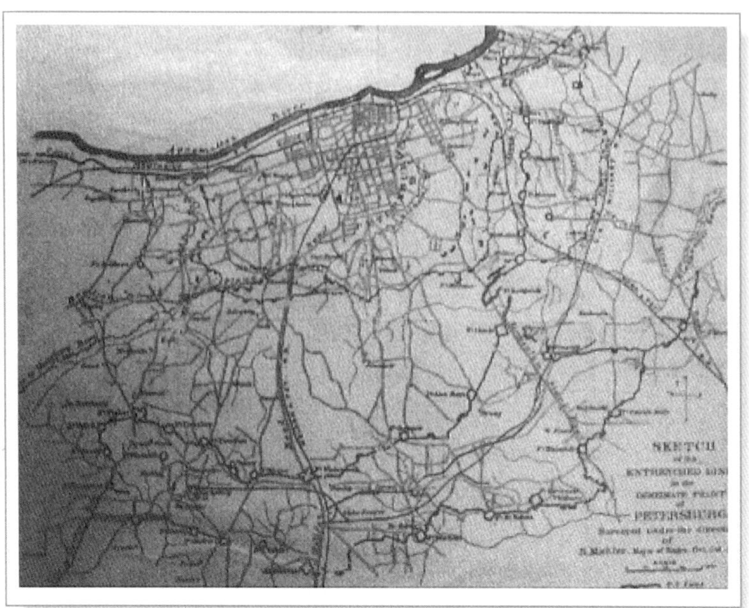

체임벌린이 소장했던 지도 : 버지니아 피터즈버그

졌다. 체임벌린의 말은 '허리를 심하게' 다쳤으며, 3명이 죽고 7명이 부상했다. 부상자 중에는 스테틀러(James A. Stettler) 상병도 있었는데, 훗날 체임벌린은 덜 위급하지만 더 소름 끼치는 상황에서 그를 다시 만난다. 여단 기수도 말에서 떨어져 체임벌린이 직접 삼각 여단기를 들고 공격해야만 했다.

남부군의 포병부대는 후퇴했지만, 남부군 방어선에 가까이 있던 체임벌린의 연대는 '총알과 포탄 세례'를 받았다. 체임벌린은 고지로 후퇴하여 남부군의 반격에 대비했다.

체임벌린은 그곳을 나쁜 위치라고 판단했다. 라이브스 샐리언트 (Rives' Salient)라 부르는 흉벽이 전방에 있었는데, 그 흉벽이 기동을 방해했다. 또한 300~400미터 앞에는 '12~15정의 총을 배치하고 우리에게 거센 사격을 가할 몇 개의 토루(土壘)’가 있었다. 또한 예루살렘 플랭크 도로 건너편에도 화력이 강한 총을 배치한 성채가 있어 토루가 공격당하면 사격을 퍼부을 기세였다. 성가신 남부군 포병부대를 몰아내긴 했지만, 남부군 보병 3,000명이 참호에 있으리라고 체임벌린은 추정했다.

워렌의 철수명령이 없자 그는 3개 포대를 불러 모았다. 포수들이 더욱 안전하게 포탄을 장전하도록 고지 후사면에 ‘포상’을 만들어 ‘포구를 지면과 평행하게’ 배치했다. 보병이 유리한 위치에서 싸우게 하는 일도 중요했다. 체임벌린은 오래된 철도 울타리가 있는 고지 후사면으로 병력을 이동시켰다. 그 철도 울타리는 찔레 덤불로 뒤덮여 적이 쉽사리 관측하기 어려웠다. 그는 병력을 그곳에 엎드리게 했고, 엎드린 병사들은 남부군의 방어선을 잘 관측할 수 있었다. 체임벌린은 참모들과 부대의 맨 우측에 위치했다. 참모에게 물을 달라고 한 체임벌린은, 펜실베이니아 143연대 A중대의 드레이시(Patrick Delacy) 하사가 건넨 물을 정작 거절했다. 전투가 벌어지면 그 어느 때보다 목말라할 병사들 모습이 떠올랐기 때문이었다.

그렇게 전열을 가다듬는데, 어느 중령이 올라와 ‘장군 지휘관 명의’라며 구두명령을 전달했다. 남부군의 방어선을 공격하라는 것이었다. 원하지도 예상하지도 않았던 일이었기에 체임벌린은 놀라움을 금치 못했다. 체임벌린은 보직해임을 각오하고 편지를 썼다. 그가 중령에게 건넨 편지는 장군 지휘관에게 즉시 전달됐다.

피터즈버그 전선

1864년 6월 18일

저희 지휘 계통이 아닌 참모 장교에게서 명령을 받았습니다. 장군 지휘관 명령이라며 저희 여단이 적의 방어선을 공격하라는 것입니다. 그러나 한 시간 전 이곳 상황이 어떻게 급변했는지 장군님께서는 알지 못하시는 것 같습니다.

남부군 포대가 장악했던 고지를 저희 여단이 확보하다 보니 저는 본대로부터 2킬로미터나 떨어져 고립된 상황입니다. 우측은 철도 해자(垓字)가 깊고 좌측은 적에게 노출되어 어떤 지원도 받기 어려운 상황입니다. 가까운 거리에 적의 견고한 보병 진지와 포병 진지가 있어서 저희가 섣불리 공격한다면 적의 교차사격을 받기에 십상입니다. 더욱이 저희 전방에서 적의 방어선에 이르는 지형은 진흙탕과 늪지대뿐인 분지입니다. 장애물이라곤 아무것도 없으니 적으로부터 일제사격이라도 받으면 지극히 혼란에 빠질 게 분명합니다.

저는 3개 포대를 올려서 고지 후사면에 진지를 편성하고 적의 차후 공격에 대비하고 있습니다. 제가 공격하려면 전방에 배치한 포병을 뒤로 빼내야 하는데, 철도 해자에 막혀 철수로도 없는 상황이라 자칫 커다란 피해를 당할지도 모릅니다.

저희 여단 단독으로 공격하라는 명령이 장군님께서 현재 상황을 완벽히 이해하고 내리신 명령인지 확답을 주시기 바랍니다. 6개 연대를 책임진 저로서 혹여라도 희생을 강요하는 명령이 아닌지 노파심에서 감히 말씀 여쭙습니다.

적의 방어선을 살펴보건대, 공격을 감행한다면 반드시 전군이 공격에 가담해야 할 것입니다.

장군님께 삼가 올립니다.

조슈아 L. 체임벌린

대령. 여단장. 5군단 1사단 1여단.

얼마 후 참모가 돌아와 체임벌린 여단의 선도 아래 전군이 공격할 것이라 전달했다. 본격적인 공격준비가 시작되었다.

다른 여단들은 지원 위치로 이동했다. 1사단의 슈바이처(Jacob Sweitzer) 대령의 여단은 체임벌린 여단의 우측에, 커틀러(Lysander S. Cutler) 장군의 4사단은 좌측에 배치되었다. 체임벌린은 측면을 점검할 겸 커틀러를 만나러 갔다. "상황이 닥쳐봐야 무엇을 해야 할지 알 것 같소." 이것이 커틀러의 유일한 대답이었다.

공격을 개시할 '계곡'은 그렇게 가파르지 않았다. 완만한 언덕이 구불구불한 개울로 내려서는 형상이었다. 체임벌린과 같은 위치에서 계곡을 내려다보았던 드레이시 하사는 기억했다.

> 이 낡은 울타리를 넘고 나서, 지면은 남부군이 있는 쪽으로 경사져 올라갔다. 우리는 사시나무포플러와 잡목, 가시나무 덤불로 덮인 평지를 통과해야만 했다.

체임벌린은 연대장들을 불러 모아 공격계획을 설명했다. 남부군 방어선의 교차사격 범위에 있으니 대응사격을 하면서 언덕길을 신속하게 내려가고, 개울을 건널 때는 병력을 분산하고, 적의 방어선을 뚫어 뒤따르는 병력에게 활로를 열어 줄 것이다.

연대장들이 연대로 복귀했을 때, 정렬한 병사들은 개울로 내려서는 언덕길을 지나 자신들이 만만찮은 적군을 공격해야 한다는 것을 알았다. 적어도 여단의 반은 베테랑이었다. 그들은 오랜 전투 경험으로 현재 상황을 파악했는데, 어떻게든 임무를 수행해야 하겠지만, 전술적으로 보면 소름 끼치게 위험한 상황이었다. 그 순간부터 공격을 시작하기까지의 시간은 너무 길거나 너무 짧게 느껴졌을 게 분명하다.

체임벌린은 짧은 연설을 하려고 장병들 앞으로 걸어갔다. 블레어(M. L. Blair) 소령은 펜실베이니아 143연대의 중앙이자 흑인으로 편성된 E중대를 지휘했다. 블레어는 E중대 앞으로 여유 있게 걸어가 장병들 앞에 선 체임벌린을 기억했다.

제군들이여, 우리는 지금 조국을 위해 중대한 일을 해야 하는 상황에 놓여 있습니다. 이번 위험한 임무를 얼마나 잘 수행하느냐에 따라 조국의 존폐가 달려 있습니다. 우리들 중 몇 명은 전사할 것이며, 여러분이 될 수도, 제가 될 수도 있습니다. 하지만 저는 여러분 모두가 대장부답게 싸워 우리 국민이 길이 감사할 만한 결과를 낼 것이라 믿습니다. 이 위기상황에서 우리의 임무가 매우 중요하다는 것은 두말할 나위도 없습니다. 하나님의 도우심 아래 우리가 전투를 잘 마쳐 사악한 남부군 반란 세력을 물리치는 데 이바지하리라 믿습니다.

평균 250여 명의 베테랑으로 구성된 5개의 펜실베이니아 연대는 지난번 전투와 마찬가지로 전선의 선봉에 섰다. 그리고 드레이시 하사가 추정하기를, 1,000여명의 강한 신병들로 구성된 펜실베이니아 187연대는 후방에서 전선을 구축했다. 다음과 같은 배치였다.

121연대　　142연대　　150연대　　149연대　　143연대
──────────── 187연대 ────────────

앞쪽의 5개 연대와 후방에 있는 187연대 사이의 거리는 약 50미터 정도였다. 하디(William J. Hardee, 역자 주 : 1855년 출판된 『하디 전술론』은 남북전쟁시 남·북부군 모두 적용한 책이다.) 전술에 따르면, 이렇게 전방 대열의 배낭과 후방 대열의 가슴 사이 거리가 33센티미터가 되도록 두 줄로 전선을 배치하는 것이 공격할 때의 보편적인 배치 방법이다. (하지만 지금처럼 목숨을 담보하는 위험한 공격이라면 군인들은 눈에 띄는 장소에 배낭을 쌓아 놓을 뿐이다. 살아 돌아와서 다시 맬 수 있을지는 아무도 알 수 없다.) 구체적인 위치가 정해지지 않은 장교와 부사관들은 후방 대열의 2보 뒤에서 병사들이 임무를 잘 완수하도록 독려했다. 그들은 총검을 착검하거나 기병도를 빼어든 상태였다.

실제 전투가 벌어지면 모든 것이 뒤바뀐다. 전투가 시작되기 전까지는 병사들이 훈련받은 대로 움직이기 마련이다. 하디 전술에 따르면 지휘관은 맨 뒤의 대열보다 30보 뒤쪽에 위치한다. 하지만 체임벌린은 여단 중앙에서 부대를 지휘했다. 드레이시가 병력을 추정한 것이 맞는다면, 여단의 전방 대열은 389미터 정도로 확장했을 것이며, 후방의 펜실베이니아 187연대 대열 또한 약간 짧은 311미터 정도로 확장했으리라.

공격시간은 오후 3시였다. 긴장과 불안이 전선을 가득 채웠다. 전투 경험이 적은 187연대 병사들이 걱정스러운 건, 공격개시 상황에서 도망가지 않고 싸울 수 있느냔 것이었다. 베테랑들이 도망치는 상황은 없을 테지만, 그들이라 해서 두려움이 없다고는 할 수 없었다. 체임벌린

은 여단 좌측을 지원하겠다던 커틀러 장군이 보이지 않는 것을 알았다. 체임벌린은 커틀러가 두려워하고 있음을 이미 알고 있었다.

시계를 내려다보니 거의 3시를 가리키고 있었다. 체임벌린은 앞으로 걸어 나와 병사들을 향해 돌아서더니 기병도를 빼어 들었다. 그 또한 어떤 일이 닥칠지 예감하고 있었다.

언젠가 어딘가에 총상을 입겠지만 그건 신이 결정할 사항이고 그분의 허락 없인 난 죽을 수도 없다오.

그는 병사들을 주목시키고는, "앞에총! 속보, 돌격 앞으로!"를 외쳤다. 나팔수가 진군을 알렸다. 병사들은 산마루를 넘어 낡은 울타리와 가시나무 덤불을 통과하면서 함성을 질렀는데, 팬파이프에서 울려나오는 것처럼 들리는 저음의 목소리들이 워털루(Waterloo), 또는 깐느(Cannae), 또는 예리코(Jericho) 전투를 재현했다. 드레이시는 훗날 그때를 회상하며 체임벌린에게 편지를 썼다.

처음에는 빠르게, 곧이어 그보다 더 빠르게 진격했고, 우리는 여단기를 부여잡고 진두지휘하시는 여단장님을 따라 속보로 돌격했습니다. 우리가 다다른 언덕 아래는 잡목과 가시나무 덤불, 오리나무로 덮여 있었고, 지면 일부분은 늪지대와 깊은 진흙지대였지요. 작은 개울이 반대편에서 우리 앞으로 흘렀는데, 깊이 1~2미터, 너비 2~3미터였으며, 개울의 한쪽에 둑 모양의 퇴적층이 솟아 있었습니다. 거기서 언덕이 시작되어 남부군이 있는 산마루까지 이어졌는데, 남부군이 배치된 방어선이기도

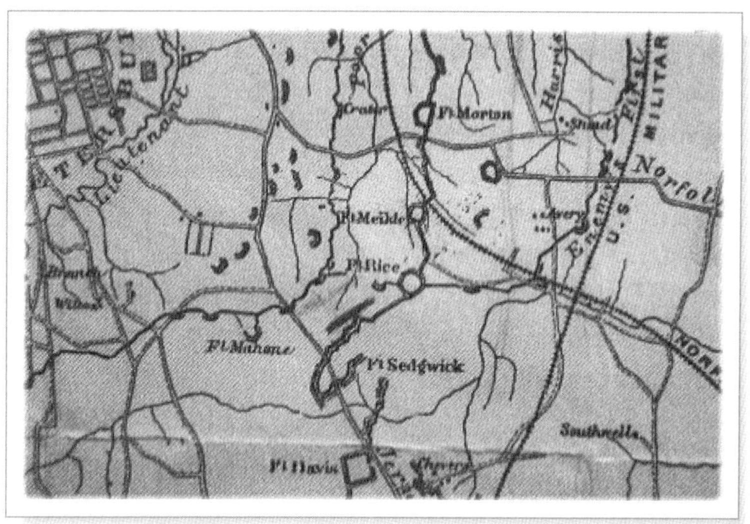

체임벌린이 소장했던 지도 : 라이브스 샐리언트

(체임벌린이 그린 1864년 6월 18일 참가했던 전투 전선이 나타나 있음)

했지요. 흉벽과 요새가 아래를 굽어보고, 수많은 소총이 줄지어 있었습니다. 그곳은 부드럽고 모래가 많은 땅이었으며, 자그마한 곡물류와 옥수수가 자라고 있었지요.

체임벌린의 여단이 언덕 아래로 내려가자 남부군 모든 소총이 불을 뿜는 것 같았다. 여단은 그들의 장총 사거리에 있었고, 적지에서 날아온 총알에 누구든지 맞을 수 있는 상황이었다. 남부군이 쏜 산탄(散彈)이 병사들 머리 위에서 진동과 함께 터져 쇳조각과 납덩이가 폭우처럼 쏟아졌다. 병사들과 병사들 신체 일부분이 이리저리 튀었다. 마치 거대한 엽총의 산탄이 터져버린 것 같았다. 대열이 끊어지고 사망자가 속출했다. 남부군의 그치지 않는 소총사격은 누구도 접근을 불허했다. 드레이시는 그 상황에 대해 체임벌린에게 편지를 썼다.

여단이 전방으로 돌진했던 순간, 마치 지옥의 문이 열린 것처럼
끔찍했습니다. 남부군의 모든 화력이 소용돌이치며 우리에게
쏟아졌지요. 여단은 남부군 방어선의 모든 소총수와 전방의 화
기들을 똑똑히 볼 수 있었는데, 최소한 5,000정의 소총이 우리
를 겨냥하고 있었습니다. 하지만 병사들은 끔찍한 철과 납의 세
례 속에서 지휘관을 따라 돌진하여 언덕이 끝나는 곳에 다다랐
습니다. 그곳에서 여단장님께서는 전선을 좌측으로 비스듬히
움직이라고 명령하셨지요. 늪지대와 덤불이 40~50미터에 걸
쳐 깔려 있어서 통과하기가 여간 어려운 게 아니었어요. 워털루
에서 만났던 푹 가라앉은 도로처럼 힘든 장애물이었지요. 여단
은 거기에 빠져 작고 깊은 도랑을 건너야 했습니다. 병사들은
진흙탕에 빠져 허우적대면서도 필사적으로 적진을 향해 돌진했
습니다. 제가 언덕을 기어 올라가 남부군 흉벽에 거의 다가가는
데 좌측부대가 후퇴하고 있었습니다. 저는 그 부대가 커틀러 장
군이 지휘하는 사단이라고 생각했지만 확실치는 않았어요. 남
부군은 이제 우리 여단을 집중사격했습니다. 남부군 일부가 달
려 내려와 우리는 초승달 모양의 견고한 참호로 돌진하는 꼴이
었습니다. 몇몇 남부군 소총수를 쓰러뜨렸지만, 여단 전체가 좌
측에서 우측으로 거센 종사를 받았습니다. 여단이 지원을 잘 받
았더라면 남부군 진지를 거뜬히 뛰어넘을 수도 있었을 겁니다.

이상한 현상으로 보이겠지만, 체임벌린의 여단에게 가장 안전한 장소
는 남부군 방어선과 가까운 곳이었다. 남부군 포대는 멀리 공격할 수
밖에 없었으므로, 체임벌린의 여단이 남부군에 가까이 갈수록 포격은

점점 줄어들었다. 그렇지만 늪 때문에 이동 속도가 느려져 남부군 소총수의 손쉬운 표적이 되는 것이 문제였다. 어떻게든 늪을 빨리 통과해야겠다고 생각한 체임벌린의 눈에 늪을 지나는 도로 하나가 보였다. 체임벌린은 우측 제대를 남부군을 향해 돌리고는, 기병도로는 좌측으로 비스듬히 이동하라고 신호했다.

나는 있어야 할 곳에 있고 현명한 지시가 내려온다면 안전할 것이오. 내 임무를 수행할 능력을 키우면서 어떤 일이 닥쳐오든지 이겨낼 준비를 하고 있지요.

언덕 꼭대기 흉벽에서 한 남부군 병사가 총구를 낮춰 발사했다. 총알이 늪지의 바위에 맞아 튀어 올랐다. 체임벌린은 바로 그 총알에 오른쪽 엉덩이 바로 아래 부분을 맞았다. 치골을 건드리지는 않았지만 방광과 요도에 상처를 냈다. 체임벌린은 그때 외상에 비해 큰 내상을 입었다. 살을 뚫고 들어간 말랑말랑한 납탄은 모양이 변형된다. 뿐만 아니라 총알의 열기에 장기가 빠르게 타들어가기도 한다는 것이 외과 의사들의 말이다. 체임벌린의 장기를 산산조각 낸 총알은 엉덩이 뼈 뒤에 박힌 채 멈췄다.

총알이 박히자 체임벌린은 신경이 찌릿찌릿하는 통증을 느꼈다. 다리로 끈적한 피가 흘러내렸다. 그대로 쓰러지면 병사들이 돌격할 의지를 잃을까 봐 체임벌린은 기병도를 땅에 꽂아 지팡이로 썼다.

그는 병사들이 남부군 방어선을 향해 진군하는 동안 계속 똑바로 서 있었다. 그러다가 이내 강한 통증과 출혈을 이기지 못해 한쪽 무릎을 꿇었다. 그리고 반대편 무릎마저 꿇고는 진흙땅에 쓰러졌다. 그 순간 패니에게 보낸 편지의 문장이 체임벌린의 뇌리를 스쳤다.

전투가 벌어지고 있다는 소식을 들어도 내가 참전 중이라는 것을 알기 전까지는 걱정하지 않아도 좋소. 내가 다치면 당신은 바로 알 것이라오. 적진으로 돌격하는 건 위험한 일이지만 설마 심각한 총상이야 당하겠소.

라이브스 샐리언트에서 체임벌린의 몸에 박혔던 총알

드레이시의 편지는 다시 이어진다.

저는 여단장님께서 그처럼 심각하게 다치신 위치가 어디인지 잘 모르겠습니다. 제 생각으로는 그 작은 시내가 흐르는 협곡인 거 같습니다. 여단장님께서 늪지대 통과를 명령하시느라 187연대가 후퇴하는 것을 보지 못하셨겠지요. 하지만 우리는 남부군의 거센 사격을 버텨내며 다시 반격하러 올라갔습니다. 187연대에서 많은 사상자가 났지만 남부군이 입은 피해도 만만치 않았지요. 베테랑들로 이루어진 연대들은 밤새도록 대단한 끈기로 그들의 위치를 사수했습니다. 제가 글렌 대령의 지시로 다시 후방으로 돌아왔을 때까지 버텼으니까요. 글렌 대령은 그때 전방 대열에서 목숨을 잃지 않은 유일한 지휘관이셨을 것입니다. 그 용감한 지휘관은 냉정하고 침착하게 병사들을 반원 대열로 배치해 최대한 효율적으로 적을 사격하도록 했습니다. 남부군 소총수들은 총구를 낮춰 사격했고, 그 후 적군 보병들과 많은 수의 포들이 사격을 개시하여 전장 전체를 휩쓰는 종사를 가했는데 정말 끔찍했습니다.

체임벌린의 부관인 펑크(West Funk) 중위와 월터스(Benjamin Walters) 중위는 진흙탕에서 체임벌린을 발견했다. 그들은 심각한 부상을 입은 체임벌린을 안전한 지역으로 끌어냈다. 그렇지만 전장에서 안전한 곳이 어디 있겠는가. 체임벌린은 부관들에게 두 가지 명령을 내렸는데, 첫 번째는 여단 선임 장교에게 여단의 지휘를 맡으라는 것이고, 두 번째는 후방 계곡에 위치한 비겔로우(John Bigelow) 대령의 포병부대 지원을 받아 남부군의 반격에 대비하라는 것이었다.

부관들은 명령을 수행하러 갔고, 체임벌린은 혼자 쓰러져 있었다. 체임벌린이 거의 한 시간 동안 흘린 피는 버지니아의 땅속에 스며들었다. 그는 거의 반세기 후 그때를 회상하는 농담을 꺼냈다. "나에게는 버지니아의 피가 흐르지 않는다. 버지니아에 내 피가 흐르는 것이다."

비겔로우 대령은 부상한 체임벌린을 발견했다. 그는 포병 부대원 몇 명을 보내어 체임벌린을 데리고 왔다. 체임벌린은 자신이 죽으리라 생각했는지 곳곳에 흩어져 쓰러진, 생존 가능성이 있는 병사들을 먼저 구하라고 했다. 비겔로우 대령의 명령을 받은 병사들은 그럴 수 없어

체임벌린이 부상했던 장소에서 가까운 작은 시내가 흐르는 협곡

체임벌린을 먼저 들것에 실었다. 그때 갑자기 포탄이 떨어져 진흙과 먼지에 사방이 뒤덮였다. 놀란 병사들은 체임벌린을 비겔로우의 메사추세츠 9포대 뒤쪽에 내려놓았다. 여단의 병사들은 풀이 무성한 저습지에 무질서하게 몸을 은폐했다가 새벽 3시에야 산등성이로 돌아갔다. 드레이시는 그때를 경험한 병사들의 말을 옮겼다.

지난 24시간 동안 그들 생애에서 가장 끔찍한 시간을 보내느라 거의 기진맥진했습니다. 그곳에서의 경험을 절대 잊지 못할 겁니다.

체임벌린이 후송된 사단 병원은 전선에서 후방으로 5킬로미터 떨어진 곳에 있었다. 그가 병원에 실려 왔을 때 절단 수술대에 누워 있던 병사는 스테틀러 상병으로, 체임벌린을 말에서 떨어뜨렸던 그 포탄 공격 때 부상을 당했었다. 체임벌린에게 자리를 양보하려 스테틀러는 빠르게 몸을 틀어 한쪽으로 비켜났다. 체임벌린은 그 행동을 질책했고 스테틀러는 그러한 체임벌린을 평생 존경했다. 드레이시는 스테틀러의 말을 떠올렸다.

체임벌린 대령님께서 그때 의사에게 건넨 말을 스테틀러는 입 버릇처럼 중얼거리곤 했지요. '나는 괜찮으니 그냥 한쪽에 눕히시오. 가서 나의 장병들을 돌보시오.' 대령님이 반대했지만 의사들이 들어와 스테틀러를 한쪽에 눕히고 대령님을 수술대에 올려놓았다고 합니다. 스테틀러는 그 일을 평생 잊지 못하겠다더군요.

체임벌린이 부상한 지 몇 시간이 지난 상태였다. 그 사이 부상 소식이 메인 20연대와 체임벌린의 동생 톰에게 전해졌다. 톰은 실력 있는 의사 둘을 데리고 밤중에 찾아왔고, 부상자로 가득 찬 병원을 돌아다니며 형을 찾았다. 아마도 외과 의사가 공통으로 소지하는 도구인 30센티미터 쇠탐침으로 체임벌린의 상처를 살폈을 것이다. 의사는 톰에게 회복하기 어렵다는, 충격적인 진단을 전했다. 총알이 너무 많은 혈관을 망가뜨렸고, 방광과 요도에도 상처가 났다는 전언이었다. 남북전쟁 당시 외과 의사들은 전장에 있는 병원에서 발이나 다리를 절단하는 수술은 할 수 있었다. 그렇지만 내상을 치료하는 수술은 현실적으로 불가능했다. 총상을 입은 병사들이 죽을 때까지 그냥 지켜보는 경우가 허다했다.

톰이 실력 있는 외과 의사를 둘씩이나 데리고 온 건 그 때문이었다. 그들은 메인 20연대에서 온 쇼 박사와 뉴욕 44연대에서 온 타운센드였다. 그들은 자신들이 할 수 있는 모든 것을 다했다. 수술 중반부터 고통은 생고문으로 변했고, 의사들은 고통이 너무 오래간다고 생각하고 수술 도구를 내려놓았다. 체임벌린이 수술을 계속하라며 독려하자, 의사들은 절단된 장기들을 다시 연결하고 큰 상처를 입힌 총알을 꺼내었다. 여전히 회복을 장담할 수 없는 상태였다.

워렌 장군과 그리핀 장군이 문병을 왔고, 죽어가는 체임벌린을 준장으로 진급시킬 것을 그랜트 장군에게 건의했다. 그랜트는 그전에도 이미 수차례 체임벌린의 진급을 건의하는 문서를 받은 것을 기억하고는, 그의 회고록에 썼듯이 '그 자리에서 진급시켰다.'

총알을 뽑아낸 그 다음 날은 여전히 육체적으로 고통스러웠지만, 마음만큼은 더없이 평안했다.

1864년 6월 19일

내 사랑하는 아내에게

의사의 말로는 내가 치명상을 입었다고 하지만, 내 마음과 영혼은 평안하오. 예수 그리스도가 나의 구세주이기 때문이라오. 나는 그리스도에게 갈 것이오. 신의 가호와 평안함이 당신에게 있길 기도한다오. 당신은 내게 아주 소중한 아내였소. 당신을 알고, 당신을 사랑함으로써 내 삶과 죽음 모두 아름답게만 느껴진다오. 내가 아끼는 사람들에게 나의 사랑을 전해주구려. 나 때문에 너무 슬퍼하지 마오. 나는 반드시 살아남아 우리 애들을 만날 것이오. 아버지, 어머니, 샐리와 존에게 정말 사랑

한다고 전해주오. 아, 죄 사함을 받아 얼마나 행복한지 모르겠
소. 너무나 소중하고, 또 소중한 그대여. 신의 은총이 당신과
함께하길 기도하오.

언제나 당신의 로렌스

체임벌린은 몰랐지만, 패니는 그때 임신한 몸이었다. 패니조차도 임
신한 사실을 몰랐다 하더라도, 곧 알았을 것이 분명하다. 아마도 체임
벌린의 편지를 받은 날이나, 체임벌린의 회복이 불가능하다고 의사들
이 판단 내린 그 다음 주까지는 알지 않았을까. 이 짧고 마지막을 예
고하는 편지가 그녀에게 얼마나 무거운 짐을 안겨주었을까!

다음날 체임벌린은 시티 포인트(City Point)로 후송되었고, 의료선 코
네티컷(Connecticut) 호에 태워졌다. 그는 제임스 강을 타고 체사피크
만을 지나 메릴랜드 아나폴리스에 있는 통합병원으로 옮겨졌다.

2주 이상 체임벌린은 끈기 있게 버텼다. 체임벌린과 함께 군법 회의
파견 근무를 하고 워싱턴에 주둔하는 길모어 소령은 스탠턴(Edwin
Stanton) 전쟁성 장관 명의의 준장 진급 명령지와 상원 인준 결의안 사
본을 가져와서 직접 체임벌린에게 전해주었다. 체임벌린은 다른 사람
의 대필로 답장을 쓰고 가까스로 서명했다.

메릴랜드 아나폴리스

1864년 7월 4일

준장 L. 토마스
육군본부 군무국장
장군님,

의용군 준장 진급 명령을 오늘 잘 받았습니다. 이를 명예롭게 받아들이는 바입니다.

제 나이는 35세이며, 신상 정보는 다음과 같습니다.

출생주 : 메인 주

거주지 : 메인 주 브런즈윅

이름 : 조슈아 로렌스 체임벌린

장군님께 삼가 올립니다.

J.L. 체임벌린

대령. 메인 20연대

장군 진급 명령이 오기까지 오래 걸린 셈이었다. 진급 명령이 도착했을 때는 이미 너무 늦은 상태였다. 길모어 소령은 체임벌린을 방문하고 7월 5일 메인 주의 군무국장 호즈던 장군에게 체임벌린의 상태를 편지로 알렸다.

그의 상처는 매우 심각하고 위험하며, 의사들은 그를 살릴 수 있을지 확신하지 못하는 상황입니다. 총알이 하복부를 관통하여 요도를 손상시켰는데, 손상 부위가 방광과 너무 근접하여 소변이 상처로 스며드나 봅니다. 총알에 맞은 곳은 오른쪽 다리 우측으로, 엉덩이와 연결되는 관절에서 5센티미터 아래입니다. 복부에 궤양이 생겨 사망할지도 모를 위험한 상태입니다.

그러나 체임벌린은 회복하기 시작했다. 그의 동생 존은 아나폴리스에서 7월 22일 호즈던 장군에게 편지를 썼다. 호즈던은 존이 신속하게 체임벌린을 방문할 수 있도록 모든 배려를 아끼지 않았다. 호즈던 장군에게 감사를 표하며, 존은 다음과 같이 썼다.

뱅고어에서 보낸 전보에서 저는 체임벌린 장군의 상태가 더 나쁘다고 썼습니다. 그때가 위기상황이었던 것으로 보입니다. 다행히도 상태가 호전되어 지난 토요일 이곳에 도착했을 때 그는 편안한 상태였습니다. 그 후 날마다 눈에 띄게 나아지고 모든 것이 잘될 기색입니다. 가장 고통스러웠던 부위의 통증이 멈췄고 왼쪽 다리는 완전히 아물었습니다. 장기 손상이 가장 심각한 문제였는데 기적적으로 회복되어 이제 쾌유할 날이 머지않아 보입니다. 체임벌린 장군은 육체적으로나 정신적으로 강건함을 유지하고 있습니다. 그는 인내와 침착함으로 고통을 견디고 있으며, 곧 전장에 나가 임무를 수행할 수 있으리라 자신하고 있습니다. 방금 외과 의사가 다녀갔는데, 위기는 이미 넘겼고 확실히 완쾌될 것이라고 합니다.

회복이 더뎠지만 체임벌린은 건강을 낙관하는 기색이었다. 메인 주지사에게서 걱정하는 편지를 받았으나 체임벌린은 일부러 짧은 한 문장으로 회복에 대한 언급을 자제했고, 편지 대부분을 20연대에서 같이 근무했던 장교의 진급을 추천하는 것과 건강 때문에 집으로 돌아가 투표하는 데 지장이 없길 바란다는 내용에 할애했다. 그는 선거 전까지, 투표권이 있는 모든 북부군 장병들이 집으로 가서 선거에 참여하도록 최선을 다해 도와주겠다는 글도 썼다. 비록 전장에서 조국을 위해 싸울 수 없을지라도, 병원 침상에서 조국을 위해 일할 수 있는 사람이 체임벌린이었다.

체임벌린은 종종 빅토리아 여왕 시대의 전형적인 문체로 조국에 대한 애국심을 표현하면서, 편지의 마지막을 장식하곤 했다.

미군 통합병원

메릴랜드 아나폴리스, 1864년 8월 31일

주지사님께,

20연대의 포글러 대위는 소령으로 진급되지 않은 것에 슬픔을 표하면서, 저에게 다른 부대로 보직을 변경해 달라고 부탁했습니다.

그가 근무하기에 적합한 부대가 어딘지 잘 모르지만, 맡은 바 임무를 성실히 수행해 온 포글러 대위를 제 직책이 허용하는 범위에서 기꺼이 추천하는 바입니다.

포글러 대위는 임무를 잘 수행하기 위해 많은 노력을 했습니다. 그는 뛰어난 전술가이며, 휘하 병사들을 아주 잘 보살폈습니다.

얼마 전 케이시 장군이 주관한 위원회에서 심사를 받은 그는 흑인 부대의 1급 소령 심사에 합격했습니다. 포글러 대위는 그때부터 매일 소령 진급을 기대하고 있었습니다. 그는 여러 방면에 재능이 있으므로 진급을 기대할 자격이 충분히 있다고 생각합니다.

저희 연대의 역사와 관련한 정황에서, 그가 몇몇 부하 장교들을 제대로 지휘하기 어려우리라 판단했었던 것도 사실입니다. 하지만 포글러 대위가 다른 부대에서 야전 보직을 맡는다면 그런 판단이 아무 소용없겠지요.

사망한 킨 대위 동생을 문의하신 사항은 제가 그를 잘 알지 못하여 답변 드리기 조심스럽지만, 그가 그의 가족들처럼 훌륭하다면 원하는 보직에서 일하기에 충분하리라 생각합니다.

저는 천천히 회복하고 있습니다. 저는 이제 똑바로 앉아서 지내며, 완치는 시간문제일 거 같습니다.

빨리 회복하여 다가오는 주 선거에 참여하고 싶지만, 그렇게 하지 못할 수도 있겠지요. 이곳 병원에서 치료받는 병사들이 집에 가서 투표할 수 있도록 힘쓰는 등 여기서 할 수 있는 일에 최선을 다하고 있습니다.

메인 주의 번성을 희망합니다. 우리 주가 조국에 공헌하는 데 앞장서려면 우리 모두 최선을 다해야 한다고 생각합니다.

평범한 위로나 축하 편지, 심지어 친구들의 편지보다 더 정성과 친애를 담아 주신 편지에 정말 감사드립니다. 제 애들에게 보여 주려고 보관해 놓은 여러 기념품과 함께, 주지사님의 편지를 잘 보관하겠습니다. (허락하신다면 그렇게 하겠습니다.)

하루빨리 다시 전장에 나가 별을 아로새긴 예전의 국기를 높이 세울 수 있으면 좋겠습니다.

주지사님께 삼가 올립니다.

J.L. 체임벌린

가장 깊은 뜻을 지닌 체임벌린의 글 중 하나는 다음에 나와 있는 편지의 일부분이다. 이 편지는 1864년 가을, 그의 생일인 9월 8일 즈음에 어머니에게 보낸 편지로 추정한다.

……그러나 저는 고백합니다. 이는 저 개인적인 야망이 아닙니다. 어떠한 명예와 직위를 얻을지라도 제가 사랑하는 가족의 안녕과 행복을 위태롭게는 하지 않을 것이며, 그 비슷하게 생각하는 것조차 있을 수 없다고 확실히 말씀드립니다. 제가 회복하더라도 이 끔찍한 부상은 명백히 평생 안고 가야 할 짐입니다. 지금으로선 그 짐을 어떻게 덜어낼 것인지 확실히 말씀드릴 수 없습니다. 저는 광신적이지는 않지만 어느 정도 숙명론자임을 인정합니다. 저는 신에 의해 결정되고 신에 대한 절대적인 믿음에 의해 인도되는 운명을 믿습니다. 저는 한때 제가 좋다고 생각하는 계획들을 수립해서 실천하려고 했습니다. 하지만 결코 성공적으로 실행된 적이 없습니다. 대신 그보다 더 좋은 길이 펼쳐졌고, 이는 신께서 저를 위해 정해주신 길이라는 것을 알 수 있습니다. 그러한 신의 보살핌은 제가 공덕을 쌓아서가 아니라, 현세나 내세에서 모든 사람들을 공경하고 사랑을 베풀려고 노력했기에 가능했으리라 확신합니다.

　사랑하는 어머니, 부모님께 대한 사랑과 점점 커가는 감사의 마음을 표현하고 싶습니다. 부모님께서 베풀어 주신 끝없는 사랑과 보살핌, 그리고 신뢰를 더럽히지 않도록 노력하겠습니다. 어머니, 사랑합니다.

로렌스

몸이 나아지는 동안 체임벌린은 여전히 동료를 위해 메인 주지사에게 편지를 썼다.

사무엘 코니 주지사

주지사님,

　메인 7포병대의 트위첼 대위를 추천하는 편지를 드립니다. 트위첼 대위는 메인 주 경(輕)포병연대의 소령 진급 대상자라고 저에게 편지로 알려 왔습니다.

　저는 트위첼 대위를 아주 잘 알며, 군내에서 그의 평판이 어떤지도 알고 있습니다. 군에서 그보다 더 능력과 경험이 있고 주지사님 마음에 들 만한 장교는 없다고 말씀드릴 수 있습니다.

　그의 진급은 매우 합당하다고 생각하며, 메인 주의 발전에도 도움이 될 것입니다. 특히, 트위첼 대위가 언제 어디서든 보여주는 고귀한 성품을 말씀드리고 싶습니다. 그는 진정한 대장부입니다.

주지사님께 삼가 올립니다.

J.L. 체임벌린

준장

이 편지를 쓰고 얼마 지나지 않아 체임벌린은 휴가를 얻어 브런즈윅의 집으로 돌아갔다. 그는 가족과 함께 보내면서 큰 힘을 얻었던 것이 분명하다. 1864년 11월 18일, 심각한 부상으로 고통스러운 나날을 보내야 했지만 체임벌린은 놀랍게도 전장으로 돌아와 임무를 수행하기 시작했다.

그가 공식적으로 새로 지휘하게 된 부대는 5군단 1사단 1여단으로, 피터즈버그에서 지휘했던 여단보다 규모가 작았다. 1여단은 2개의 연대로만 편성되었는데, 하나는 스나이퍼(Gustavus Sniper) 대령이 지휘하는 뉴욕 185보병연대이고, 다른 하나는 시켈(Horatio Sickel) 준장이 지휘하는 펜실베이니아 198연대였다.

군에 복귀한 지 3주 후에 5군단은 피터즈버그에 자리를 잡은 남부군의 주요 병참선을 차단하는 작전에 돌입했다. 12월 7일 아침, 5군단은 포병부대와 기병사단, 2군단 보병부대의 지원을 받아 웰돈(Weldon) 철도를 급습했다.

12월 8일 5군단은 노토웨이(Nottoway) 강 아래에 있는 철도를 파괴했다. 그 다음 날은 남부군이 요새화한 철도를 발견할 때까지 40킬로미터 길이의 메헤린(Meherrin) 강에 이르는 모든 철도를 파괴했다.

별로 남아 있는 것이 없지만 전장에서 체임벌린의 명령을 전달했던 급송 공문서는 대부분 안장 앞머리에 대고 간단하게 휘갈겨 쓴 것들이었다. 그런 명령지는 수식어구가 많고 장황한 사후검토보고서와는 사뭇 달랐다.

1여단 지휘소

1864년 12월 8일

오후 9시 30분

정찰대는 제레츠(Jerrets) 역 아래 위치한 사단을 엄호하기 위해 전선 좌측으로 즉시 이동하라. 정찰대는 최소한 2킬로미터 이동할 것이다. 예비대는 철도 근처에서 제레츠 역 100미터 밑으로 통과하라. 병사들을 분리하는 대신 집결시키기 위해 우측에서 이동을 시작하라. 대대장들은 이동을 완료하면 쪽지나 다른 방법으로 제레츠 역에서 지휘하는 장군의 참모장교에게 보고하라. 우측에 있는 장교들은 크로포드 장군의 참모장교에게 이동에 대해 통보하라.

여단장 준장 체임벌린

존 E. 패론스(John E. Farrons)

부관참모

진군하는 병사들에게 징발을 허락한 적이 있었다. 그러자 엉뚱하게도 많은 병사가 술을 찾아 민가를 돌아다녔다. 행군 군기는 무너졌고, 체임벌린의 여단은 아니지만 다른 부대에서 병사 몇몇이 사라졌다. 군인이 적 지역에서 겨울에 홀로 다니는 것은 위험했다. 12월 9일, 밤에 눈이 오더니 몹시 차가운 비로 변했다. 낙오병들은 적 지역에서 추위에 시달리기도 했으므로 결국 12월 10일 복귀 행군을 시작했다.

달콤한 사과 브랜디와 복숭아 브랜디에 취한 병사들은 숙취에 시달려 그 모습들이 가관이었다. 빙판길에서 행군하는 것은 매우 어려웠다. 행군에서 뒤처진 낙오병 몇을 보았는데, 북부군에 적대적인 민간인들과 남부군 게릴라가 그들의 숨통을 끊어놓고 발가벗겨 거리에 내버렸다.

병사들은 복수한답시고 행군로의 양쪽 800미터 안쪽에 있는 집과 축사와 헛간을 모두 불살랐다. 주변의 집들이 다 없어지고 분명히 죄 없는 사람들이 한겨울에 더 큰 피해를 입었다. 체임벌린은 이 사건을 접하고 비통한 심정을 금할 수 없었다. 그는 누이동생 새에게 그때의 심정을 편지로 표현했다.

사랑하는 새에게,

　귀중한 조언을 해줘서 고마워. 역시 여자는 남자보다 훨씬 더 많이 알고 있는 것 같아. 내가 이 편지와는 전혀 다른 내용으로 거의 같은 날 다른 편지도 보냈을 거야. 새는 같은 말이 이렇게 다른 의미를 나타낼 수 있는지 놀랄 거야.

　우리는 조금 전 웰돈 철도를 파괴하려 노스캐롤라이나 전선을 '급습' 했어. (이런 표현을 써야 할 것 같아.) 힘들었지만 우리는 완벽히 임무를 수행했지. 어떻게 철도를 파괴했는지 얘기해 줄게.

　철로가 더할 나위 없이 완벽하게 깔려 있어서, 하나하나씩 뜯어내기 어려운 상황이었어. '레일 고정쇠' 라는 것에 안전하게 묶여 있을 뿐 아니라 이음매가 정교하게 가공된 철 막대에 꽁꽁 묶여 있었지. 즉 편지 끝에 나와 있는 그림처럼 레일이 놓여 있었어. [그림 포함(역자 주 : 체임벌린은 그림이 포함되어 있다고 썼으나 원서에도 그림은 존재하지 않음)] 그래서 레일이 연속적으로 연결되어 하나처럼 보였지. 우리는 연대 또는 여단을 철로에 배치했어. 허술한 지점을 찾아 그 주변의 레일을 들어 올려, 목채와 침목이 꼭대기에 그대로 붙어 있는 상태로 뒤집었어. 레일이 부서지지는 않을까 걱정스러웠지만, 레일을 올리면 당연히 일정 부분도 지면에서 떨어져 올라가는데, 그것을 병사들이 잡아 옮겼어. 마치 쟁기로 밭고랑을 매는 것 같은 모양으로 말이야. 이 작업은 신속하게 마무리 되었어. 그다음은 레일을 침목에서 떼어내는 것이야. 20～30명의 병사가 앞뒤로 흔들어 이음새를 부러뜨렸어. 침목은 뾰족한 산마루처럼 쌓였고, 그 위에 레일을 횡대로 올려놓아 균형을 맞췄지. 열을 가해 레일 끝부분을 반 정도 구부러지게 했어. 그리고 불을 지폈고 멋있는 광경이 펼쳐졌지.

다음 날 아침 레일은 완전히 파괴되어 있었지.[그림 포함] 그 더미는 이렇게 생겼어.[그림 포함] 이것이 아침에 남아 있던 것들이지. 굽어서 쓸모없어진 레일 말이야. 32킬로미터 정도를 이런 식으로 만들어 놓았어. 남부군은 즉시 병력을 보내 철도를 파괴하는 우리를 공격하려 했지만, 우리가 선수를 쳐서 앞질러 행군했어. 북부군 낙오병들은 남부군 정찰병이나 게릴라들에게 잡혔을 때 심하게 고문당했어. 귀를 찢고 숨통을 끊어 놓는 살해를 당했지. 종대에서 조금 벗어나 더 빨리 가려고 시도한 몇몇 우리 병사들이 이런 상태로 죽어 있었어. 그에 대한 보복으로 우리 병사들은 도로변에 있는 거의 모든 집을 불살랐어. 굉장히 힘든 밤이었지. 우리 병사들은 참을 수 없을 정도로 격분한 상태였어.

또 어딘가에서는 민간인들이 우리에게 사격하는 것이었어. 우리의 횡포를 보고 힘없는 여자와 아이들을 지키려는 슬픈 광경이었지. 여자와 아이를 지킬 줄 아는 남자라면 누구라도 그렇게 했을 거야. 하지만 우리 군대가 휩쓸고 지나가면서 민간인 모두를 불태워 죽였음이 틀림없어. 매우 슬픈 일이지. 남부군과는 무력으로 맞서 싸워야겠지만 민간인들은 아니지. 로렌스.

질문에는 다음에 대답할게.[이 문장은 첫 장 맨 위에 삽입되어 있었지만, 이 편지 말미에 썼을 것이 분명했다.]

민가를 태운 행위는 체임벌린의 죄의식에 깊은 영향을 미쳤다. 1주일 뒤 동생 존에게 보낸 편지에서도 체임벌린은 그 약탈 행위를 언급했고, 건강 상태에 대해서도 썼다.

5군단 1사단 1여단 지휘소

1864년 12월 19일

존에게,

　네가 정확히 어디 있는지 알았을 때 정말 기뻤어. 네가 뉴욕으로 간 건 정말 잘한 일 같아. 뱅고어에 있는 사람들이 너에게 뉴욕에 사는 친구를 소개하지 않으려 한 것이 약오르는군. 하지만 네가 친구를 사귀고 누구와도 대화를 나눌 수 있을 거라고 확신해. 난 네가 단조로운 목회 일에 곧바로 뛰어들 필요는 없다고 생각해. 좋은 설교를 미리 준비하는 것이 나을 거야. 주당 두 번의 설교문을 쓰는 것은 매우 벅차. 나라면 주당 한 번만 쓰고, 한두 번 설교해 본 후 다시 손질하겠어. 그러면 다시 그 내용으로 설교해야 할 때 자신 있게 할 수 있을 거야.

　나는 네가 워싱턴으로 갔으면 좋겠지만, 그곳에서는 목회 관련 일이 허술하다 하니, 워싱턴에서 목사로 일하기 어려울지도 모르겠구나. 현 상황에서는 뉴욕 인근의 도시가 네게 적합할 거 같아. 네가 부딪힐 수 있을 만큼 높은 목표를 갖고 도전해봐.

　나로 말하자면, 큰 부상과 고통 없이 임무를 잘 수행하고 있어. 아직은 전장에 돌아가 싸울 만큼 건강하지는 못해.

　'웰돈 급습' 과 같은 끔찍한 일이 생기지 않았으면 좋겠어. 우리는 웰돈으로 가려고 했던 게 아니었어. 우리 임무는 힉스포드(Hicksford)까지 철도를 파괴하는 것이었는데, 어쩌다 낙오병들이 생겼지. 종대에서 벗어나거나 뒤처졌던 병사들을 남부군 게릴라와 그에 동조하는 민간인들이 무자비하게 살해했어. 이는 유감스럽게도 복수를 유발해서 우리 병사들은 귀대하는 길에 민가를 모두 불살랐지. 매우 슬픈 광경이었고 전쟁의 참혹함을 고스란히 드러낸 모습이었어. 나는 차라리 전선에 나가서 싸우는 게 낫다고 생각했지.

나는 적당히 말을 타려고 생각하는데, 솔직히 말하자면 너무 오랜 시간을 타는지도 몰라. 헤럴드는 내가 '완벽히 회복' 되었다고 하지만, 사실이지 몸 상태가 썩 좋지는 않아. 다시 수술을 받아야 할 것 같은데 어느 부위를 수술해야 할지 아직 결정하지 못했어.

톰은 잘 지내고 있어. 어찌 된 일인지 명예 진급에 실패했다더라. 틀림없이 무언가 잘못된 일이라 누군가 시정하겠지. 바틀릿 장군님이 떠나서 내가 8개 연대로 편성된 3여단을 지휘할 예정이야. 그러면 내가 사단의 최선임 장군이야. 6개월 전만 해도 여단 내에서조차 선임 대령도 아니어서 3~4개 연대만 지휘했지. 다른 데로 전출을 가지 않는다면 소장 진급도 유망해. 그리핀 장군님이 내 선임 자리를 다른 이에게 맡기진 않을 거야. 네 모든 일이 잘 되길 바랄게.

사랑하는,

로렌스

1865년

삶과 죽음의 키질은 고민거리들이 다 걸러져 알맹이만 남을 때까
지 계속해야 한다.

소장 조슈아 L. 체임벌린, 『행군』

1865년 1월 15일까지, 체임벌린은 지난해 여름에 입은 부상을 완전히 떨쳐내지 못했다. 필라델피아로 가서 추가적인 수술을 받고, 브런즈윅에서 재활 치료를 받았다. 브런즈윅에 머무는 동안 그는 몇몇 민간 직책을 제의받았다. 아내 패니가 딸을 낳아, 버지니아 전투에 목숨을 걸고 참가하지 않아도 될 명목을 제공했다. 그렇다고 애국심이 변할 체임벌린이 아니었지만 말이다.

브런즈윅, 1865년 2월 12일

아버지께,

대부분 시간을 제 방에서 보내고 있지만, 저는 아주 빠른 속도로 나아지고 있습니다. 제대로 주의를 한다면 다음 주 월요일쯤에는 일어날 수 있을 거 같습니다. 다시 여단을 지휘하러 가기만을 손꼽아 기다립니다.

베스(Bath) 구역에 있는 세관원 직위를 제의받았는데, 어찌해야 할지 고민 중입니다. 일하기 매우 좋은 자리로 알고 있으며, 그보다 더 좋은 자리는 포트랜드의 워시번 주지사가 맡은 직위뿐입니다.

가능하면 전장에서 제 임무를 수행하고 싶기에, 그 직위를 받아들이지 않았습니다. 지금이 전장에서 제가 아주 필요한 때이며, 그 어느 때보다 가치 있게 임무를 수행할 시기거든요. 이번 여름에는 이곳 교수직에서 물러날지도 모릅니다. 군인으로서 계속 싸우거나(제 성격과 가장 맞는 일입니다.) 대학교수직보다 더 역동적인 일에 뛰어들 생각입니다. 지금은 수술한 곳이 잘 아무는지 지켜보면서 아무런 일도 하지 않아요.

아버지 편지는 즐겁게 잘 읽었습니다. 하지만 아버지와 어머니 두 분 모두에게서 토마스가 집에서 침착하지 못하고 방탕하다는 얘기를 듣고 유감스럽습니다. 토마스는 더 이상 걱정하지 않으셔도 됩니다. 토마스가 걱정스러운 건 너무 예민하다는 것과 몇몇 소심한 친구들하고만 어울린다는 거지요. 그런 친구들하고만 어울린다는 건 바람직스러운 일이 분명히 아닙니다.

패니와 이번에 태어난 아기는 잘 지내고 있으니, 어머니께서 특별히 신경 쓰실 일은 없습니다. 저희 집을 방문하신다면 매우 기쁘실 거예요. 어머니께서 좋아하실 만한 것들이 집에 많습니다.

이번엔 제가 브루어에 가지 않는 것이 좋겠어요. 만약에 가게 되면 군에서 떠나 있는 시간이 너무 길기 때문입니다.

아버지의 아들
로렌스

이 편지로 추측하건대 체임벌린의 부모는 아들이 민간인으로 돌아오길 바라는 마음이었던 것 같다. 그가 전역하여 갓 태어난 딸을 보살피고, 매일 따뜻한 집에서 자면서 자기 건강을 보살피는 것이 부모로서의 당연한 기대일 것이다. 그러나 아버지에게 보내는 다음 편지에서 체임벌린은 강한 애국심과 투철한 의무감을 보인다.

브런즈윅, 1865년 2월 20일

아버지께,

세관원 직위에 대한 아버지와 어머니의 생각은 잘 알겠습니다. 제가 예상했던 자연스럽고 합당한 조언입니다. 하지만 제 의견으로는 그리 썩 좋은 대안인 것 같지 않습니다.

저는 3년 동안 나라에 봉사할 의무를 지고 있습니다. 모든 남자가 총을 들고 일어설 때입니다. 저는 다른 모든 사람들이 전방으로 행군할 때 뒤돌아 후방으로 갈 만큼 두렵지도, 다치지도 않았습니다.

부상에서 아직 완쾌되지 않았기에 전쟁에 참가하지 않고 조용히 쉬는 것이 바람직할 수도 있습니다. 제 어린 자녀와 가정을 생각해서 민간인으로서의 삶으로 돌아가야 한다는 의무감도 듭니다.

하지만 평화에 안주한다고 해서 삶이 보장받는 것도 아니며, 전장에 나가 싸운다고 해서 죽는 것도 아닙니다. 제게 주어진 사명의 진실성을 확신하며, 하나님께서 저의 삶과 제 가족의 안녕을 보살펴 주시리라 믿습니다.

그리고 세속적인 면을 따지더라도, 군에서의 제 직위와 전망이 이보다 더 좋았던 적은 없습니다. 저는 같은 계급의 장군들 중 최선임자입니다. 이제껏 고난과 역경을 딛고 얻은 명예를 다른 사람에게 넘겨줄 수는 없습니다. 세관에서 일하는 것보다 1사단의 지휘관이 훨씬 낫습니다. 전장에서 싸우는 군인은 국가를 저버리지 않는 영예로운 직책입니다. 저는 군으로 돌아갈 것입니다. 만약 건강 때문에 군인으로서 임무가 버거워진다면 그땐 고집부리지 않고 저 자신을 돌보는 일에 전력하겠습니다.

저는 내일 출발합니다. 최근에 집 밖을 나가본 적이 없지만, 가는데 무리는 없을 겁니다. 떠나기 전에 뵙지 못해 죄송합니다. 전장에 도착하는 대로 편지 올리겠습니다.

아버지의 아들
로렌스

1865년 2월 21일, 체임벌린은 그가 아끼는 포토맥군에 다시 복귀하기 위한 마지막 여정에 나섰다. 그는 뉴욕 185연대와 펜실베이니아 198연대의 2개 연대로 편성된 여단을 지휘할 것이다. 그는 추가적인 공격을 지휘할 것이며, 죽을 고비를 수도 없이 넘길 것이고, 두 번 더 크게 다칠 것이다. 그리고 포토맥군에서 가장 큰 명예를 얻는 장교가 될 것이다.

하지만 그러한 영광이 오기 전에, 당장은 일상적인 군 생활에 전념해야 했다. 사무상의 오해가 생겨 체임벌린은 사단 부관참모에게 급히 편지를 보냈다.

대위:

사단장님의 지시로 반송된 휴가 신청서에 대해서 말씀드리고 싶습니다. 저희 여단의 휴가 신청자 수는 포토맥군 특별지시 제11호에 규정된 할당량을 초과하지 않습니다. 규정에 따르면 최대 5%입니다.

198연대는 1,050명의 병사가 임무를 수행하고 있으며, 따라서 52명이 가능한 휴가자 수입니다. 185연대는 700명의 병사가 임무수행 중이며, 따라서 가능한 휴가자 수는 35명입니다.

반송된 휴가 신청서는 제가 여단장으로 복귀하기 전에 보내졌습니다. 몇몇 급한 휴가 상황이 잘 나타나지 않은 관계로, 여단 지휘소의 부주의와 근무태만으로 휴가 신청서를 잘못 보낸 것에 대해 언급하고 싶지는 않습니다. (이상입니다.)

J.L. 체임벌린 올림

준장. 여단장

윌리엄 파울러 대위

1사단 부관참모

치열했던 마지막 몇 주의 군 생활은 결국 체임벌린이 전쟁에서의 경험을 쓴 유일한 책 『행군』에 기록된다. 그가 군대에서 보냈던 마지막 2개월 반을 다룬 『행군』은, 전쟁을 치르면서 폭풍처럼 쓴 글이라선지 특별한 감동이 있다. 전쟁에서 승리할 수 있었던 것은 자신 때문이 아니라, 병사들과 군대가 있었기에 가능했다는 것이 그 책에 나타난 체임벌린의 생각이다.

책을 저술하기 전, 체임벌린은 그와 함께 전장에서 싸운 베테랑들 앞에서 수많은 연설을 했다. 그럼으로써 역사적인 사실을 검증하고 올바른 단어를 선택할 수 있었다. 그 작품은 그의 전우들이 이 세상을 떠나 마땅히 가야만 했던 그곳, 저승세계처럼 영적이며 내세적인 분위기가 흘렀다. 이는 1914년에 맞이할 죽음에 한 걸음씩 다가서는, 그리고 그전에 이미 여러 번 삶과 죽음을 오갔던 체임벌린에게 적절한 문체였다.

책에서 나온 몇몇 문장은 그가 전쟁의 막바지에 썼던 편지들에서 볼 수 있다.

사랑하는 새에게

내가 복귀한 지 10일 남짓 지났어. 이곳에서 생활하면서 건강상태는 지금까지 아주 좋아. 부상 때문에 필라델피아에 머물 수밖에 없었는데, 이는 불운이 아니라 행운이었지. 그곳에서는 모두가 친절하고 따뜻하게 대했을 뿐만 아니라, 미국에서 가장 숙련된 외과 의사인 팬코스트 박사가 부상을 치료하고 빨리 회복하도록 도와주었어.

이런 생활이 내 건강에 얼마나 좋은지 너는 상상조차 못 할 거야. 만약 집에 있었다면 800미터도 걷기 어려웠을 테지만, 여기서 나는 아무런 도움 없이 빠르고 멀리 말을 타고 다녀. 전장에 돌아옴으로써 건강이 훨씬 일찍 회복된 것이 틀림없고, 이런 내 선택을 전혀 후회하지 않아. 나는 필요한 경우 외에는 더 이상 공격 작전을 맡지 않을 것이고, 그러면 부상도 피할 수 있겠지. 또다시 다친다면 가족을 제대로 보호하고 지원하기 어렵겠지. 하지만 그런 상황에 부닥칠 정도로 내가 어리석진 않아. 틀림없이 나는 행복하고 사랑이 넘치는 가정으로 돌아갈 거야.

가족을 멀리 떠나와 자신이 위협받고, 가족에게는 그 위협이 10배가 되는 상황을 묵묵히 감수하는 것만큼 큰 희생이 어디 있겠니. 그러나 나는 확신하고 있어. 내가 택한 길이 명예롭고 대장부다운 길일 뿐 아니라, 가족을 위하고 내게 속한 사람들이나 내가 속해 있는 사람들을 위하는 길이라고 말이야.

전쟁이 끝날 때까지 다시는 전장을 떠나지 않으리라 결심한 나를 이해해 주기 바래. 너를 찾아가 보지 못해서 미안해. 너도 알잖아. 집에 있을 때도 나는 집 밖으로 한 발자국도 나가지 않았어.

아버지와 어머니께, 그리고 다른 모두에게 안부를 전해줘. 톰은 잘 지내고 있어. 그는 오늘 특별한 관중과 여성들 앞에서 굉장한 승마 솜씨를 뽐냈어. 그가 '바람의 날개'라 이름 붙인 곡예를 부리다가 말이 울퉁불퉁한 길에서 넘어졌고, 그도 말에서 떨어져 여러 바퀴를 굴렀지. 그런데도 톰은 고양이처럼 가볍게 일어나 모두에게서 찬사를 받았지. 한나 아줌마께 지난 1년간 쌓인 이자를 줘야 하는지 여쭤봐 줘. 네 소식이 궁금해. 잘 지내길 기도할게.

새를 사랑하는 오빠

로렌스

2월 해처스 런(Hatcher's Run)에서 전투가 있었다. 해처스 런은 버지니아에 있는 작은 마을인 딘위디(Dinwiddie) 법원으로부터 북쪽으로 13킬로미터 떨어진, 서에서 동으로 넓은 반원을 그리는 작은 도시이다. 파이브 포크스(Five Forks)라는 교차로에서도 전투가 벌어졌다. 체임벌린의 여단은 5군단과 함께 그곳에 있었다. 3월 25일, 체임벌린의 여단은 북부군 2개 사단을 지원하는 전투에 투입됐다.

대위 : 오늘 받은 명령에 따라, 지난 25일 벌어진 여단의 전투에 관한 보고서를 삼가 올립니다.

1여단은 오전 8시경 (3여단을 후속하여) 3사단 지휘소 방향으로 출발했습니다. 그 근처에서 두세 시간 대기했다가 2군단 2사단이 주둔하는 캠프를 지나 워렌 부인의 것으로 알려진 집 근처에 재집결했습니다. 잠시 후, 우측으로 이동하여 2군단의 마일즈 장군이 지휘하는 사단 후방으로 갔습니다. 오후 3시 경 부인의 집으로 돌아가 모트 소장에게 보고하라는 명령을 받았습니다. 그곳에 도착하자, 험프리스(Andrew A. Humphreys) 소장이 전방으로 곧바로 이동하라고 지시했습니다. 좁은 길을 따라 우측으로 이동했고, 전방에 모트 장군의 부대가 배치된 조그마한 숲에 도착했습니다. 전선을 바라보는 위치에 다다랐을 때, 험프리스 장군이 멈추라고 명령했습니다. 그 위치에서 2시간여 기다렸는데, 그동안 남부군 정찰대 공격이 있었고, 저희 바로 전방에서 포탄이 날아왔습니다. 포를 쏘고 있는 남부군 병사들이 제 눈에 선명하게 보였습니다.

날이 저물어서도 포탄이 날아왔고, 적은 병력이지만 적군이 무서운 기세로 돌격해 왔습니다. 저희 정찰대는 혼란에 빠져 후퇴했고, 남부군은 주방어선 근처까지 힘차게 치고 왔습니다. 남부군이 추가 병력을 지원받아 주방어선을 뚫어버릴까 봐 걱정한 저는, 즉시 시켈 장군에게 명령했습니다. 펜실베이니아 198연대 소속 2개 대대를 이끌고 전방에 방어선을 구축하라 했고, 남부군 전체가 보이는 모트 장군의 방어선에서 가까운 숲에 위치하라고 지시했습니다. 적군이 훤히 보이는 거리에서 시켈은 명령을 신속히 이행했습니다. 그와 동시에 험프리스 장군이 모트 장군의 우측 지원을 요청했는데, 모트 역시 적으로부터 굉장히 심한 압박을 받고 있었던 모양입니다. 저는 뉴욕 185연대를 맡은 스나이퍼 대령에게 신속하게 전방으로 진군하여 모트 장군과 마일즈 장군의 두 사단 사이에 연대를 배치하라고 지시했습니다. 스나이퍼 대령은 이를 이행하여, 왓킨스 씨 집 앞에 연대를 집결시켰습니다.

시켈 장군과 스나이퍼 대령이 동시에 기동할 때, 모트 장군의 부대는 남부군에게 거센 사격을 퍼부었습니다. 적군은 많은 사상자와 투항자를 전선에 남기고 도망쳤습니다.

저희 여단의 연대들은 오후 9시까지 마지막으로 머물렀던 장소에 있었고, 퇴각한 후 캠프에 있는 그리핀 소장님께 보고하라고 명령 받았습니다.

저희 여단의 사상자는 다음과 같습니다. 부상자; 펜실베이니아 198연대 병사 2명. 남부군 포로; 중령 1명, 부사관 1명, 병사 8명. 남부군 포로들은 모트 장군 사단의 헌병대로 이송했습니다. 남부군 포로인 부상한 중령은 스나이퍼 대령의 전방을 공격했던 부대를 지휘했었고, 그 부대는 앨라배마 43 · 59 · 60 연대로 구성되었다고 진술했습니다.

장군님께 삼가 올립니다.

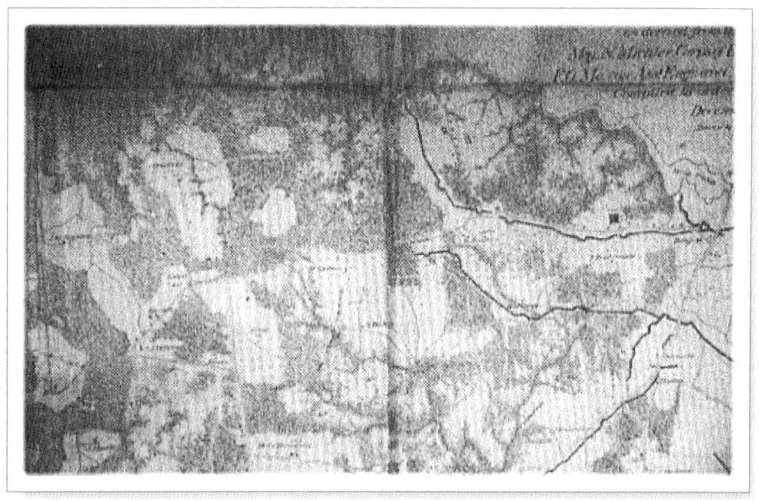

체임벌린이 소장했던 지도 : 화이트 오크 도로 전장

J.L. 체임벌린

준장.

대위 윌리엄 파울러

5군단 1사단 부관참모

그가 맡은 새로운 여단 말고도, 체임벌린은 1865년 3월 군대로 복귀했을 때 몇 가지 바뀐 것을 발견했다. 5군단의 가장 큰 변화는 셰난도아 계곡에서 셰리단 장군이 도착한 일일 것이다. 체구가 작은 셰리단은 매우 적극적인 성격으로, 그랜트 장군의 지휘소에 도착하면서 명확한 어조로 선언했다. "저는 내일 공격에 나서서 남부군을 쳐부술 준비가 되어 있습니다." 그러나 불행히도 그가 쳐부순 것 중 하나가 5군단장 워렌 소장의 평판이었다. 이 사건은 체임벌린을 평생 괴롭혔다.

3월 29일 동이 트기 전 출발한 5군단은 그랜트 장군 전선 맨 좌측에서 행군했다. 전선은 딘위디 법원에 있는 보간(Vaughan) 도로와 보이톤 플랭크(Boydton Plank) 도로의 교차로까지 확장된 상태였다. 남부군 병참선과 철도를 의식해서 남부군을 계속 서쪽으로 밀어내려는 그랜트의 작전이었다. 그랜트의 작전은 남부군을 피터즈버그에 묶어 서쪽으로 갈수록 점점 약해지게 하려는 의도였다.

3월 25일까지 남부군은 화이트 오크(White Oak) 도로와 보이톤 플랭크 도로 교차로에서 화이트 오크 도로를 따라 서쪽으로 참호를 파고 주둔했는데, 그 전선은 해처스 런과 평행하게 파이브 포크스로 이어졌다.

남부군은 그곳에서 피터즈버그로의 보급로인 사우스 사이드(South Side) 철도에 있는 서덜랜드(Sutherland) 역으로 이어지는 클레이본(Claiborne) 도로까지 전선을 형성했다. 그랜트 장군은 화이트 오크 도로에 있는 셰리단 장군으로부터 파이브 포크스 도로를 따라 공격하겠다는 보고를 받았다. 미드 장군(그랜트 장군이 포토맥군을 이끌었으나, 공식적으로는 미드 장군이 포토맥군 사령관이었다)의 명령을 받은 워렌 장군은 3월 29일 정오, 5군단을 이끌고 퀘이커 도로를 따라 전선으로 향해 갔다.

그날 오후 체임벌린은 행군제대의 선두에 섰는데, 그래벌리 런 위를 지나는 퀘이커 도로의 다리가 부서져, 남부군이 반대편 기슭에 참호를 구축하고 있다는 연락을 받았다.

그래벌리 런 간선도로의 폭이 몇 미터에 불과한 데 비해, 퀘이커 도로는 폭이 넓었다. 도로 서쪽은 늪지대인데, 최근에 내린 비로 매우 질퍽질퍽했다. 체임벌린은 작전을 세워 그리핀 장군 사단의 지원 부대와 함께 전진했다.

그래벌리 런 지역의 퀘이커 도로
(1865년 3월 29일 체임벌린은 이곳을 건너 남부군 우측면을 공격했음)

시켈은 8개 중대를 파괴된 다리에서 강 하류로 보내 남부군 진지에 막대한 사격을 가했다. 체임벌린은 여단 병력을 상류로 데려 갔다. 물이 허리까지 찼지만 그래벌리 런을 건너 남부군 우측으로 비스듬히 진격했다.

훗날 체임벌린은 남부군과의 교전이 말 그대로 백병전이었다고 서술했다. 얕은 강을 건넌 여단은 남부군 진지를 압박하여 2킬로미터 정도 몰아내었다. 루이스 씨 소유의 농장에 몰린 남부군은 그곳에서 병력을 증강했다. 남부군은 흉벽을 은폐물 삼아 전열을 정비했다. 루이스 농장에 도착한 체임벌린의 여단은 남부군의 '압도적'인 사격을 받고 퇴각해야 했다. 부상자와 사망자가 속출했지만 군율을 잘 지켜 차분하게 후송할 수 있었다.

남부군은 기회다 싶어 후퇴하는 체임벌린의 여단을 추격했다. 전투는 곳곳에 흩어진 병사들이 백병전을 벌이는 것으로 변했는데 이번엔 남부군이 밀렸다. 남부군은 병력을 증강해서 밀고 들어왔지만, 체임벌린 부대를 완전히 제압하기엔 역부족이었다. 루이스 농장 건물 양쪽에 전선이 형성됐다.

체임벌린은 시켈 장군에게 좌측을, 스나이퍼 대령에게 우측을 맡겨 새로이 전선을 구축했다. 체임벌린은 글렌 소령과 함께 6개 중대를 이끌고 중앙으로 이동했다. 그들은 퀘이커 도로 위로 곧장 진격할 계획이었다. 불과 20일 전 누이동생 새에게 안심하라고 편지를 썼던 체임벌린으로서는 부담이 큰 지휘였다.

나는 필요한 경우 외에는 더 이상 공격 작전을 맡지 않을 것이고, 그러면 부상도 피할 수 있겠지.

이동식 증기기관 제재소가 남부군 전진로에 있었다. 톱밥이 쌓인 그곳은 남부군을 어느 정도 은폐시켰다. 체임벌린이 이끄는 병사들은 남부군 저격수들에 맞대응하면서 앞으로 나아갔다. 50년이 지나서 체임벌린은 그때를 회상했다.

말의 심장박동이 빨랐다. 적군의 공격이 맹렬했을 때, 내 말은 톱밥을 차면서 전방으로 달려갔다. 나는 고삐를 당겨 말의 속도를 제어하려 했다. 이에 반항하듯 말은 앞발을 땅에 굴러 내 얼굴 높이로 고개를 쳐들었다. 바로 그 순간 심장 바로 아래 총알이 박히는 것 같았다. 나는 말 목에 축 늘어져 정신을 잃었다.

가까운 거리에서 누군가 내 가슴을 겨냥하여 총을 쐈던 것이다. 때마침 말이 머리를 들어 올려 총알이 말의 목을 스치고 내

팔꿈치를 때렸다. 총알은 내 왼팔을 무용지물로 만들고 방향을 바꿔 내 윗주머니의 가죽 지갑과 놋쇠 손거울을 쳤다. 총알은 거기에서 다시 방향을 바꿔 심장 바로 아래 두 개의 갈비뼈 사이를 통과하여 내 코트에 구멍을 냈다. 뒤쪽에 있던 보겔 중위의 탄띠에 뭔가 부서지는 소리가 났다. 중위의 탄띠에 달린 권총을 부숴버린 것이다. 물론 이 세 군데의 부상은 내가 의식을 되찾아서야 알게 된 사실이다.

체임벌린이 정신을 차렸을 때 그리핀 장군이 말을 타고 곁에 와 있었다. 그리핀은 피(역자 주 : 체임벌린 자신과 전투마 찰레마그네의 피)로 뒤범벅인 체임벌린을 부축했다. 체임벌린이 치명상을 입은 것이라 생각한 그리핀은 말했다. "친애하는 장군이여. 이 세상을 떠났구려." 그러나 흐린 의식 속에서도, 체임벌린은 남부군의 함성을 들었고, 고개를 돌려 우측 제대가 후퇴하는 것을 보았다. 그는 그리핀의 말을 다르게 해석하고는, "예, 장군님, 나가겠습니다."라고 중얼거렸다.(역자 주 : 그리핀 장군의 'You are gone'을 'You go'로 해석) 그 말에 어리둥절해진 그리핀을 뒤로 하고 체임벌린은 다시 그 위험한 전투가 벌어지는 곳으로 말을 달렸다.

체임벌린의 몽롱한 눈에 총격을 당한 시켈 장군이 보였다. 부여잡은 시켈의 팔에서 피가 흘렀다. 체임벌린이 연대의 중앙으로 들어가자 병사들이 크게 환호했다. 이상한 것은 남부군 병사들도 말을 타고 들어가는 체임벌린을 보고 환호했다는 사실이다.

찰레마그네는 피를 많이 흘려 기진맥진했고, 체임벌린은 말에서 내려야 했다. 병사들을 팔꿈치로 밀어내며 잠시 쉴 곳을 찾아 걸어가는

데, 스나이퍼 대령의 병사들이 쫓기고 있는 모습이 보였다. 남부군이 흉벽에서 뛰쳐나와 도망치는 병사에게 총을 쐈다. 체임벌린은 그 누군가의 말을 빌려 타고 위기에 처한 병사들에게로 갔다. 그때 그는 10분 안에 포대가 지원할 것이라는 그리핀 장군의 말을 전해 들은터라 체임벌린은 병사들이 다 들을 수 있도록 스나이퍼 대령에게 소리쳤다. "한 번만 더 총을 쏴라! 10분만 버티면 지원군이 올 것이다!"

체임벌린의 말을 들은 스나이퍼의 병사들은 사기가 올라 남부군을 흉벽으로 다시 몰아냈다. 과연 포를 실은 말들이 콧김을 내뿜고 바퀴에서 흙이 튈 정도로 빠르게 오고 있었다. 4포병대대 B포대였다. 체임벌린은 말을 타고 포대로 달려가 방열하는 것을 도와주었다.

포대는 남부군의 흉벽에 포탄을 퍼부었다. 포격이 얼마나 효과적인지 보러 포상에 오른 포대장은 그만 남부군이 쏜 총에 맞아 떨어졌다. 지원군으로 공격 기세를 되찾은 북부군은 여세를 몰아 남부군을 화이트 오크 도로에 있는 남부군 주진지까지 밀어붙였다.

수년 후 체임벌린은 포병을 포함한 2,700명의 병력으로 남부군 4개 여단 6,277명의 병력과 맞서 싸웠다는 것을 알았다.

전투가 끝나자 재만 남은 듯 열기도 가라앉았다. 체임벌린은 갑자기 기운이 빠지고 통증을 느껴 서 있기도 어려웠다. 그의 말은 부상해 옆으로 누워 있었다. 체임벌린은 모래가 자욱한 전장을 천천히 걸었으며, 이따금 멈춰 서면서 부상자들에게 부드럽게 말을 건네곤 했다. 팔이 찢어지고 피를 많이 흘려 쇠약해진 시켈 장군에게 갔다. 시켈의 옆에 앉아 몇 마디 힘을 북돋아 주는 말을 했다. 시켈은 화답을 잊지 않았다. "장군님, 당신은 사자와 같은 용맹스러움과 여인과 같은 따스함을 지니셨습니다."

체임벌린은 루이스 농장으로 들어갔다. 거기 '허름한 부엌 캐비넷' 위에 앉은 그는 촛불을 켜고 맥퀸 박사에게 아들의 죽음을 알리는 편지를 썼다.

친애하는 필라델피아의 맥퀸 박사님, 박사님께서는 하나뿐인 아들을 제게 돌봐달라고 부탁하셨지요. 제 어깨에 손을 얹으시고 잘 보살펴 달라고 간구했습니다. 박사님께 그 하나뿐인 아들이 어떻게 영웅적으로 죽음을 맞이했는지 알려 드리지 않을 수 없습니다.

수많은 기록이 체임벌린이 쓴 편지를 인용한다. 한 젊은이의 죽음이면서 한 가문의 끝을 알리는 이 슬픈 편지도 한 가족의 오래된 성경책 갈피에 남아 있을 것이다.

땅이 말라 부스러질 듯 화창한 날씨가 며칠 이어지더니 3월 29일 저녁부터 폭우가 쏟아졌다. 피터즈버그의 도로가 유사(流砂)처럼 변했다. 병사들의 사기는 떨어지고 좌절감은 치솟았다. 그랜트 장군의 참모인 포터 장군은 그날을 회상했다.

병사들은 침착함을 잃었다. 더러는 작심하고 신성을 모독하려는 듯 하나님을 욕했다.

3월 30일 5군단은 보이톤 플랭크 도로를 행군하여 화이트 오크 도로에 주둔한 남부군과 마주 보았다. 다음 날 아침은 보이톤 플랭크 도로의 북쪽으로 행군하여, 화이트 오크 도로와 클레이본 도로를 따라 배치된 남부군 방어선을 향해 나아갔다. 체임벌린의 여단은 5군단의 맨 좌측에 있었다.

행군이 계속되어 보고서를 쓸 시간이 없었지만, 부하들에게 격려문 을 써 주는 것만큼은 빼먹지 않았다.

5군단 1사단 1여단 지휘소

보이톤 플랭크 전장 캠프

1865년 3월 30일

일반명령 제2호

여단장은 어제 전투에서 훌륭히 싸운 여단 장병을 치하합니 다. 거의 2시간 동안 아무런 지원도 없이 훨씬 많은 수의 남부 군 공격을 버텨내고 용감하게 싸워주었습니다. 적의 거센 십자 포화(十字砲火)에 심각한 피해를 입고도 당황하지 않고, 탄약이 완전히 소모되어 어쩔 수 없이 고지를 양보해야만 하는 상황에 서도 침착하게 대처하여 포대를 훌륭히 엄호한 장병들이 여단 장은 자랑스럽습니다.

여단장

준장. 체임벌린

토마스 미첼

부관참모 대행

체임벌린은 후에, 셰리단 장군이 지나치게 공격적이어서 화이트 오크 도로 끝에 있는 파이브 포크스의 주요 교차로를 점령하지 못한 사실 에 여단 병사들이 실망했다고 적었다.

에어스(Romeyn Ayres) 장군이 사단 소속 3개 여단을 역 V자(∧) 형태로 배치하면서 3월 31일 북부군의 공격이 개시되었다. 남부군도 거의 동시에 공격을 감행했다. 남부군 여단 하나가 에어스 장군의 선두 여단을 우연히 공격해서 혼란에 빠뜨렸다. 에어스의 여단은 크로포드 사단의 예비대가 위치한 곳으로 후퇴하여 보이톤 플랭크 도로로 이동했는데, 그곳에는 체임벌린의 병력이 포대와 함께 대기하고 있었다.

워렌 장군과 그리핀 장군이 때마침 올라와 참패한 현장을 보았다. 5군단의 명예가 위태로운 상황이었고, 체임벌린은 자신이 과연 그 명예를 되찾을 수 있을지 고민했다. 공병 장군인 워렌은 체임벌린의 여단 전방에 흐르는 그래벌리 런의 늪지대에 다리를 놓는 데 한 시간 걸린다고 했다. 체임벌린은 다리를 놓을 시간이 없다고 말하고는 글렌 소령에게 펜실베이니아 198연대 1대대를 이끌고 가슴 높이의 시내를 건너라고 명령했다. 물론 다른 대대에 엄호사격을 요청했다. 글렌 소령이 시내를 건너 반대쪽 기슭을 확보하자, 체임벌린이 여단을 이끌고 건넜으며 다른 병력도 그 뒤를 이었다.

에어스 장군의 사단과 많은 북부군 여단들이 시내를 건너 남부군을 몰아붙였다. 남부군이 계곡이 내려다보이는 산꼭대기의 미리 준비한 진지로 후퇴하자 북부군의 일부는 공격을 중단했다. 체임벌린은 라이브스 샐리언트에서와 비슷하게 산꼭대기 뒤에 병사들을 배치했다. 이내 공격할 준비를 다 했는데 워렌 장군은 기다리라고 명령했다. 체임벌린은 워렌에게 가서 상황을 설명하고 공격을 허락받았다.

체임벌린은 병사들을 정렬하는 대신 선공하는 사단 뒤에 빠르게 진격시켜 손실을 줄이려 했다. 소총 사거리인 300미터 앞에 이르렀을 때 병사들은 남부군을 돌격했고, 남부군은 클레이본 도로에 파놓은 참호 속으로 피신했다. 남부군은 화이트 오크 도로 북동쪽을 바라보며 자리를 지켰다.

3시간 동안 벌어진 전투에서 100명의 북부군 사상자가 발생했지만, 체임벌린은 말했다.

이번 전투를 통해 북부군은 더 큰 것을 얻었다. 그것은 바로 무익함과 배은망덕에서 비롯된 정신 상태에서 벗어난 것이다.

사격 소리가 딘위디에서 들렸다. 셰리단 장군이 곤경에 빠진 듯했다. 화이트 오크 도로에서 큰 규모의 여단이 체임벌린을 지원하러 왔다. 어두워진 후, 체임벌린은 워렌 장군과 함께 포복으로 남부군을 정찰했고, 그들이 구축한 참호선의 정확한 위치를 알아냈다. 그는 병사들에게 하룻밤 휴식 시간을 주고 자신은 전초선에서 밤을 지새웠다.

그의 계획은 원래 화이트 오크 도로를 따라 참호를 파고 셰리단의 병력이 사우스 사이드 철도를 공격하도록 주요 거점을 확보하는 것이었다. 그러나 갑자기 그랜트 장군에게서 다른 명령이 내려왔다. 셰리단 장군을 지원하되, 파이브 포크스에서 남부군과 맞서라고 했다. 그래야만 남부군 병참선을 차단할 수 있다는 것이었다. 5군단은 명령에 따라 힘겹게 얻은 전선에서 철수했다.

4월 1일 아침, 그리핀 장군과 크로포드 장군은 크럼프(Crump) 도로와 딘위디 법원에서 파이브 포크스로 가는 도로의 교차점 옆에 있는 보이서(J. Boisseau) 씨 집에 사단을 집결시켰다. 그들 뒤에는 에어스 장군 사단이 있었다. 병사들은 4시간 동안 휴식을 취했다.

오후 1시 워렌 장군은 셰리단 장군에게서 공격 명령을 받았다. 그의

체임벌린이 소장했던 지도 :
화이트 오크 도로에서 파이브 포크스까지의 일부 이동 경로
(1865년 4월 1일 체임벌린은 셰리단 장군을 지원하기 위해 이동함)

5군단은 그래벌리 런 처치 도로로 움직일 예정이었다. 그곳에서 크로 포드 장군 사단은 전방에 배치되었고, 그리핀 장군 사단은 바로 그 뒤였다. 에어스는 사단을 이끌고 올라와 크로포드 사단 좌측에 있었다.

그리핀 사단의 바틀릿 여단은 좌측 제대를 형성했고, 체임벌린 여단은 우측 제대를 맡아 3개 제대를 형성했다. 체임벌린은 그레고리의 여단을 그의 우측에 배치해 제대를 확장하고, 정찰대가 그리핀 장군 우측을 엄호하도록 했다.

4시 이전, 모든 병력이 자리에 위치했고, 셰리단은 지휘관들을 집합시켰다. 그는 싸우기도 전에 해가 질 기미여선지 퉁명스럽고 조급했다. 그는 기병도를 뽑아 최후의 작전을 버지니아의 모래땅에 그렸다.

그의 기병부대가 양동 작전으로 파이브 포크스를 점령하고, 그 사이 5군단은 화이트 오크 도로를 따라 남부군 배후를 칠 계획이었다.

'귀향(return)'이란 글씨가 쓰인 남부군 흉벽이 150미터 떨어진 굽은 곳에 있었다. 에어스는 '귀향' 방향으로 공격하고, 크로포드와 그리핀은 에어스 우측에서 남부군을 휩쓸어, 남부군의 주방어선에 종사를 가할 작정이었다.

부대는 공격 대형을 취했다. 에어스는 1개 여단을 예비로, 2개 여단은 그래벌리 런 처치 도로에 넓게 배치했다. 크로포드의 부대도 이와 비슷한 대형으로 도로 우측에 있었다. 그리핀은 크로포드 뒤에 섰다. 4시에 공격을 개시했다.

체임벌린은 워렌 장군에게서 다른 전진로를 나타내는 지도를 받고 걱정스러워했다. 그리핀은 체임벌린의 불안함을 달랬다.

> 우리는 지도 때문에 걱정하지 않을 것이오. 크로포드 장군을
> 따를 뿐이오. 앞으로 전개될 상황은 우리가 어떻게 해야 할지
> 알려줄 것이오.

화이트 오크 도로에 접근하면서 체임벌린은 우측에서 사격 소리를 들었고, 그리핀과 헤어져 그 사격 소리 나는 쪽으로 이동했다. 그는 제대 끝 부분인 화이트 오크 도로와 그래벌리 런 처치의 교차로에서 그레고리 장군 여단 병사들이 남부군 기병부대를 몰아내는 것을 알았다. 화이트 오크 도로를 건넌 크로포드와 그리핀의 부대는 남부군 참호를 찾아내지 못했다.

그보다 더 심각한 것은 남부군의 측방을 공격할 예정이던 에어스 사단 또한 목표물을 발견하지 못하고 화이트 오크 도로를 건넜다는 소식이었다. 2개 사단의 선회 작전은 에어스가 남부군을 공격할 때

그것을 축으로 펼칠 예정이었다. 마침내 북부군 종대가 사격을 개시했는데, 다행히도 남부군 또한 화이트 오크 도로에 전개되지 못한 상태였다. 에어스는 사단을 선회하여 남부군의 '귀향'을 공격했다.

체임벌린은 좌측 고지를 점점 확보하고 있었고, 크로포드 여단과 거의 일직선을 이루었다. 에어스 사단의 사격 소리를 들은 그는 진격을 중지하고 전선을 정찰했다. 체임벌린은 시드노(Sydnor) 평야라 부르는 탁 트인 지역으로 말을 타고 갔다. 북쪽에서는 크로포드가 전초전을 벌였으며, 남쪽에서는 혼란한 모습의 에어스 사단이 고군분투하고 있었다. 에어스의 제대 부근에서 그리핀을 본 체임벌린은, 그가 있는 곳을 알고 병사들을 이끌었다. 체임벌린이 쓴 『행군』은 기록하고 있다.

진흙탕인 시내를 건너 험준한 계곡을 올라가 에어스 장군에게로 갔다. 중간 지점에서 그리핀 장군이 나를 만나러 왔다. 그리고 손짓으로 계곡 꼭대기를 따라가 우측에서 공격하라고 지시했다. 잡목으로 가려진 남부군 방어선이 공격목표였다. 남부군은 거기에서 에어스 부대에게 총탄을 퍼붓고 있었다.

계곡을 올라온 체임벌린의 여단은 남부군과 근접전을 벌였다. 체임벌린의 병사들에 집중하느라 남부군은 에어스 부대를 향한 사격을 멈출 수밖에 없었다.

체임벌린은 '귀향' 근처에서 충동적인 셰리단 장군을 만났다. "신이시여, 저것이 바로 제가 원했던 것입니다."라고 그는 소리쳤다. "장군들은 모두 앞으로!" 셰리단은 그 지역 모든 보병의 지휘권을 체임벌린에게 넘기고는 남부군 방어선을 돌파하라고 했다. 체임벌린은 나무 뒤에 숨은 병사부터 전선에 대기한 에어스 장군의 여단 전체에 이르는 모든 병력을 끌어모았다.

셰리단 장군이 돌연 말을 타고 올라와 체임벌린을 꾸짖었다. 자신의 기병부대에 오인사격을 가했다는 것이었다. 체임벌린이 관측한 바로는, '그때 기병부대가 남부군 지역으로 들어갔다.' 이때 에어스가 '귀향' 지점과 화이트 오크 도로를 따라 두 사람에게로 올라왔다. 셰리단이 다시 자기 병력을 공격한다고 에어스를 신랄하게 비난했다. 에어스는 벌컥 화를 내며 남부군을 공격했을 뿐이라고 했다. 체임벌린은 에어스 장군이 말하는 것을 들었다. "이것들은 카빈총에서 발사된 총알이 아니고 다른 총알이다. 내가 잘 안다." 에어스는 수많은 전투경험을 통해서 말했다.

그렇지만 '귀향'에 있는 남부군을 십자포화로 잡느라 서로가 서로에게 포격을 가한 것도 사실이었다. 체임벌린은 에어스 장군의 사선 앞으로 병력을 움직이면 안되겠기에 진격을 멈춰야 했다.

체임벌린이 그곳을 빠져나오려 좌측 제대를 후퇴시키자, 많은 남부군 병사들이 후방에서 돌격해 왔다. 체임벌린은 당황하지 않고, 마치 퍼레이드를 벌이듯 좌측 제대를 적군에게 돌려 엎드려 쏴 자세를 취하게 했다. 체임벌린의 신속하고 정확한 기동에 놀란 남부군은 수적으로 우세한데도 두 손을 번쩍 들어 항복을 표시했다.

'귀향'을 거의 점령했는데도 남부군 잔당들이 아직 참호에 남아 저항했다. 바틀릿 장군의 2개 연대는 크로포드의 병사들과 뒤섞여 전투지역 서쪽의 포드 도로로 이탈해버렸다. 남부군이 있는 파이브 포크스 지역이었다.

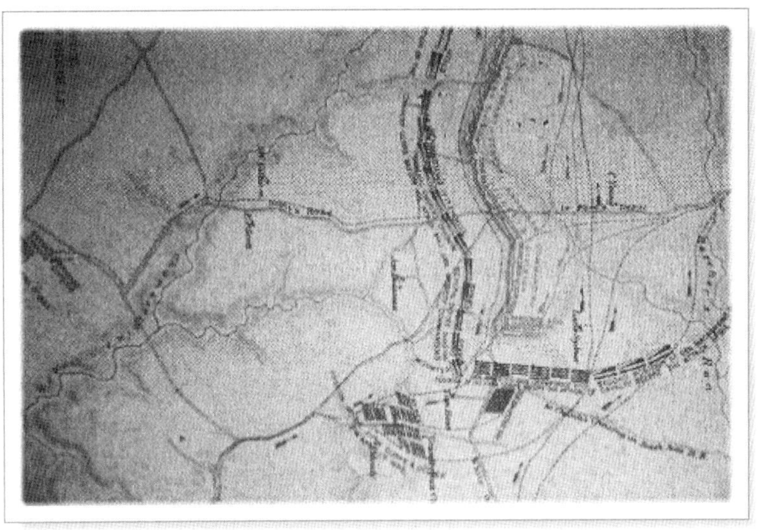

체임벌린이 소장했던 지도 : 파이브 포크스 전투

체임벌린은 남부군 방어선을 뚫는 데 어려움을 겪었다. 그는 퀘이커 도로의 톱밥 더미에서 전투를 지휘했던 글렌 소령을 돌아보았다. "글렌 소령, 만약 저 방어선을 무너뜨린다면 대령으로 진급할 걸세!"라고 글렌에게 도전 과제를 주었다.

체임벌린은 이 제안을 후회하고 만다. 글렌 소령의 펜실베이니아 198연대 1대대는 폭풍처럼 진격해서 남부군의 흉벽을 무너뜨렸다. 대대기가 혼란 속에서 3번이나 넘어졌다가 일어서곤 했다. 한번은 글렌 소령이 들어 올렸다. 글렌을 축하하러 다가간 체임벌린의 눈에 들것이 보였다. 글렌이 들것에 실려 후방으로 실려 가고 있었다. 그의 피가 뚝뚝 떨어져 모래가 많은 버지니아 땅에 지나간 흔적을 남겼다. 체임벌린은 안장에서 몸을 기울여 그를 내려다보았고, 글렌은 체임벌린을 올려다보았다. "장군님, 장군님의 바람을 이뤄냈습니다!"

체임벌린은 총알에 맞은 듯 괴로웠다. 자신의 명령이 어떤 결과를 낳았는지 보고 머리가 핑 돌았다. 체임벌린이 대답할 수 있는 말은 단 하나였다. "대령, 난 내가 한 약속을 기억할 걸세. 난 대령을 기억할 걸세!" 체임벌린은 평생 글렌 소령의 죽음을 짐 지고 살았으리라.

글렌 소령은 임종의 자리에서 소령에서 대령으로 진급했다. 그 자리에서 체임벌린은 그의 대령 계급장을 내려다보며, "정말 값비싸고 명예롭게 얻은 것이지만 나에게는 생기 없는 모조품처럼 보였다."라고 말했다.

크로포드 장군은 병력을 큰 폭으로 벌려 해처스 런 교차로 근처 포드 도로에 도달했다. 체임벌린은 포드 도로에 도달한 후, 파이브 포크스에서 남부군을 공략하는 크로포드 장군과 합류했다.

그즈음, 충동적인 셰리단 장군이 워렌을 보직해임하고 그리핀에게 5군단 지휘를 맡겼다는 소식이 들렸다. 셰리단의 이 명령으로 체임벌린은 몇 년동안 잘못된 명령을 바로잡으려 갖은 노력을 해야 하는, 가슴 찢어지는 시간을 겪는다.

파이브 포크스의 개간지로 들어섰을 때 놀랍게도 셰리단이 바로 옆에서 말을 타고 나타났다. 셰리단은 언제 야단을 쳤느냐는 듯 가벼운 농담을 건넸다. 그때 장교 하나가 나타나 "남부군 후방에서 그들의 총 세 정을 획득했습니다."라고 자랑스레 말했다. 체임벌린은 셰리단의 얼굴이 급격히 식는 것을 보았다. 셰리단은 성을 내었다. "난 남부군 총 따위에 신경 쓰지 않아. 그리고 너도! 장교, 여기서 뭐하는 거야? 자리로 돌아가 할 일이나 해! 내가 원하는 건 사우스 사이드 도로 점령이란 말야."

장교는 말을 타고 떠나갔다. 남부군의 사정거리에 있는 것이 셰리단의 화내는 사정거리에 있는 것보다 훨씬 나을 성싶었다. 셰리단 장군 근처에 있던 장교들이 눈을 크게 뜨고 그 광경을 지켜보았고, 체임벌린은 셰리단의 다음 화풀이 대상자가 자기일지 모른다고 생각했다. 하지만 셰리단 장군은 자신의 등자(鐙子) 위에 서서 모자를 흔들며 외쳤다. "너희들이 해가 지기 전에 할 일이 있다는 것을 알기 바란다! 우리는 지옥까지도 떨게 할 것이다! 그곳으로 진격하라!"

그들이 남부군 흉벽으로 접근했을 때, 그리핀 장군은 체임벌린의 우측에서 말을 타고 달려 흉벽을 뛰어넘었다. 체임벌린의 전투마 샤를마뉴는 흉벽을 넘다가 왼쪽 뒷다리에 총을 맞았다.

남부군은 수세에 몰렸다. 체임벌린은 서로 등을 맞대고 여러 방향에서 오는 적과 싸우는, 남부군 방어선이 마치 고대 '텅 빈 사각형' 대형처럼 보였다고 회상했다. 북부군은 포드 도로에서 남부군을 제압했듯, 갈림길에서도 압도했다. 보병 대 보병 전투는 작은 규모로 곳곳에서 끈질기게 벌어졌다. 병사들은 부대기를 지키려 필사적으로 싸웠고, 용감한 장교는 용감한 병사들과 한 덩어리로 뭉쳐 완강하게 방어선을 사수했다.

북부군은 이따금 선회작전을 펴다가 대열이 흩어졌고, 체임벌린은 그때마다 나팔수에게 지시해 여단 병력을 불러 모았다. 체임벌린은 병사들을 좌측으로 이끌었다.

체임벌린은 보직해임 당한 워렌 장군에게 다가갔다. 체임벌린은 그를 짐짓 위로하려고, 셰리단이 아무나 지휘관으로 쓰고 있다고 불평했지만, 워렌의 얼굴은 어떤 말도 듣는 기색이 아니었다. 워렌은 치열하게 전투가 벌어지는 화이트 오크 도로로 접근했다. 위스콘신 7연대의 리차드슨(Hollon Richardson) 중령은 연대기를 들고 남부군 방어선을 향해 진격했다. 남부군은 거세게 반항했다. 워렌은 기수에게서 군단 깃발을 낚아채 리차드슨 쪽으로 빠르게 달려갔다. 리차드슨과 워렌, 그 두 명은 병사들보다 몇 미터 앞에서 포화 속으로 달려 들어갔다. 남부군 주방어선의 흉벽을 넘다가 워렌의 말은 쓰러지고, 남부군은 곧바로 워렌을 조준했다. 남부군이 방아쇠를 당겼을 때 리차드슨은 워렌 앞으로 뛰어들어 대신 총을 맞았다. 리차드슨이 쓰러진 부대기에 피가 낭자했다. 상관을 대신해 자기 목숨을 내놓는 일이 오늘날엔 낯선 광경일 것이다. 그러나 그 당시에 일어났던 일이고, 제2차 세계 대전 때 미 해병은 동료를 구하려 종종 수류탄 위로 뛰어들었다. 전장에서 죽음도 뛰어넘는 모습은 참으로 고귀하고 신기한 일이 아닐 수 없다. 이보다 더 큰 사랑은 단연코 없다.

얼마 되지 않아 워렌 장군은 공식적으로 보직해임되었다.

그리핀 장군은 워렌 장군에게서 5군단 지휘권을 넘겨받아 남부군을 추격했으나 곧 어두워졌다.

그랜트 장군은 파이브 포크스의 승전 소식을 듣자마자, 다음날 아침 일찍 6군단과 9군단에게 피터즈버그에 있는 남부군 방어선을 공격하라고 명령했다.

4월 2일 정오, 5군단은 체임벌린의 여단을 선두로 포드 도로를 따라 북쪽으로 이동했다. 그들은 해처스 런 교차로에서 남부군의 저항에 맞닥뜨렸지만, 스나이퍼 대령의 뉴욕 185연대가 남부군을 몰아냈다.

사우스 사이드 철도에 가까웠을 때, 다가오는 열차 소리가 체임벌린의 귀에 들렸다. 체임벌린은 메사추세츠 32연대의 정찰대를 보내 열차를 세웠다. 남부군 깃발을 달고 피터즈버그에서 출발한 마지막

1865년 4월 3일 북부군 피터즈버그 점령
(1865.4.22일자 『주간 하퍼』 신문 게재)

열차였다.

콕스(Cox) 도로에 접근한 체임벌린은 남부군 병력 1,500명을 발견했다. 피추 리(Fitzhugh Lee) 장군의 기병사단으로, 말에서 내려 서 있었다. 체임벌린의 여단이 진격하자 기병들은 황급히 말에 올라타 콕스 도로로 후퇴했다. 체임벌린은 남부군이 피터즈버그에서 퇴각하면 콕스 도로로 와야만 한다는 것을 알고 도로를 차단했다. 5군단의 나머지 병력도 남부군의 도주로를 차단하려 수 킬로미터의 철도를 파괴했다.

서덜랜드 역에서 벌어진 전투에서 패배한 남부군의 패잔병들은 북서쪽으로 도주했다. 셰리단 장군이 기병부대를 이끌고 그들을 뒤쫓았을 때 체임벌린은 나모진 처치(Namozine Church) 도로와 리버 도로의 교차점에서 행군하고 있었다.

４월 3일 낮 5군단은 셰리단의 기병부대를 좇아 애포매톡스 강을 따라갔다. 행군길에 남부동맹 정부와 피추 리 장군의 부대가 남부동맹의 수도인 리치먼드에서 퇴각한다는 소식을 들었다. 그랜트 장군이 피터즈버그 방어선을 공격하라고 명령한 4월 3일, 남부군은 이미 그 방어선에 없었다. 체임벌린이 목숨을 잃을 뻔했던 피터즈버그 전투는 이렇게 북부군의 승리로 끝났다.

북부군은 이제 애포매톡스 강을 따라 남부군을 뒤쫓았다. 딥 크릭(Deep Creek) 교차로에서 피추 리의 기병부대와 남부군 2개 보병여단이 저항했지만 셰리단이 진압했다.

셰리단은 리 장군이 아멜리아(Amelia) 법원으로 향한다는 정보를 입수했다. 4월 4일 새벽 그는 5군단에 명령했다. 지터즈빌(Jetersville)로 행군하여 리 장군 부대의 병참선과 댄빌(Danville)의 보급로를 차단하라는 것이었다. 5군단은 그날 저녁 리치먼드 철도와 댄빌 철도를 가로질러 참호를 구축해 놓고 긴장 속에서 아침을 기다렸다. 리 장군이 전 부대를 이끌고 공격해올 것에 대비했다.

그러나 리는 오지 않았다. 4월 5일 오후 2시 30분, 5군단을 지원하려 2군단이 지터즈빌에 도착했고, 그들 우측으로 6군단이 가세했다.

오후 1시에 체임벌린은 기병부대를 지원하기 위해 좌측으로 빠졌다. 기병부대가 수많은 포로와 마차와 대포를 탈취했을 때였다. 체임벌린은 마차를 탈취한 기병부대의 거친 안장에 묶여 있는 은제 설탕 그릇, 커피주전자, 여성의 내실 용품 등속을 흥미 있게 바라보았다.

셰리단은 그랜트 장군에게 리의 부대가 아멜리아 법원에 주둔해 있다고 보고했다. 4월 6일 그랜트는 5군단을 아멜리아로 보냈다. 리의 부대는 그 전날 저녁 8시에 이미 퇴각한 상황이었다. 그 소식을 들은

5군단은 페인빌(Paineville), 리곤타운(Ligontown), 세일러스 크릭(Sailor's Creek)을 통해 서쪽으로 이동했다. 어쨌든 리가 그랜트를 앞선 것이었다.

리 장군은 팜빌(Farmville)로 이동하여 굶주린 병사들의 허기를 채우려 했다. 이곳저곳 다리를 불태워 북부군의 추격을 지연해보려고도 했다. 북부군은 전방에 정찰대, 측방에는 측위를 운용하면서 신중하게 남부군을 추격했다. 남부군 병사들은 굶주리고 지치고 쫓기느라 사경을 헤매는 것 같았다. 체임벌린은 훗날 다음과 같이 적었다.

모든 다리와 여울에 핏자국이 있었다.

4월 6일 밤 5군단은 셰퍼드 농장에 있는 세일러스 크릭에서 숙영했다. 7일 낮 9시 50분에는 사우스 사이드 철도에 막혀 애포매톡스 강 위에 건설된 거대한 하이 브릿지(High Bridge)를 지났다. 오후 7시 30분, 그들은 프린스 에드워드(Prince Edward) 법원에 도착했다.

팜빌에서 지낸 그날 밤 그랜트 장군은 리 장군에게 짧은 쪽지를 보냈다.

지난주의 전투 결과로 미루어 볼 때 북버지니아군의 저항은 아무런 가망이 없다는 것을 장군도 알 것이오. 그래서 더 이상 무의미한 피를 흘리지 않으려면 남부군의 북버지니아군이 항복할 것을 장군에게 요구하는 바이오.

리 장군은 자신의 저항이 희망이 없다는 것을 부정했지만, 더 이상 피를 흘리는 것은 무의미하다는 데에 동의했다. 그래서 그는 어떤 조건을 제시할 것인지 그랜트 장군에게 물었다.

체임벌린과 5군단은 그때 이런 상황을 전혀 모르고 있었다. 대신에 그들은 4월 8일 오전 6시 다시 행군했고, 리 장군 전방에서 비스듬히 공격할 계획이었다. 버팔로(Buffalo) 강을 건널 때 샤를마뉴는 강의 암초에 미끄러져서 주인과 함께 물속에 빠졌다. 체임벌린은 흠뻑 젖었다. 그들은 사우스 사이드 철도에 있는 프로스펙트(Prospect) 역에 다다랐고, 마침내 서쪽으로 행군하는 리 장군을 따라잡았다. 그 후 애포매톡스에서 북쪽으로 13킬로미터 떨어진 곳에 있는 뉴 스토어(New Store)에 도착했다.

그랜트 장군은 어두운 밤에 계속 행군할 것을 5군단에 명령했는데, 체임벌린의 계산으로는 그날 행군한 거리는 47킬로미터였다. 사우스 사이드 철도에 있는 애포매톡스 역에서 10킬로미터 떨어진 지점에 도착한 체임벌린의 여단은 힘들어서 그대로 주저앉았다.

그들은 그날 밤 거의 못 잤다. 4월 9일 새벽이 오기 전에 일어난 그들은 동틀 무렵 애포매톡스 역에 도착했다. 한 참모가 종대 선두에 위치한 장교들에게 애포매톡스 강을 향해 행군하라고 지시했다. 그들은 리 장군의 퇴로를 가로질러 이동했다. 체임벌린은 셰리단의 기병부대가 사격하는 소리를 먼저 들었고, 그 후 더 큰 포격 소리를 들었다. 기병부대의 카빈총이 날카롭게 딱딱거리는 소리와 보병부대의 우레와 같은 소총 소리가 동시에 들렸다.

북부군 오드(O.C. Ord) 장군의 부대가 총소리 나는 곳으로 진격했다. 5군단이 도착했을 때는 에어스 사단 뒤에 바틀릿 사단이 위치한 상태였다. 체임벌린의 여단은 그레고리 여단을 뒤따랐고, 크로포드의 사단이 가장 뒤편에 있었다. 체임벌린은 5군단의 중간에 위치한 채로 진격했다.

기병부대 참모가 숲에서 말을 타고 나타나 체임벌린에게 지원을 요청하는 셰리단 장군의 말을 전했다. 참모를 따라 숲으로 들어서니 부대기를 들고 있는 셰리단을 만났다. 강력한 남부군 병력이 북부군의 포위를 뚫고 나가려 시도했고, 셰리단은 그의 기병들만으로 이를 저지하고 있었다. 체임벌린은 두겹으로 포위망을 형성했고, 셰리단은 체임벌린 우측에 집결하여 남부군을 에워싸는 것을 도왔다. 수년 후 체임벌린은 그때의 남부군에 대해 언급했다. "그들은 오래된 적군의 친숙한 부대기를 보고 퍽 놀란 것처럼 보였다." 남부군은, 그들의 도주로를 차단하려 기병부대만큼 빠른 속도로 북부군이 이동해 왔다는 사실을 믿기 어려워하는 기색이었다.

남부군은 남쪽으로 가는 길마저 봉쇄당했다. 북부군 2군단과 6군단이 남쪽에서 좁혀 들어오고 있었기 때문이었다. 체임벌린 앞의 남부군은 후퇴하기 시작했다. 훗날 체임벌린이 적었듯, '남부군에게 약간의 포격을 가했다.' 그러자 그들은 뒤편에 있던 고지로 퇴각했다.

1862년에 읽은 『전쟁술』에 나와 있던 전술원칙을 따라서 체임벌린은 그 고지도 점령하기로 했다. 상관 한 명이 위험을 경고했지만 체임벌린은 고지로 진군하여 남부군을 몰아냈다. 그의 앞에는 애포매톡스 강 계곡이 펼쳐져 있었다. "산정에서 산정까지 거의 2킬로미터 너비로 뻗어있는 거대한 원형 경기장과 같았다."고 체임벌린은 회상했다.

체임벌린은 부대를 이끌고 산등성이를 내려가다가 마을에서 교전이 벌어지는 광경을 목격했다. 북부군은 거의 공격하지 않는 남부군 기병부대와 마지못해 싸우고 있었다. 남부군 기병부대를 측방에서 공

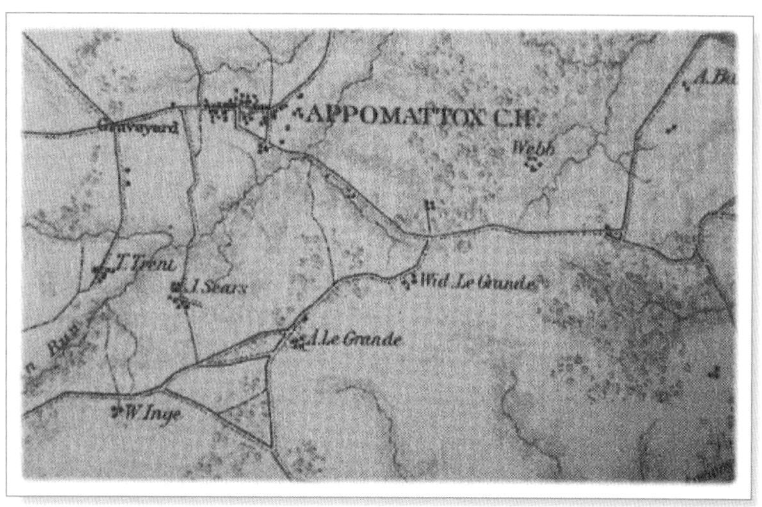

체임벌린이 소장했던 지도 : 애포매톡스 법원 주변의 작전 지역

격하려고 할 때였다. 갑자기 남부군 기병 2명이 말을 타고 체임벌린 앞으로 왔다. 뒤이어 남부군 참모장교가 백기를 들고 나타났다.

말에서 내린 참모장교는 체임벌린에게 가까이 다가와 말했다. "장군님, 저는 고든(John B. Gordon) 장군님께서 보내서 왔습니다. 리 장군님은 그랜트 장군님의 항복 명령이 떨어질 때까지 잠시 정전을 원하십니다."

2년 반을 전장에 나가 싸우면서 여섯 군데나 부상하고 자신의 사망 기사를 읽기까지 한 전직 수사학자는, '항복'이란 단어를 듣는 순간 벙어리가 되었다. 마침내 체임벌린은 입을 떼었다. "장교님, 이 문제는 제 권한 밖입니다. 제 상관에게 보고하겠습니다."

체임벌린이 그리핀 장군에게 이 메시지를 보내는 동안 남부군의 또 다른 백기가 오는 것을 보았다. 멀리서는 아직도 전투가 벌어지고 있었다. 마을에서 발포한 마지막 포탄이 체임벌린의 전방 제대에 있던 뉴욕 198연대 소속의 젊은 장교 클라크 중위에게 떨어졌고 그는 즉사했다. 체임벌린은 그가 포토맥군의 마지막 전사자일 거라고 생각했다.

조국의 기쁨을 함께 나눠야 할 사람이 잔인한 운명의 부름을 받고 떠나갔구나. 우리 모두에게는 슬픈 희생을 치러 얻은 평화구나.

정전소식과 남부군이 항복할지 모른다는 소문이 병사들 사이에 퍼지자, 축제 분위기에 돌입했다. 리 장군의 항복 의사를 알고 장교들은 병사들을 축하했다. 병사들은 대열을 풀고 굴뚝과 건초더미 위로 올라가 먼지 쌓인 모자를 공중으로 던지고는 되받았다. 1865년 4월 9일 오전 10시였다.

그러나 3시간의 정전시간이 지나 오후 1시가 다가오자, 남부군과 북부군은 다시 싸울 기세였다. 그리핀 장군은 낮은 목소리로 체임벌린에게, "10분 안에 공격하거나 공격 받을 준비를 하시오."라고 말했다. 남부군과 북부군, 두 전선이 무척 가까웠던 만큼 체임벌린은 전쟁이 아니라 '고의적인 살인'으로 돌변할 분위기를 느꼈다. 그는 말에 올라탔고, 병사들은 기계적으로 다시 싸울 준비를 했다.

바로 그때 체임벌린은 '눈에 보이지 않지만 고대사에 나오는 강력한 누구, 신의 전갈을 받았음직한 비현세적 방문객이 다가오는 것'을 느꼈다. 두 전선 사이에서 눈부신 풍채로 말을 타고 오는 사람은 리 장군이었다.

잠시 후 리 장군보다는 덜 위풍당당하고 조금은 친숙한 모습인 누

군가가 다가왔다. 단추를 풀어헤친 일반 병사 전투복을 입고 어깨에
별을 단 그는 그랜트 장군이었다.

한 시간 후, 리 장군이 항복했다는 소식이 들렸다. 이는 먼저 병사
에서 병사로, 집에서 집으로 퍼졌고, 전화선을 통해 워싱턴에서 오하
이오, 뉴욕, 펜실베이니아, 메사추세츠, 메인, 그리고 다른 북부 주와
남부 주에 퍼졌다. 사람들은 자신들의 아들이 돌아오길 기대하며 기
뻐하거나, 돌아오지 못하는 아들 때문에 슬퍼했다. 하지만 이곳, 조용
한 애포매톡스에는 아직 할 일이 남아 있었다.

남부군의 롱스트리트 장군이 그날 저녁 북부군 캠프로 찾아와, 그
의 병사들을 위한 식량을 요구했다. 그는 북부군 역시 그 모든 행군과
전투로 굶주려 있다는 사실을 알지 못했다. 전쟁이 끝난 지금, 이 부
탁을 받고 북부군이 곧바로 보여 준 행동에 대해 훗날 체임벌린은 높
이 찬탄했다.

우리는 대장부답게 행동했다. 우리는 스스로 고통을 이겨내야
한다고 알고 있었다. 우리도 식량이 모자랐고, 오랫동안 식량
이 부족한 채로 지냈었다. 그리고 식량이 오려면 또 며칠이 지
나야만 했다. 하지만 우리는 그날 밤 앤더슨빌(Andersonville)과
벨 아일(Belle Isle)의 포로 수용소에서 있었던 예전 일은 잊고,
그 굶주리고 있는 남부군 캠프에 식량을 가져다주었다.

그날 밤 체임벌린은 사령부로 불려 갔고, 그리핀 장군은 체임벌린이
북버지니아군이 공식적으로 무기와 부대기를 내려놓는 항복식을 집
전해야 한다고 말했다. 남부군은, 자신들이 주둔했던 곳에 무기를 쌓

아두고 떠나면, 북부군이 와서 가져가기를 원했다. 그러나 그랜트 장군은 이를 무례한 행동이라고 생각했다. 반란을 일으킨 무기들을 다 내려놓는 공식적인 항복식을 해야 한다는 입장이었다. 체임벌린은 자신이 지휘했던 3여단을 항복식에 동원하고 싶다고 요청했다.

최고의 역사적인 순간에 전투에서 싸운 우리 병사들은 충분히 주목받을 가치가 있습니다.

4월 10일, 한때는 친구였으나 적이 되어버린 사람들이 다시 친교를 맺으러 방문하는 발길로 붐볐다. 남부군은 자신들을 패배시킨 북부군이 어떤 태도인지 보고 싶어 했다. 그들은 기념품을 가지고 와서 식량과 교환하려 했지만, 북부군 캠프에서도 식량은 거의 찾을 수 없었다.

그날부터 이튿날까지 공식적인 항복식이 진행되었다. 남부군은 포기각서를 쓰고, 병사들 소집 목록을 정리했으며, 항복한 소유물을 처리해야만 했다. 4월 11일 체임벌린의 병사들은 남부군의 무기와 부대기를 받기 위해 줄을 섰지만, 각서에 서명하는 데 하루가 족히 걸린다는 것을 알고는 캠프로 돌아갔다.

슬프게도 비록 몇 킬로미터 정도밖에 떨어져 있지 않은 데도 포토맥군의 2군단과 6군단은 항복식에 참석하지 않았다. 더 먼 거리에서 행군해온 부대도 항복식에 참석한 마당에, 그들이 왜 참석하지 않았는지 체임벌린은 이해할 수 없었다.

공식적인 항복이 선언되고도 체임벌린은 부하 장교들이 합당한 포상을 받아야 한다며 편지를 썼다. 1865년 4월 10일, 그는 뉴욕 185연대의 스나이퍼 대령에게 편지를 써서, 그 연대의 켈시(Henry A. Kelsey)

일병이 루이스 농장, 화이트 오크 도로, 그리고 애포매톡스 법원 전투에서의 공적들을 인정받도록 했다. 켈시는 애포매톡스 전투에서 다수의 남부군 장교와 병사를 포획했다. 체임벌린이 훗날 회상한 젊은 군인이 아마 켈시일 것이다.

내 젊은 전령은 주체할 수 없는 패기로 [4월 9일 북부군이 애포매톡스를 향해 진군할 때] 진격할 수 있게 해달라고 간구했으며, 맹렬히 기병도를 휘두르며 적진을 향해 돌격했다. 그가 보여준 행동에 놀라서 남부군은 저항할 엄두를 내지 못했을 것이다. 그는 가슴에 4개의 적 기병도를 안고서 아무 말 없이 아군 진지로 돌아왔다.

4월 11일 체임벌린은 마지막 전투를 지휘했던 여단을 공식적으로 떠났다.

5군단 1사단 1여단 지휘소

애포매톡스, 1865년 4월 11일

일반명령 제3호

상급부대 명에 따라 여단장은 이제 여단을 떠납니다.

여단 병사들이 전투에서 보여준 군인답고 용감한 행동으로 여단에 애착이 깊은 여단장은, 1여단이 최전방에서 싸운 것과 적과의 마지막 사격을 주고받았다는 사실에 매우 만족하고 있습니다.

영관, 참모, 그리고 실무 장교들의 충성심과 공손함에 감사

를 표합니다. 그리고 모든 병사에게 여단장은 깊은 관심을 표
명하며, 1여단을 한때 지휘했다는 사실을 평생 잊지 않고 자랑
스럽게 생각할 것입니다.

J.L. 체임벌린
준장. 여단장
토마스 미첼
소위. 부관참모 대행

공문

4월 11일 아침 남부군은 몇몇 화기들, 특히 포를 내어주었는데 제임스
군 24군단 소속 터너의 사단이 이를 받았고, 바틀릿 사단이 그 뒤를
이어 화기를 받았다. 북부군의 맥켄지(Mackenzie) 기병부대는 W.H.F.
리(Lee) 기병부대의 기병도를 넘겨받았다. 정오에 제임스 군은 린치버
그 서쪽으로 향했다. 그랜트 장군은 애포매톡스를 떠나 워싱턴으로
갔다. 리 장군은 곧 리치먼드로 떠날 예정이었다. 그 다음 날은 남부
군 보병이 화기를 내어주기로 했다.

　4월 12일 동트기 전, 하늘은 잿빛이고 쌀쌀했으며, 남부군이 패배
한 후 느꼈을 감정처럼 우울했다. 승리한 북부군 병사들은 용맹스러
웠던 적군이 무기를 내려놓는 것에 기쁘지만 씁쓸한 감정을 느꼈을
것이다. 이는 마치 매우 위험하지만 신나는 취미 생활과 이별을 고하
는 것 같았다. 두 번 다시 그들은 배치된 사선에서 흰 연기와 화염 속
에 소총들이 사라지는 것을 보는 전율을 느끼지 못할 것이다. 거기에
는 무언가 초현실적인 것이 있었고, 내세와 아주 가까운 곳을 다녀온
듯한 경험이 있었다. 이를 겪은 사람들은 전과 똑같을 수 없고, 그 경
험을 절대 잊을 수 없을 것이다.

체임벌린은 항복식에서 전쟁으로 인연을 맺은 3개 여단을 지휘할 수 있도록 요청했다. 소규모의 1여단은 그가 예전에 지휘했던 3여단 뒤에 배치했다. 애포매톡스 법원으로 향하는 길 건너편에는 2여단을 위치시켰다. 그들은 애포매톡스 강의 경사진 기슭에서 거의 법원까지 펼쳐져 있었다.

린치버그 스테이지(Lynchburg Stage) 도로의 둔덕에서 체임벌린은 '원형 경기장' 반대쪽 경사면에 있는 남부군이 마지막으로 누덕누덕한 숙영 텐트를 접고 있는 광경을 바라보았다. "그들은 '패배자의 걸음'으로 천천히 우리의 대열에 합류했는데 얼핏 종대가 물결치는 것 같았다. 종대 앞에는 남부군 부대기가 나부꼈다. 사각형 백기로 그 구석에 적색과 청색만으로 그린 축소형 부대기가 자리 잡고 있었다. 연대기들은 그 뒤를 따랐다."

'우리가 목숨을 걸고 맞서 싸운 그 대단한 남부군'이 항복하는 행사를, 체임벌린은 군인들만이 아는 방식으로 기념하기로 결심했다. 기진맥진한 남부군 사단들이 북부군 행렬 사이로 움직이자 체임벌린의 나팔수는 신호를 울렸고, 연대별로 병사들은 우측부터 시작해서 좌측으로, '세워 총'에서 '어깨 총'으로 총을 바꿔 들었다.

남부군의 고든 장군은 고개를 숙인 채 말을 타고 지나갔는데, 이런 항복식에 침울해 있었다. 그는 전투에서 수없이 많이 들었던 총을 바꿔 잡는 소리를 들었다. 그는 고개를 들어 체임벌린을 본 후, 말을 돌려 똑바로 자세를 잡고, 기병도를 군화까지 내리며 경례했다. 체임벌린도 그의 병사들에게 아마도 마지막이 될 명령을 내려 싸움에 진 동포에게 경례하도록 했다. 체임벌린이 그의 생애 마지막 순간에 회상했듯, '명예로운 경례에 대한 명예로운 답례'였다.

소란스런 축하 행사는 이제 끝이 났다. 이 용맹스런 두 무리의 병사들 사이에서 너무나 많은 일이 일어났다. 그 병사들은 '그렇지 않아도 가까운 혈통이었는데, 같이 피를 흘림으로써 더 가까워졌다.' 체임벌린은 다음과 같이 적었다.

우리 쪽은 트럼펫 소리도 더 이상 들리지 않았고, 드럼 소리도 들리지 않았으며, 환호와 말소리, 무의미한 기쁨의 소리, 그리고 명령을 받고 다시 자세를 잡는 병사들 소리 모두 들리지 않았다. 대신 마치 죽은 사람들이 지나가는 것처럼 경외심에 가득 찬 침묵이 있었을 뿐이다!

남부군은 단지 몇 미터 떨어진 거리에서 체임벌린의 병사들을 마주 보고 마치 열병을 준비하듯 신중한 모습으로 정렬했고, 모두들 기진맥진한 상태였지만 '군인'다운 질서를 잃지 않았다. 그들은 이번이 마지막임을 알고 고통 속에서도 특별히 공을 들여 정렬했다.

처음에는 아직도 총검을 가지고 있던 병사들이 검을 빼어 들어 총열에 장착했다. 장착할 때 나는 소리는 바로 체임벌린이 리틀 라운드 탑에서 필사적으로 싸울 때 들었던, 그 특유의 덜걱 덜걱하는 금속 소리였다. 다음으로 병사들은 검을 이용하여 총을 한 묶음으로 세워 놓았다. 그들은 또한 탄약통을 제거하여 내려놓았다. 마침내 기수단의 차례가 왔다. 체임벌린은 그때의 상황을 기록했다.

그들은 망설이면서 고통스러워하는 표정으로 조심스럽게, 전투를 치러 낡고 찢기고 핏자국이 남아 있는 부대기를 접어서 내려놓았다. 일부 병사들은 격노하여 대열에서 빠져나와 부대기 위에 무릎 꿇고 얼굴을 파묻었다. 뜨거운 눈물이 흘러나왔다.

전쟁이 끝나고 이제는 평화로워진 남부군과 북부군 두 행렬 사이로 남부군이 행진했다. 십여 보 앞에 서 있는 북부군 병사들, 어쩌면 총 가늠쇠로 보았을 법한 얼굴을 알아본 그들의 기분은 얼마나 야릇했을까. 체임벌린은 회상했다.

우리가 서로의 눈을 바라보는 모습은 어떤 광경이었을까. 버지니아 강기슭에서 우레와 같은 사격을 퍼부은 남부군에게 우리는 어떤 인사를 건네야 할까?

체임벌린은 자신을 죽음으로 몰았던 남부군을 바라보며, 아마도 몇몇 얼굴은 알아보면서, 그 슬픈 퍼레이드의 작은 한 부분을 평범한 표현을 써서 개인화했다.

1864년 6월 18일 라이브스 샐리언트에서 벌어진 피 튀기는 전투에서 나는 이 병사들 눈앞에서 거의 죽어가는 상황이었는데, 이렇게 그 얼굴들을 다시 마주하다니 이 얼마나 신기한가! 우리가 살아서 이렇게 다시 볼 수 있다는 것은 기적이 아닐 수 없다. 여기 있는 우리 모두에게 말이다.

체임벌린은 항복식이 끝나고 한두 명을 제외한 모든 남부군 장교와 대화를 나누었는데, 그들은 전투가 끝난 만큼 패배의 굴욕을 잊고 북부연방 사람들과 같이 훌륭한 미국인이 되는 것을 주어진 과제라고 받아들이는 것 같았다. "용감한 사내들이야. 좋은 벗이 될 수 있겠어."라고 체임벌린은 자신도 모르게 입엣말로 중얼거렸다.

남부군은 길을 따라 행군하면서 연대 하나하나씩, 여단 하나하나씩 해산했다. 모든 것이 끝났다. 남부군의 항복, 애포매톡스에 무기를 내려놓는 행사, 무엇보다도 전쟁이 끝났다. 체임벌린의 마지막 계산으로는, 17,000정 가량의 화기와 100개의 부대기를 회수했고, 27,000명의 포로를 애포매톡스에서 석방했다. 그러나 정말 모든 것이 끝난 것일까?

이상하고 음산한 그림자가 기억과 습관 속에서 유령처럼 되살아나, 남부군이 마지막 떠나는 그 광경에 드리워졌다. 대관절 습관의 굴레란 얼마나 단단한가! 감옥과 고통에서 해방되었는데도 슬픔이 드리운다는 것이 얼마나 기묘한가! 마치 우리 자신의 귀중한 부분을 전쟁터에 두고 와서 도무지 떠나기 싫은 상황이었다.

실제로 모든 것이 끝났다면, 체임벌린 시대를 살았던 62만 명이 넘는 미국의 청년과 소년의 목숨을 앗아간 이 전쟁을 이제부터 원망하고 비난해야 할 차례인가. 대관절 누가, 왜 전쟁을 일으켰는가. 체임벌린은 기록을 멈추지 않았다.

그들을 너무 원망하지 마십시오. 그들을 더 이상 비난하지 않는 사람도 원망하지 마십시오. 때때로 국기의 깊은 뜻을 오도하고, 생명을 경시하고, 행군의 고통을 견뎌내지 못한 그들의 잘못은 우리의 잘못입니다. 우리처럼 그들도 임무가 정해지면 포기하지 않는 대장부정신과 명령에 따라 싸웠고, 자신들이 보았던 이상에 충실했으며, 목적을 이루기 위해 온갖 힘을 다했을 뿐이었습니다. 그들은 전쟁이 가져온 가혹한 운명에 괴로워하는 우리의 전우입니다. 그렇기에 우리는, 우리의 또 다른 얼굴인 그 갈색으로 그을린 얼굴을 똑바로 바라볼 수 없었고, 병사들의 수없이 흘린 피로도 일으켜 세우지 못한 그 찢어진 부대기들을 쳐다보기 민망했습니다. 그들 앞에서 사적인 증오와 복수심을 표현할 수는 더더욱 없었습니다. 누가 잘못 인도했는지는 몰라도 우리는 아닙니다. 우리는 그들이 집으로 돌아가도록 인도했습니다. 누가 불화를 일으켰는지는 몰라도 우리는 아닙니다. 불화를 일으킨 것은 원죄이며, 우리는 피로써 죄악을 씻어냈습니다.

그 후 고귀하고 용감한 영혼을 소유한 남부군과 북부군, 두 행렬의 한쪽 열부터 시작해서 반대쪽 열로, 부대기와 세워놓은 화기들을 가로질러, 그곳에 있는 그 누구도 제대로 알 수 없었던 그 무언가가 지나갔다. 그 무언가는 거기에 있는 병사들뿐 아니라 북부연방과 남부동맹 사이에서 생겼던 갈등과도 연관이 있었다. 그러나 전쟁이 끝나자 그 갈등의 자리에 무언가 신비스럽고도 미국적인 것이 새로 생겨났다. 북부군과 남부군 사이에서 태어났던 바로 그것이 오늘날까지도 미국인의 가슴을 채우고 있다.

그러므로 우리를 용서해 주십시오. 엄격하고 굳센 얼굴의 병사들이 내려놓은 무기들 너머로 눈물을 가득 머금고 서로 응시하고 있었습니다. 우리를 갈라놓는 동시에 하나로 뭉치게 해주었던 전투에 대한 기억이 파도처럼 밀려왔고, 형제들은 기꺼이 손을 내밀어 그 기억들과 악수하고 싶었습니다.

그러나 이러한 기억들마저 더 깊은 감정의 파도가 밀려오면서 서서히 사라졌습니다. 그 기억들이 신비로이 사라지는 가운데, 우리는 왜 사랑과 평화가 넘치는 세상에 도달하려면 칼로써 서로 상처내야 하고, 왜 우리가 보고 겪고 고통스러워했던, 또한 이기기도 하고 지기도 했던 전투를 통해서만 고향으로 향하는 발걸음을 내디딜 수 있는지 의문스러웠습니다.

5군단 1사단 3여단 지휘소

1865년 4월 13일

윌리엄 파울러 대위

5군단 1사단 부관참모

대위: 지침에 따라, 버려진 남부군 캠프에서 400정에서 500정의 무기를 거두어 도로 근처에 쌓아 놓았습니다. 그 캠프에는 또한 경포 1문과, 20개 정도의 탄약 상자, 그리고 상태가 양호한 상당수의 짐마차가 남아 있습니다.

J.L. 체임벌린 올림

준장. 여단장

사랑하는 새에게,

이번 봄에 군을 떠나지 않아도 돼 기쁘구나. 지난 2주 동안 경험한 일은 내게 정말 행운이었어. 마치 2주가 2년처럼 느껴질 정도로 정말 중요한 사건들이 많이 일어났지. 아버지는 내게 보내는 마지막 편지에 '전쟁의 명예는 이제 끝났다.'라고 쓰셨어. 하지만 최근에 우리가 했던 일, 즉 수천 명의 적군을 포획하고 그들을 진지에서 순식간에 몰아낸 것, 그리고 애포매톡스 법원에서 리 장군의 항복을 받아낸 것을 아버지께서 조금이라도 목격하셨더라면 다르게 생각하셨을 거야.

전투가 벌어지면 나는 항상 선두에 섰어. 다섯 번의 전투가 있었는데, 그 중 두 번은 내가 직접 지휘하여 멋지게 성공을 거뒀지. 나는 두 번 부상했고, 내 말은 리 장군의 백기가 온 전방에서 총을 맞았어. 전쟁의 마지막 사망자도 그때 발생했지. 어제는 리 장군의 북버지니아군이 항복했어. 이 사실을 늘어놓는 것이 자랑처럼 들리겠지만, 자랑하고 싶은 마음은 전혀 없어. 나는 단지 이곳에서 승리의 면류관을 위해 내 역할을 다했다는 사실이 기쁠 뿐이야. 1사단 소속 3여단이 남부군의 항복을 받기 위해 모인 것은 정말로 역사에 남을 만한 장면이었어.

그때 내가 지휘한 여단은 30번의 전투를 치른 5군단의 베테랑들로 구성된 9개 연대였지. 전체 병력은 6,000명인데, 메사추세츠 9·18·22·32연대, 메인 1·2·20연대, 미시간

1·4·16연대, 불굴의 펜실베이니아 82·83·91·118·155 연대 병력으로 구성됐지. 물론 참모들이 도열했고, 푸른색 테두리에 빨간색 몰타 십자가를 그려 넣은, 흰색 바탕의 여단기가 펄럭였어. 나는 오전 5시 우측에 자리해서 처음에 고든 장군의 군단, 그 후 잭슨 장군의 군단, 앤더슨 장군과 피켓 장군의 예전 사단들과 함께 롱스트리트 장군의 군단을 맞이했어. 그 병사들은 전투에서 몇 번이고 마주쳤던 사람들이라 거의 얼굴을 알아볼 수 있었지. 피켓 장군의 사단은 53정의 소총만 가지고 있었고 부대기는 하나도 없었어. 우리가 파이브 포크스에서 모두 없애버렸지. 마지막으로 전사한 힐 장군의 군단이 사단별로 들어왔어. 우리는 침묵 속에서 어깨총을 한 채 명예롭게 그들을 맞이했어. 그들은 어깨총을 하고 우리 깃발 곁을 지나 완벽하게 정렬했어. 종대의 선두가 우리 좌측에 다다랐을 때 그들은 우리 열을 마주한 채 4, 5미터의 가까운 거리에서 멈추었지. 불쌍한 그들은 무기와 부대기를 땅에 내려놓았지. 나는 진심으로 그들을 동정했어.

15,000정의 무기와 72개의 부대기가 우리 열 앞에 놓여 있었어. 나는 거의 모든 남부군 장군과 대화를 나눴어. 자세한 얘기는 차차 해줄게. 네가 보낸 편지는 방금 받았어. 2주 만에 처음으로 받아 보는 편지구나. 정말 고마워.

사랑한다. 로렌스.

[다음 문장은 첫 페이지 맨 위에 거꾸로 적혀 있었다.]

방금 군단 사령부로부터 전해 받은 이 쪽지를 함께 동봉할게.

이틀 뒤인 4월 15일 토요일, 체임벌린과 병사들은, 비록 식량도 부족하고 담요나 외투도 없었지만 집으로 돌아가는 행군을 시작했다. 날이 저물어 컴컴해지자 사우스 사이드 철도의 에버그린(Evergreen) 역에서 하룻밤을 숙영했다. 다음 날 아침 6시 어두운 하늘이 뿌리는 차가운 비를 맞으며 다시 행군했다. 비는 그날 오후 팜빌에 도착했을 때야 멎었다. 그곳에는 식량도 있었고, 따뜻한 햇볕을 쬐며 쉴 수 있었다. 체임벌린이 한때 지휘했던 1여단 군악대가 즐거운 독일풍 곡을 연주했다.

4시가 조금 지났을 때, 지휘소에 도착한 급사가 노란색의 박엽지(薄葉紙)에 쓴 전보를 체임벌린에게 건넸다. '1865년 4월 15일 워싱턴. 대통령이 오늘 아침 사망했다. 암살자는 부스(Wilkes Booth)이다. 시워드 비서실장은 치명상을 입었다. 정부의 각료, 그랜트 장군, 고위 공무원들이 암살 음모에 포함되어 있었다.'

체임벌린은 감정을 억누른 채, 이 사건이 링컨을 사랑하는 무장한 북부군 병사들에게 어떤 영향을 미칠지 걱정했다. 그는 캠프를 지키기 시작했다. 다행스럽게도 병사들은 지금껏 수많은 일을 겪어와선지 이 놀라운 소식을 냉철하게 받아들였다.

미드 장군은 이번 암살이 쿠데타의 조짐일지 모르므로 워싱턴에 군대를 파견해야 한다고 주장했다. 그러나 더 이상의 나쁜 소식은 들리지 않았다. 다음 날 아침 일찍 버케빌(Burkeville)로 행군하다가 길을 잘못 들어섰다. 리틀 샌디(Little Sandy) 강가의 리버티 처치(Liberty Church)에서 4월 17일 숙영했다. 아침 일찍 일어난 병사들은 버케빌로 가서 숙영했다.

4월 19일, 대통령의 장례식을 진행하는 동안에는 행군하지 말라는

1865년 4월 19일 워싱턴 링컨 대통령 장례 행렬
(1865.5.6일자 『주간 하퍼』 신문 게재)

명령이 워싱턴에서 내려왔다. 체임벌린은 그날 숙영지에서 장례 예배에 참석했다. 병사들은 텐트, 부대기, 칼자루에까지 검은 장미꽃을 장식했다. 모든 병사가 심장과 가까운 왼쪽 팔에 검은 크레이프 상장(喪章)을 찼다. 포가 낮은음을 내며 조포를 발사하자 군악대는 '러시아 찬송가'를 연주했다. 사단의 이건(Egan) 군종 신부는, 살로메가 아버지인 헤롯 왕 앞에서 춤을 춘 후 세례자 요한의 목을 선물로 달라고 요구한 내용의 성경 구절로 설교를 시작했다.

어머니의 부추김에 살인을 저지른 살로메는 암살자를 의미했다. 그 어머니는 남부동맹 정부를 상징했다. 링컨은 신의 뜻으로 대통령에 오른 의롭고 순결한 요한이었다. 그 열렬한 아일랜드 신부는 병사

들을 향한 링컨의 사랑을 이야기하면서 결론에 들어갔다. 병사들에게
이러한 신성모독을 당해야만 하는지 질문을 던졌다. 잘못된 영혼은
이 나라에서 영원히 뿌리를 뽑아야 하지 않는가?

체임벌린은 병사들이 증오로 몸을 부르르 떨며 소총을 잡는 것을
보고는 신부에게 더 이상 자극하지 말라고 속삭였다. 이건 신부는 병
사들의 긍지와 링컨을 향한 사랑을 불러일으켰고, "명예롭게 죽는 것
이 수치스럽게 사는 것보다 낫다. 조국의 눈물 아래 묻히는 것이, 조
국을 피흘리게 한 죄를 지닌 채 걸어 다니는 것보다 낫다."고 말했다.
체임벌린은 훗날 회상했다.

신부는 우리 자신을 되찾게 해주었으며, 더 나은 군인, 더 나은
인간으로 되돌아가게 해주었다.

사랑하는 아내여. 커다란 갈색 눈과 복숭아 같은 뺨, 벨벳과
같은 입술을 지닌 그대에게 굿모닝 키스를 보내오.

내가 3주 전에 쓴 편지가 마치 3개월 전, 아니 3년 전에 쓴
것 같소. 그동안 중요한 일들이 많이 있었소. 그날 밤 전투에
나가 싸웠는데 그 전역(戰役)에서는 첫 번째 전투였고, 가장 치
열한 전투였다오. 400명의 부하가 전장에서 전사하거나 부상
을 당했소. 나 자신 또한 두 번의 부상을 입고 고통을 겪었지
만, 기적적으로 살아났소. 사랑스러운 우리 딸에게도 똑같은
말을 해주고 싶구려. 그 애를 만나면 하고 싶은 말이 너무너무

많아요. 이번 3주간 굉장한 일들을 얼마나 많이 겪었는지 모를 거요. 이번 전역에서 발사한 첫 총알과 마지막 총알을 내가 쏜 것 같다고 얘기했지 않았소? 그리고 리 장군의 북버지니아군이 항복하기 전, 평생 잊지 못할 장교단 회담에 내가 참석했다고 당신에게 말했구려. 그때만 해도 이번 전쟁의 대미인 항복식 광경을 보지 못했다오.

나는 북버지니아군의 공식적인 항복식 집전관으로 참여했소. 당신도 알다시피 우리 여단의 구성원은 5군단의 베테랑들이오. 9개 연대가 소속되어 있고 7,000명의 장병으로 구성되어 있소. 우리 여단은 전군에서 가장 훌륭한 여단이라오. 수많은 전투를 경험한 베테랑들이 수없이 맞서 싸웠던 남부군의 항복을 받아내기 위해 모였다는 사실을 생각하면, 당신도 얼마나 대단한지 짐작이 갈 거요. 그들은 전쟁에서 명예롭게 승리했소. 잭슨, 롱스트리트, 힐 장군의 군단이 항복했는데 26,000명의 병력이 무기와 73개의 부대기를 우리 앞에 내려놓았소. 이 항복식을 당신에게 얘기하자면 어느 것 하나도 잊을 수 없을 정도라오. 항복식 이후 우리는 승리에 취해 행군했소. 패니, 하지만 이러한 승리의 분위기 속에서, 이 기쁨의 시간에, 그리고 힘과 즐거움과 희망이 넘치는 이날에, 하늘의 별들 속에서 우리 성조기가 휘날리는 이때, 갑자기 국기가 조기(弔旗)로 떨어졌다오. '어둠이 하늘을 휩쓸어', 화해와 사랑과 관용이 넘치던 미합중국 대통령이 암살 당했소. 우리 군이 링컨의 암살 소식을 접했을 때 얼마나 낙심했는지는 말로 표현할 수가 없구려.

오늘 내가 참석한 대통령 장례 예배에 당신도 왔으면 좋았을 것을. 숙영지에서 이루어진 장례 예배에서 모든 깃발은 내려 있었고, 군악대는 애도가를 연주했으며, 장병들은 침울한 얼굴로 신부의 성경 구절, "지금 내게 세례자 요한의 머리를 쟁반에 담아다 주세요."를 낭독하는 것을 들었소. 당신도 참석했으면, 우리 가족 모두가 장례 예배에 참석했으면 좋았을 텐데……. 신부는 아일랜드 사람이었는데, 그 켈트 사람의 영혼이 모두의 가슴에 불을 지폈소.

오늘은 대통령의 장례식이 국가적으로 거행되어, 모든 군사 행동이 중지된 날이오. 당신에게 할 말을 다 한다면 평생이 걸릴 것이오.

지금 힘든 시기이지만, 나는 신을 믿고, 신께서 결과적으로 우리에게 좋은 길을 인도하시리라 믿소. 우리는 아침 7시에 행군을 시작해서 숙영지를 만들고 잠깐 휴식할 계획이오. 그때 더 자세히 편지를 쓰겠소. 신의 축복이 당신과 함께하길 비오, 내 사랑. 당신이 편지를 보내줘서 고맙고 기쁘다오. 나는 많은 축하 편지를 받고 있소. 처제와 모두에게 사랑한다고 전해주오. 특별히 당신이 사랑하는 장인어른께 안부 전해주구려. 헬렌에게 줄 10달러를 동봉했소.

[다음 문장은 첫 페이지 우측에 적혀 있었다.]

새가 당신의 '매우 달콤하고 아름다운 편지들'을 이야기했소. 고맙소, 내 사랑. 우리 아기의 이름은 지었소?

긴 굿나잇 키스를 보내오. 당신의 로렌스

다음 날 아침 5군단은 버케빌에서 피터즈버그까지 철도를 따라 병력을 배치했다. 체임벌린의 1사단은 화이트 오크 도로의 서덜랜드 역에서 윌슨 역까지를 방호했다. 체임벌린의 임무는 비무장인 시민을 보호하는 것이었다. 그는 상점, 가게, 공장을 가동해 필요한 물품을 시민에게 나눠주면서 이 임무를 수행했다. 군인과 민간인 할 거 없이 위법행위가 많이 발생했다. 그렇지만 체임벌린은 "우리는 단지 방호하러 온 것이지 누구의 소유인지 시비를 가리러 온 것이 아니다."라고 말했다.

아래 쪽지는 체임벌린의 문서 속에서 발견되었는데, 수신자는 적혀 있지 않았다.

사우스 사이드 철도 윌슨 역

1865년 4월 21일

나는 현재 5군단 1사단의 지휘를 맡고 있고, 피터즈버그로부터 40킬로미터에 이르는 철도를 방어하고 있어. 친구들이 이 현장을 보고 싶으면 방문해서 나를 찾으면 돼. L.

5군단 1사단 사령부

1865년 4월 24일

대령 로크,

부관참모:

대령 : 우리 사단은 피터즈버그까지 이어지고, 아래쪽은 순찰대가 방호하고 있소. 1여단은 윌슨 역에, 2여단은 포드 역에, 3여단은 서덜랜드 역에 있소. 파이브 포크스에서 획득한 포로 현황은 다음과 같소. 1여단은 1,054명의 병사 · 6명의 대위 ·

11명의 소령·2명의 대령을 포로로 맡고 있고, 2여단은 475명의 병사, 그리고 3여단은 849명의 병사·3명의 대위·5명의 소령을 포로로 맡고 있소.

J.L. 체임벌린 올림

준장. 사단장

이 무렵 체임벌린은 애포매톡스에서 리 장군의 항복을 얻어낸 전투와 수없이 많은 행군을 자세히 기록할 수 있었다. 다음은 공식 기록에 있는 그의 보고 내용이다.

5군단 1사단 캠프

1865년 4월 24일

대위 : 방금 받은 명령에 따라 1865년 3월 29일부터 4월 9일까지 1사단 소속 1여단이 시행한 작전을 다음과 같이 보고드립니다.

1여단은 지난달 29일 아침, 캠프를 철수하고 오전 6시에 아서 늪지와 오래된 역마차 도로, 보간 도로를 통하여 딘위디 법원으로 행군했습니다. 예배당 근처에서 다시 보간 도로로 돌아나와선 퀘이커 도로를 따라 올라갔습니다. 그래벌리 런에 이르렀을 때, 그리핀 장군은 여단을 전투 대열로 정렬해 맞은편 둑방에 보이는 남부군 방어선을 뚫고 전진하라고 명령했습니다.

그 도로를 건너면서 저는 펜실베이니아 198연대 2대대를 맡은 글렌 소령의 정찰대를 전방으로 보냈고, 펜실베이니아 198연대의 시켈 준장을 도로 우측에, 뉴욕 185연대의 스나이퍼 대령을 도로 좌측에 배치하여 공격 대형을 구축했습니다. 글렌 소령은 용감하게 앞으로 밀고 나가 적을 루이스 씨 집까지 몰아내는 데 성공했습니다.

루이스 씨 집 너머 숲에서 남부군이 위협적인 공격을 가하자, 글렌 소령을 지원할 수 있는 거리까지 제 병력을 끌고 갔습니다. 저는 그곳에서 멈추라는 그리핀 장군의 명령을 받았습니다.

잠시 후 그리핀 장군은 다시 전진하라고 명령했습니다. 저는 병력을 이끌고 그 위치로 가서 건물에 재배치하고, 뉴욕 185연대에서 1개 중대를 뽑아 정찰대를 재편성하고는 빠르게 전진했습니다.

정찰대는 사격이 거세지기 전에 숲에 도달했습니다. 부대가 집중 사격을 받기 전에 나무 뒤에 은폐해야 한다고 생각했지만, 극복해야 할 장애물이 너무 많았습니다. 제 병사들은 거센 사격을 피해 은폐하기 바빴습니다.

그러나, 병사들은 큰 집념을 보이면서 전진했고, 적군을 숲 속 멀리까지 몰아냈습니다. 병력에서 우위인 남부군은 쉽사리 물러설 기색이 아니었습니다. 그들의 잦은 사격에 저희 부대는 어느 순간 완전히 갇혔습니다. 저희는 끈질기게 교전을 벌였으나 좌측 제대가 점점 밀려났습니다. 결국 전진했던 길과 평행한 방향으로 숲에서 완전히 쫓겨 나왔습니다. 영관과 참모장교들이 병력을 통제하여 지원사격하지 않았다면 10분도 버티기 어려울 성싶었습니다. 저는 그때 좌측에 있는 2여단장 그레고리 장군에게 남부군이 새로 점령한 지점의 측방을 공격해 달라고 부탁했습니다. 그리핀 소장은 저희가 5분만 버티면 포를 끌고 올 수 있다고 약속했습니다.

병력을 모으는 데 성공한 저는 다시 숲을 차지했습니다. 제4포병대대 B포대가 방열하여 매우 효과적인 포격을 가했습니다. 포의 지원으로 전선이 유리해지는 듯싶더니 이번에는 탄약이 떨어지고 있었습니다. 그레고리 장군에게 부관을 보내어 1개 연대 지원을 요청했습니다. 그리핀 소장이 3개 연대의 지원을 명령한 건 그때였습니다. 저는 전선을 재구축하여 무슨 일이 있어도 포대를 엄호하려 했습니다. 뉴욕 188연대의 두리틀 중령과 미시간 16연대의 파트리지 대령이 연대를 이끌고 도착했을 때, 저희는 루이스 씨 집에서 후퇴하고 있었습니다. 펜실베이니아 155여단과 미시간 1연대가 우리를 앞질렀습니다. 155여단의 피어슨 장군이 부대기를 잡고 적진을 향해 돌격하자 적군은 진지를 버리고 도망쳤습니다.

지원이 오기 전까지 2시간이나 걸린 교전이었습니다. 얼마나 위험한 전투였는지 함께 참전한 그리핀 소장도 익히 알 것입니다. 400명의 병사와 18명의 장교가 죽거나 다치는 피해를 보았습니다. 시켈 준장이 심하게 부상하기 직전까지 보여준 지속적인 냉철함과 용기를 찬탄합니다. 시켈이 지휘하는 전장에서 제가 할 일은 거의 없었습니다. 스나이퍼 대령의 물러서지 않는 끈기 또한 찬탄합니다. 그는 땅에 떨어진 부대기를 집어 적군을 향해 휘두르는 용맹스러움을 보였습니다. 글렌 소령의 불같은 용기, 혼을 불사르며 명예롭게 전사한 맥퀸 소령, 심하게 부상했지만 끝까지 전장을 지킨 제 부관 월터스 중위와 보겔 중위, 거센 사격 속에서 저에게 중요한 정보를 제공한 부관

참모 미첼 중위, 공병 장교 피셔 중위의 이름도 빼먹을 수 없습니다. 전령인 켈시 일병은 적진으로 말을 달려 제가 보는 앞에서 장교와 다섯 병사를 포로로 잡았습니다.

그날 밤과 다음날, 그곳에 남은 저희는 아군과 130구의 적군 시체를 묻고, 아군과 적군을 가리지 않고 부상자들을 데려왔습니다.

31일 아침 보이톤 플랭크 도로로 이동한 저희는 그래벌리 런 사거리에서 사단과 군단 좌측에 있었습니다. 저희 우측에서 날카로운 사격 소리가 들리더니 혼란에 빠진 아군이 후퇴하기 시작했습니다. 그리핀 장군은 아군이 후퇴하면서 잃은 지역을 저더러 되찾으라 했습니다. 글렌 소령이 적을 공격하기 위해 앞장서서는 허리까지 차는 시내를 건넜습니다. 에어스 소장이 지휘하는 사단은 여단으로 제대를 편성하여 좌측에서 저를 지원했고, 피어슨 장군의 1사단 정찰대는 그 전방에서 지원했습니다. 저희는 되찾고자 하는 전장으로 2킬로미터 혹은 그 이상 전진했습니다. 그러기까지 여러 숲과 개활지의 흙무덤에서 꽤 거센 적군의 사격을 받았는데, 최소한 우리와 같은 병력 수준의 남부군을 쉽게 볼 수 있었습니다.

워렌 소장이 저에게 방어에 치중하라고 명령했습니다. 개활지의 흙무덤에 숨은 제 선두 병력은 정면과 양 옆의 숲에서 엄청난 사격을 받았습니다. 차라리 남부군의 거점을 공격하는 것이 우리 지역을 사수하는 것보다 피해가 덜할 것 같았습니다. 병사들도 강력히 공격을 원했기 때문에 저는 그리핀 장군에게 보고하고 공격을 재개했습니다.

정면에서 쏟아지는 포탄과 우측에서 비스듬히 날아오는 포탄에 198연대는 꼼짝할 수 없었습니다. 저는 그레고리 장군의 여단을 대대 단위로 편성하여 우측 숲으로 신속히 이동시켰습니다. 그렇게 적의 사격을 피하면서 적군의 좌측 제대를 도로 바로 정면에서 공격했습니다. 작전은 그대로 성공했습니다. 숲과 흙무덤을 점령하여 대여섯 명의 포로와 부대기를 획득했으며, 화이트 오크 도로를 가로질러 300미터 정도 전진했습니다.

이 전투로 75명의 병력을 잃었는데, 그 중에는 제가 가장 아끼던 장교와 병사가 있었습니다.

글렌 소령과 스나이퍼 대령의 용맹함 덕분에 작전이 성공할 수 있었습니다. 그레고리 장군 또한 제가 요구하는 바를 재빨리 이해하여 효과적으로 도와주었습니다. 사단 부관 참모인 파울러 대위는 제 지시를 받자마자 포화 속으로 말을 몰았습니다. 그의 말은 총격을 당해 죽었습니다. 파울러의 용맹은 크게 칭찬받을 만합니다. 그날 밤 그 전장에서 야영하면서 아군 사망자를 땅에 묻고 부상자를 치료했습니다.

여단은 4월 1일 이른 아침, 사단의 나머지 병력과 함께 화이트 오크 도로의 야영지를 떠나서 딘위디 법원으로 이동했습니다. 거기서 셰리단 장군의 기병부대와 연계하면서 파이브 포크스로 향했습니다. 그래벌리 런 처치에 도착하면서 저희는 사단의 3여단 우측에 세 개의 제대를 형성했습니다. 사단의 2여단을 지휘하는 그레고리 장군은 그리핀 장군의 지시로 저에게 와서 1개 연대는 전방 정찰대로, 1개 연대는 측방 방호 부대로,

그리고 1개 연대는 예비대로 배치했습니다. 맥켄지가 이끄는 기병부대도 저를 따랐습니다. 이 모두가 적군의 측방을 공격하기 위한 대형이었습니다.

저희는 이따금 남부군 정찰대와 가볍게 대치했지만 별다른 장애 없이 숲을 통과했습니다. 행군 간격이 넓어져선지 개활지로 나왔을 때 군단의 1사단 좌측에 있어야 할 3사단이 보이지 않았습니다. 저희 병력에만 집중적으로 총알이 날아왔으므로, 저는 즉시 적의 사격에 맞서는 대형으로 정렬했습니다. 그리핀 장군이 저에게 남부군 거점으로 이동할 것을 명령했습니다. 이와 동시에 바틀릿 장군은 3여단 소속의 3개 연대를 이끌고 제 우측에서 전진했습니다. 저희는 빠르게 고지로 올라가 측방과 후방을 비스듬하게 쳤습니다. 스나이퍼 대령이 지휘하는 뉴욕 185연대와 글렌 소령이 지휘하는 펜실베이니아 198연대 1대대가 남부군 진지 후방을 공격했고, 스탠턴 대위의 198연대 2대대는 적군의 전방을 공격했습니다. 더 앞쪽을 공격한 3여단의 연대들은 매우 심한 측방 사격을 받고 일시적으로 후퇴했습니다. 저희 병력이 적과 맞서기 위해서는 모든 장교와 참모와 병사의 일치단결이 필요했습니다. 바틀릿 장군이 위험한 상황을 긴박하게 알려오자, 저는 2개 연대에게 메인 20연대와 미시간 1연대 후방으로 가서 적의 공격을 막으라고 지시했습니다. 그레고리 장군 또한 같은 방향으로 여단을 밀고 나아갔습니다. 그 길에서 여러 연대가 섞였지만 비교적 일사불란한 지휘계통을 유지했습니다. 적군은 심한 타격을 받은 기색이었습니다.

한편 저는 사단 참모 한명과 브린턴 대위를 데리고 바틀릿 장군에게로 갔습니다. 숲을 헤매는 적들을 사로잡는 바틀릿 장군을 지원하기 위해서였습니다. 낙오병은 150명에서 200명 정도였습니다. 개활지에서 펄럭이는 2사단 그윈 장군의 부대기를 보고 참모인 피셔 중위를 보냈습니다. 그윈에게 저희 여단을 가능한 빨리, 마치 처음부터 같이 있었던 병력처럼 합류시켜 달라고 부탁했습니다. 그가 매우 신속하게 응낙하여 저희는 승리를 위해 전력투구할 수 있었지요. 그러나 매우 혼란스러운 시간이기도 했습니다. 서로 다른 명령이 같이 섞여 내려오기 일쑤였으니까요. 게다가 제 여단은 전방에서 가장 가까운 곳에 있었습니다. 저희는 2여단, 3여단 병력과 합세하여 적의 포대와 짐마차를 공격했고, 그 사이 스나이퍼 대령과 글렌 소령은 부대기를 든 채 적진의 주력화기들을 공격했습니다. 여기서 뉴욕 185연대가 2개의 부대기와 많은 포로를 획득했습니다. 그리고 3개 여단이 하나가 되어 계속 밀고 나아가, 제가 보기에 2킬로미터 또는 그 이상 도로 위쪽으로 남부군을 몰아냈습니다. 어두워졌을 때 사단을 모두 집결시키라는 그리핀 장군의 명령이 떨어졌습니다. 셰리단 장군은 모든 보병을 개활지에서 재편성하여 도로 좌측에 집결하라고 했습니다. 밤이 이슥하자 진지를 연해서 야영했습니다.

제 여단에 잡혀 소속을 잃어버린 적군이 900명에 가까웠습니다. 부대기도 4개나 획득했습니다. 한 개의 부대기가 찢어져 병사들이 나누어 가졌고, 나머지 기는 모두 거꾸로 꽂았습니다. 지난 전투에 비해 피해는 크지 않았지만 그런대로 심각한

편이었으며, 펜실베이니아 198연대 1대대를 지휘한 글렌은 공격하다가 치명상을 입었습니다. 루이스 농장과 화이트 오크 도로 전투에서 그가 용맹스럽게 공헌한 것을 근거로 글렌의 명예 진급을 이미 추천했습니다.

2일 오후 저희는 처치 도로의 전장에서 출발했고, 저희 여단이 선두에서 진군했습니다. 스나이퍼 대령은 6개 중대를 정찰대로 배치했고, 4개 중대는 지원을 위해 남겨놓았습니다. 좌우에 측위를 두었습니다. 저희도 진군했지만 얼마 못 가 강력한 적 정찰대와 맞닥뜨렸습니다. 저희가 작은 시내를 건너지 못하도록 총을 쏘아대는 그들을 용감한 스나이퍼 대령이 물리쳤습니다. 처치 도로 사거리 사우스 사이드 철도에서 때마침 지나는 열차를 탈취했는데, 남부군 장교와 병사가 타고 있었습니다. 저희는 철도를 건넜습니다. 사단을 지휘하는 바틀릿 소장이 가능하다면 콕스 도로 쪽으로 병력을 밀고 나가라고 했습니다. 남부군은 일렬로 정렬한 상태였는데, 말에서 내린 1,500명의 기병들이었습니다. 저는 즉시 펜실베이니아 198연대에서 2개 대대를 전투 대열로 정렬시키고, 그레고리 장군이 이끄는 여단 소속의 타운센드 중령이 지휘하는 연대를 숲으로 돌격시켜 제 우측을 보호했으며, 이 대형으로 신속하게 앞으로 밀고 나갔습니다. 스나이퍼 대령의 치열한 사격에, 세 명의 부상자를 남기고 적군은 후퇴했습니다. 800미터 또는 그 이상 시내를 따라 정찰대가 전선을 구축했습니다. 셰리단 장군이 올라올 때까지 저희는 그곳에 남아 있었고, 정찰대와 측위와 함께 다시 콕스 도로로 내려가며 밤까지 행군한 후 나모진 도로에서 야영했습니다. 3일 아침 저희는 나모진 도로에서 나와 아멜리아 법원을 향해 이동했습니다. 그날 밤도 같은 도로에서 야영했습니다.

4일 아침 6시에 행군을 시작하여 어둑어둑해져서야 지터즈빌의 댄빌 철도에 도착한 저희는 그곳에서 남부군 열차가 오기를 기다렸습니다. 남부군 열차를 공격하려 진지를 구축하고 밤새도록 경계태세를 유지했습니다.

다음 날인 5일, 공격을 받거나 공격 할 준비를 하면서 종일 무장을 풀지 않았습니다. 기병부대를 지원하려 1시쯤 아멜리아 법원 도로에서 나왔는데, 그때까지 기병부대는 많은 수의 포로를 데려가느라 애를 먹었고, 엄청난 공격을 당했습니다. 다음 날인 6일, 저희 여단이 앞장서 페인빌을 통과하여 서쪽으로 남부군을 추격하는데, 좌측에서 사격 소리가 들렸습니다. 정찰대는 150명의 포로를 잡았습니다. 저희 공병은 군단장 지시로, 저희 기병부대가 포획했거나 적군이 버리고 간 마차와 포가(砲架), 탄약상자를 파괴했습니다. 이날 행군은 굉장히 빠르고 힘들었습니다. 어두워지자 세일러스 크릭에서 야영했습니다.

7일 아침 저희는 세일러스 크릭 옆에 있는 도로를 따라 올라갔습니다. 라이스 역의 린치버그 철도를 지날 때 거센 사격 소리가 들렸습니다. 프린스 에드워드 법원 도로를 행군하여 밤에 야영했습니다. 8일 24군단이 앞장서 프로스펙트 역 도로를 따라 린치버그 철도를 지났습니다. 저희 행군은 주기적으로 별 위력이 없는 적의 공격을 받았는데 약간 지루하기까지 한 느낌이었습니다. 셰리단 장군이 남부군과 조우하여 여러 열차를 탈취했다는 정보를 야영지에서 들었습니다. 애포매톡스 법원에서 9일 오전 4시에 짧은 거리를 행군했고, 기병부대가 치열한 교전을 벌이는 것을 알았습니다. 앞서 있던 제 여단은 우측으로 열을 지어 기병부대 뒤로 갔으며, 사단과 군단 우측에서 두 줄을 만들었습니다. 좌측의 3여단 정찰대와 연계해서 강력한 정찰대를 전방으로 보냈으며, 남부군에 맞서 전진하여 수세에 몰린 기병부대를 구출했습니다. 전위부대가 신속하게 적을 공격하는 사이 도시에 있는 적의 포대가 포격을 개시했는데, 제 우측이 포병 선상에 정확히 있었습니다. 저희 정찰대는 라이트 부인의 집을 끼고 도시에 도달했고, 다른 전투 병력도 신속하게 적군에게 접근했습니다. 그때 남부군을 지휘하는 장군의 부관이 백기를 들고 왔습니다. 곧이어 현 위치에서 공격을 멈추라는 명령이 떨어졌습니다. 장교단이 회담하는 사이 저희는 말없이 대기했습니다. 그날 저희 측 병력 피해는 1명의 사망자와 1명의 부상자였는데, 사망자는 뉴욕 185연대의 클라크 중위로, 적의 백기가 올 때 포탄에 맞아 즉사했습니다.

장군님께 삼가 올립니다.

J.L. 체임벌린

준장. 전(前)1여단장

대위 윌리엄 파울러

5군단 1사단 부관참모

격동의 몇 주가 지난 후, 마침내 체임벌린은 3월 말부터 쉴 새 없이 계속된 전투에서 자신을 도운 장병을 추천할 수 있었다. 진급자들은 그 대가로 치명적인 부상을 당하거나 전사하기도 했다. 진급할 자격

1865년 4월 1일 파이브 포크스 전투시 북부군 기병부대 돌격
(1865.4.22일자 『주간 하퍼』 신문 게재)

이 충분하지만 군의 계급 제도 때문에 거의 1년 동안 진급이 묵살된
장병도 있었다.

5군단 1사단 사령부

1865년 4월 27일

대령. 프레드 T. 로크
5군단 부관참모:

대령 : 1865년 4월 18일 포토맥군 사령부로부터 내려온 지침
에 따라 아래 명기된 장교들이 그들 이름 옆에 표시된 계급으
로 진급하도록 삼가 건의드립니다.

펜실베이니아 198연대장 시켈 준장 : 명예 소장. 퀘이커 도
로 위 루이스 농장에서 3월 29일 벌어진 전투에서 뛰어난 임무
수행 능력과 놀라운 용맹스러움을 보여주었습니다. 위 장군은

이미 진급 추천을 받은 적이 있습니다.

메사추세츠 32연대장 커닝햄 중령 : 명예 대령. 4월 1일 파이브 포크스 전투와 4월 2일 콕스 도로 전투에서 용감하게 임무를 수행했습니다.

메인 20연대 스피어 중령 : 명예 대령. 3월 29일 루이스 농장 전투에서 놀라울 정도로 잘 싸웠습니다.

뉴욕 188연대 두리틀 중령 : 명예 대령. 루이스 농장 전투와 파이브 포크스 전투에서 용감하게 전투에 임했습니다.

뉴욕 189연대 타운센드 중령 : 명예 대령. 파이브 포크스 전투에서 용맹스럽게 싸웠습니다.

펜실베이니아 198연대 글렌 소령 : 명예 중령, 명예 대령. 루이스 농장 전투에서 보여준 뛰어난 임무수행으로 명예 중령에, 화이트 오크 도로와 파이브 포크스 전투에서 보여준 용맹스러움으로 명예 대령에 추천합니다. 그는 파이브 포크스에서 부상을 당했습니다. 또한, 이 장교는 3월 29일 루이스 농장 전투와 3월 31일 화이트 오크 도로 전투, 그리고 파이브 포크스 전투에서 용감하게 임무를 수행했습니다.

5군단 1사단 부관참모 파울러 대위 : 명예 소령. 매우 용감하게 싸운 공적을 인정받아 이전에 명예 진급 추천을 받은 바 있습니다. 3월 29일 루이스 농장 전투와 3월 31일 화이트 오크 도로 전투, 그리고 파이브 포크스 전투에서 공적이 있고 용감하게 싸웠습니다.

1사단 드윗 외과 과장 : 명예 중령. 전장에서, 특히 화이트 오크 도로와 파이브 포크스에서 보여준 효율적인 임무수행 능력과 용맹스러움으로 자신의 역할을 다했습니다.

메인 20연대 체임벌린 대위 : 명예 소령. 1864년 6월 1일 베데스다 처치 전투와 피블스 농장 전투에서 뛰어난 용맹스러움을 보여주었습니다. 이 장교는 이미 1865년 4월 1일 파이브 포크스 전투에서 용감하게 싸운 것을 인정받아 미시간 16연대 잭린 대위로부터 명예 소령 진급을 추천받은 바 있습니다. 또한 마지막 작전에서 훌륭한 업적을 인정받아 메사추세츠 32연대 판스워스 명예 대위로부터 명예 소령 진급을 추천받았습니다.

펜실베이니아 155연대 몰간 대위 : 명예 소령. 파이브 포크스 전투와 애포매톡스 법원 전투에서 용맹하게 싸웠습니다.

펜실베이니아 155연대 맥클러랜드 대위 : 명예 소령. 파이브 포크스 전투에서 치명상을 입으면서까지 용감하게 임무를 수행했습니다.

뉴욕 188연대 데니스톤 대위 : 명예 소령. 이번 작전에서 용감하게 맡은 바 역할을 다했습니다.

뉴욕 188연대 베맨 대위 : 명예 소령. 이번 작전에서 용감하게 맡은 바 역할을 다했습니다.

메인 20연대 사이드린거 대위 : 명예 소령. 이번 작전에서 용감하게 맡은 바 역할을 다했습니다.

펜실베이니아 198연대 구인터 대위 : 명예 소령. 파이브 포크스 전투에서 용감하게 싸웠습니다.

펜실베이니아 198연대 킴벨 대위 : 명예 소령. 파이브 포크스 전투에서 용감하게 임무를 수행했습니다.

메인 제1 저격부대 애봇 대위 : 명예 소령. 이번 작전에서 용감하게 맡은 바 소임을 다했습니다.

바틀릿 명예 대위 : 명예 소령. 3월 31일 화이트 오크 도로 전투에서 용감하게 임무를 수행했습니다.

펜실베이니아 143연대 전속부관 월터스 중위 : 명예 대위. 루이스 농장 전투에서 뛰어난 용맹스러움을 보여주었습니다.

펜실베이니아 198연대 보겔 중위 : 명예 대위. 최근 작전의 모든 전투에서 용감하게 임무를 수행했습니다.

뉴욕 185연대 에드거 중위 : 명예 대위. 최근 작전의 모든 전투에서 용감하게 임무를 수행했습니다.

뉴욕 185연대 렉터 소위 : 명예 대위. 최근 작전의 모든 전투에서 용감하게 임무를 수행했습니다.

J.L. 체임벌린 올림

준장. 지휘관

4월 말, 체임벌린은 5월 2일 부로 리치먼드로 행군하라는 명령을 받았다. 체임벌린이 물자공급을 도운 딘위디 카운티에 사는 주민은 체임벌린에게 감사의 표시로 저녁을 대접하고 싶다고 했다. 물론 빈곤한 상황 속에서 공식적으로 이루어진 제안이었다. 체임벌린은 고마웠지만 굶주리는 그들 가족을 생각해서 제안을 거절했다.

5월 2일 오전 5시, 체임벌린의 사단은 행군을 시작했다. 그들은 저녁에 서덜랜드 역에 도착했다. 다음날 오전 6시에는 콕스 도로를 따라 피터즈버그로 향하고 있었다. 병사들은 파이브 포크스, 퀘이커 도로, 보이톤 플랭크 도로, 그리고 점령하기까지 오래 걸렸던 피터즈버그를 지나면서 불과 몇 주 전까지 싸웠던 격동적인 여러 전투를 생생

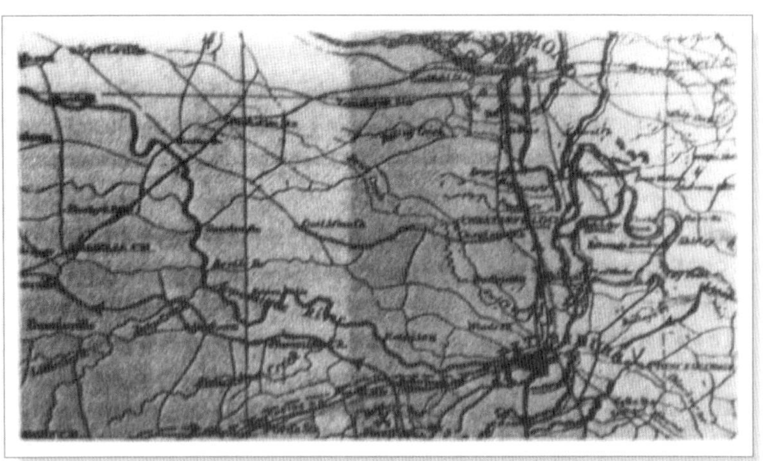

체임벌린이 소장했던 지도 : 체임벌린의 행군 경로
(애포매톡스 법원 → 피터즈버그 → 리치몬드)

히 떠올렸다.

워렌 장군은 그가 지휘하여 래피단 강을 건넜던, 한때 규모가 컸던 5군단의 병사들과 함께 피터즈버그에 있었다. 체임벌린과 병사들은 지나가면서 워렌 장군의 부대를 보았다. "군단의 절반 되는 병력이 사라졌구나."라고 체임벌린은 탄식했다. "버지니아의 모든 강과 죽음의 시내를 건넜고, 320킬로미터 길이의 경작지와 끝없이 펼쳐진 하늘 아래 행군했던 병사들이었는데……."

그들은 피터즈버그를 점령하는데 무려 9개월이라는 시간이 걸렸지만, 지금은 빠르게 그 도시를 지났으며, 리치먼드로 향하는 도로 위에서 숙영했다.

5월 4일 정오, 그들은 리치먼드에서 16킬로미터 떨어진 제임스 강 서쪽 드르워리 절벽에 이르렀고, 그날 저녁은 강 건너편에 있는 맨체스터에 있었다. 그들은 5월 5일의 폭우 때문에 남부동맹의 수도였던 리치먼드에 진입할 수 없었다.

체임벌린과 5군단 병력은 제임스 강에 놓인 부교를 지나면서, 벨 아일과 리비(Libby) 포로수용소의 전경을 볼 수 있었다. 한 달 전 남부동맹 정부가 퇴각할 때 불에 탔던 리치먼드의 여러 건물도 보였다. 체임벌린은 수년이 지난 후에도 리 장군과 데이비스 대통령의 집을 기억했다. 집 밖에 가구들이 쌓여 있고, 사방에 무용지물인 남부동맹 화폐가 뿌려져 있었다. 그보다 처절한 것은, 수많은 가옥이 검은 크레이프 상장으로 드리워져 죽은 아들이나 남편을 애도하는 광경이었다. 그 죽은 사람들을 그들 집 앞을 지나는 북부군이 죽였을지도 모른다.

어떤 이유에선지 체임벌린과 병사들은 여전히 리 장군을 추격하는 것처럼 행군을 계속하라는 명령을 받았다. 그들은 5월 6일 밤까지 총 32킬로미터 거리를 행군했고, 치카호미니 강을 건너 하노버 법원 인근의 버지니아 중앙 철도에 있는 '픽스 턴 아웃(Peake's Turn Out)' 에서 숙영했다. 체임벌린은 병사들이 싸웠던 몇몇 전장을 방문할 시간이 없다는 사실을 안타까워했다. 그 장소들을 방문함으로써 병사들에게 어떤 치유의 효과가 있을 것이라고 생각했기 때문이다.

행군 중 하루만 더 시간을 내었다면, 우리 병사들이 패배했던 전투 현장을 돌아보면서 어느 정도 마음의 안정을 찾고, 그들 생애에서 큰 경험을 얻을 수 있었을 텐데……. 끊어진 실타래도 주울 가치가 있으니 말이야.

그날밤 늦게, 체임벌린의 말은 안절부절못했다. 말을 달래려 다가간 체임벌린은 썩어가는 사람의 가슴뼈를 밟았다. 부패 정도로 보아 족히 1년은 된 뼈였다. 그 뼈는 크게 손상되지는 않은 상태로 남아 있었다. 그의 말이 앞발로 땅을 차자 두 개의 해골이 또 나왔다. 다음 날 아침, 병사들은 다른 사망자들의 해골도 발견했다. 죽은 병사들의 혁대에 새겨진 표식을 통해 오랫동안 실종된 것으로 알고 있던 시신들을 식별할 수 있었다. 체임벌린은 그 유골들을 발굴했다. 병사들은 유골들을 딱총 상자에 넣어 조심스레 짐마차에 실어 집으로 보냈다.

그들은 다음 날 아침 10시에 출발하여 하노버 법원을 지나 파문키 강을 건넜고, 19킬로미터를 행군한 후 예리코 제분소와 노스 안나 전장 인근 콘코드 처치에서 숙영했다. 5월 9일 그들은 32킬로미터를 행군하여 보울링 그린(Bowling Green)을 통과하여 프레더릭스버그에 접근했다. 병사들은 지쳤지만, 일부는 더 행군하여 그들이 목숨을 잃을 뻔했던 마리 고지를 방문했다.

5월 10일 라파하녹 강을 다시 건넜고, 1862년에 숙영지로 사용했던 장소를 지났다. 그날 밤은 프레더릭스버그 북쪽 덤프리스(Dumfries)에서 숙영했다. 체임벌린은 뉴욕 185연대장 스나이퍼 대령을 열렬히 추천하는 추천장을 쓸 기회가 생겼다.

다음 날 아침 일어나니 마차 바퀴와 말발굽에 패여 엉망인 도로가 눈에 띄었다. 발목을 다치기에 십상이라는 것을 안 병사들은 가파른 언덕과 늪지대를 가로질러 갔다. 오후 서너 시 경, 천둥을 동반한 폭풍우가 몰아쳤다. 방금 오른 언덕에서 체임벌린은 전방과 후방의 사단 사이에 간격을 둔 채 종대가 힘들게 행군하는 것을 보았다. 갑자기 구름 사이에서 번개가 쳐 그 종대 위로 떨어졌다. 번개가 소총 총구를 따라 마치 '불의 강처럼 굽이치며 흐르는' 것을 체임벌린이 보았다. '유산탄' 처럼 종대 사이에서 터진 번개가 체임벌린을 가까스로 빗겨

갔다. 앰뷸런스가 벼락에 맞았다. 말과 운전병은 사망했고 짐마차에 타고 있던 병사들은 기절했다. 체임벌린은 부상자를 돌보라고 지시했고, 사단은 다시 터벅터벅 행군을 계속했다.

오코쿠안(Occoquan) 강을 건넌 그들은 비에 흠뻑 젖은 채 6킬로미터를 더 행군했고, 밤에 패어팩스(Fairfax) 2킬로미터 아래 위치한 오렌지-알렉산드리아 철도에서 숙영했다. 병사들은 행군을 강행하는 것에 불만을 품고 장교들을 비난했다. 체임벌린은 과도한 행군 명령이 떨어지는 이유가 경제적인 문제 때문이라고 생각했다. 군대는 매주 수백만 달러의 국고를 소비하고 있으며, 빨리 해산할수록 지출이 줄기 때문이다.

마치 전에 우리를 전방으로 보내려 했던 것 같이 우리를 해산하려 애쓰는 것 같았다.

5월 12일 아침 9시, 그들은 다시 행군을 시작했다. 패어팩스 법원에서 방향을 바꿔 콜롬비아 파이크(Columbia Pike) 철도를 따라 알링턴 고지로 이동했다. 리 장군의 집 인근에 익숙한 야영지가 있었다. 그곳은 그들이 첫 번째 전투인 안티탐 전투에 참전하려 출발했던 장소였다. 그들이 행군할 때 갑자기 태양이 비쳤고, 백악관과 국회의사당이 보였다. 그리고 그 아래로 '유명한 강(역자 주 : 포토맥 강)이 어둠 속에서 우리를 지나 마치 꿈속으로 빨려 들어가듯' 흘러가고 있었다.

체임벌린의 병사들은 일 주일 동안 알링턴에서 숙영 후, 서부 전선을 맡았던 셔먼 장군의 부대와 합류했다. 셔먼 장군 부대의 숙영지는 포토맥군보다 조금 아래, 알렉산드리아에서 가까운 데 있었다. 처음에는 두 부대 병사들이 서로에게 친절했으며 잘 어울렸다. 그러나 누가 더 힘들게 전투했는지 논쟁하다가 관계가 나빠졌다.

5군단 장교들은 그리핀 장군에게 선물할 특별한 기념품을 만들러 뉴욕에 있는 티파니 보석가게를 찾아갔다. 5월 22일 저녁, 북부군이 워싱턴에서 관병식을 하기 전날 밤, 그들은 성대한 의식을 갖고 승전기 모양의 핀을 그리핀 장군에게 선물했다. 백색 에나멜 위에 적색 몰타 십자가를 올린 것이었고, 전체 배경은 도금되어 있었다. 작은 다이아몬드들이 십자가를 둘러싸고, 1,000달러 가치의 큰 다이아몬드가 핀의 중심부에 박혀 있었다. 체임벌린이 증정 연설을 했다. 그리핀 장군은 이 상징과 명예를 얻기까지 치러야 했던 대가를 돌아보지 않을 수 없다고 화답했다. 그는 덧붙여 체임벌린이야말로 사단의 용기와 불굴의 상징이라며 격찬했다. 향후 수년 동안 그리핀은 핀을 볼 때마다 "이렇게 영광스런 대장부로 만들어 주신 신께 감사한다."고 했다.

다음 날 아침에 포토맥군의 대규모 관병식(觀兵式)이 있었다. 몇 년이 지나 그때가 매우 힘들었다고 체임벌린은 기술했다. 왜냐하면 시련과 비통, 패배와 재기, 승리로 점철된 사람의 군상이 단순한 군대 이상의 의미로 그의 감정을 몰아갔기 때문이었다. 다른 군단들이 5군단 앞에서 행군할 예정이었다. 그날 새벽 4시, 5군단은 롱 브릿지를 건넜으며, 워싱턴으로 들어가는 운하를 건너 메릴랜드 대로의 1번가를 행군했다. 부대별 간격을 좁혀 20열 종대로 행군하여 펜실베이니아 대로로 내려갔다. 사열대는 백악관 앞에 위치해 있었다.

9시, 태양이 밝게 비추는 가운데 포토맥군의 선두가 움직였다. 미드 장군과 군 지휘부가 관병식을 선도했고, 그 뒤를 기병부대와 여러 부대들이 행진했는데, 그 순서는 다음과 같다. 통신을 담당하는 통신군

1865년 5월 23일 워싱턴 관병식을 선도하는 미드 장군 지휘부
(1865.6.10일자 『주간 하퍼』 신문 게재)

단 (그랜트 장군이 단순히 기를 흔드는 것에서 전신을 보내는 방법으로 그 임무를 현대화했다), 공병군단(부교를 신속하게 놓음으로써 그랜트 장군이 빠르게 이동할 수 있었다), 그리고 마지막으로 보병군단이었다. 9군단이 선두에서 행진했고, 19군단의 일부가 그 뒤를 따랐다. 체임벌린이 알고 지낸 메인 병사들이 두 군단에 소속되어 있었다. 그 뒤를 그리핀 장군의 5군단과 체임벌린의 1사단이 행진했다. 장식 천, 꽃, 휘날리는 깃발로 뒤덮인 건물 사이를 지나가면서 체임벌린은 마치 이스라엘 한 어린이처럼 '홍해 바닷물 벽 사이를 지나가는 기분'을 느꼈다.

젊은 여인이 승리의 꽃다발을 들고 말 탄 체임벌린에게 달려왔다.

그러나 그녀가 체임벌린에게 주려고 꽃다발을 올릴 때마다 여자에 익숙하지 않은 샤를마뉴가 이리저리 피했다.

이는 죽음의 천사가 다른 때처럼 우리를 다시 부르는 것일까?

체임벌린은 꽃다발을 받지 못했다. 그 대신, 얌전한 말을 타고 있던 부하 장교가 꽃다발을 받았다.

관병식은 부대가 백악관 사열대를 지나면서 최고조에 이르렀지만 체임벌린의 기분은 그 반대였다. 그곳에 있어야 할 한 사람의 지친 얼굴이 보이지 않았고, 이는 매우 슬픈 일이었다. 링컨이 없었던 것이다. 존슨(Andrew Johnson) 대통령의 요청으로 말에서 내린 체임벌린은 사열대의 귀빈석에 합석하여 자신의 사단이 지나가는 것을 볼 수 있었다. 그는 다음과 같이 회상했다.

저는, 저의 사단이 지나가는 동안, 다른 어떤 것에도 시선을 돌릴 수 없었습니다. 이들은 제 병사들이었고, 제가 친애하는 사람들이었습니다. 그들은 저에게 속해 있었고 저 또한 그들에게 속해 있었습니다. 우리의 관계는 단순히 태어남으로써 형성될 수도, 죽음으로써 끊어질 수도 없는 것이었습니다. 살아서 전쟁의 끝을 본 여기 있는 사람보다 죽은 사람이 더 많습니다. 그 죽은 병사들이 눈앞에 아른거립니다. 얼마나 대단한 광경이었는지 모릅니다. 이는 마치 부활의 날 아침 같았습니다!

체임벌린은 병사들의 행진을 지켜보았고, 그가 지난 2년 반 동안 알고 지냈던 그들을 기억했다. 몇몇 부대와 병사들은 다른 병사들보다 더 확연히 체임벌린에게 떠올랐다. 리틀 라운드 탑 북쪽 경사면에서 내려오다가 수많은 병사가 죽어가는 광경을 목격했을 때처럼. 훗날 그가 에어스 장군에 대해 기록할 때 그 달갑지 않은 기억들이 다시 떠오르게 된다. 에어스 장군은 워렌 장군 사문(查問)회의에서 어느 건방진 의원의 질문 공세에 시달렸다. 그 의원은 파이브 포크스에서의 정규군을 거론하며 에어스를 힐책했다. "당신의 정규군은 그때 어디 있었습니까?" 에어스 장군은 다음과 같이 답했다. "묻혔습니다, 의원님. 게티즈버그에 말입니다!"

병사들은 계속 행진했고, 사열대에 있는 사람들은 선 채로 그들끼리 속삭였다. "이 부대가 바로 5군단입니다!" "파이프 포크스와 애포매톡스에서 곧바로 온 병사들입니다!"

유명한 철의 여단인 위스콘신 7여단 선두에서 행진하는 사람은 침착한 몸가짐의 리차드슨이었다. 파이브 포크스 전투에서 상관인 워렌 대신에 총을 맞은 그 리차드슨이었다. 그를 보는 순간 체임벌린의 눈에는 그가 특별히 알고 지낸 13명의 젊은 대령들과 그들이 겪어야 했던 운명이 어른거렸다. 7명은 총에 맞아 전사했고 나머지는 부상했는데, 결국 13명 모두 죽어서 의사들의 수술칼에 시신이 손상되거나 신체 일부가 절단되었다. 체임벌린은 다음과 같이 기록했다.

13명의 영혼이여, 천국에서 평안하라!

끔찍하고도 비통한 기억들이 그의 마음을 가득 채웠다. 행진하며 지나가는 2군단과 6군단 병사들에 대해서, 그는 훗날 이렇게 말했다.

당신은 그들이 어느 세계에서 와서, 어느 세계를 향해 가는지 말할 수 없습니다.

이루 말할 수 없는 고통을 겪고 견뎠으며, 병력 보충과 재편성을 통해 수없이 다시 살아난 부대를 두고 그는 '영혼의 환생이 무엇인지 아는 부대' 라고 불렀다.

마침내 관병식이 끝났다. 며칠 후에는 날마다 계속되는 격동과 임박한 죽음에 대한 두려움, 작전 중인 군대가 나날이 겪는 혼란과 역경 속에서 꽃핀 죽음을 초월한 전우애, 그리고 그러한 우정을 찢는 납과 철로 된 포탄 모두가 기억으로만 남을 것이다.

5군단 1사단 사령부

1865년 6월 6일

사랑하는 새에게,

정말 오랜만에 편지를 쓰는구나. 하지만 내가 마지막으로 편지를 보낸 이후 네가 나한테 편지를 쓰지 않은 것 같구나. 잘 알다시피 우리는 가능한 빠르게 병력을 줄이고 있어. 다음에 무슨 일이 벌어질지는 우리도 잘 몰라. 내 견해로는 나머지 부대를 남부 주 어딘가에 배치할 거 같아. 개인적으로도 앞으로의 일들이 너무 불확실한 상태야. 하지만 거기에만 신경을 쓰진 않아. 나는 '만일의 경우에 대비가 되어 있어.' 그보다 더 좋은 말은, 신께서 내 길을 열어 인도해 주실 거야.

너도 이제 알듯이, 군에 끝까지 남아 있기로 결정했던 것은 정말 잘한 선택이라고 생각해. 파이브 포크스에서 명예 소장으로 추천받았고, 내 상관들 모두 나의 소장 진급에 동의했어. 과연 내가 소장이 될지는 잘 모르겠어. 만약 다른 누군가가 내가 세운 업적이나 내가 받은 추천의 반만 됐어도 진급했을 거야. 메인 주의 정치인들은 나에게 특별히 관심이 없는 것 같아. 나를 알거나 본 적이 있거나 전장에서 나를 많이 접한 사람들만이 인정할 따름이야. 하지만 이에 크게 연연하지는 않아. 나는 메인 주의 신세를 많이 지지 않는, 완전히 독립적인 사람이 되었어. 나는 내가 태어나고 청춘을 보낸 메인 주에서보다 뉴욕 주나 펜실베이니아 주에서 더 알려졌어. 그렇다고 내가 불만스러워 한다고 생각하진 마. 나는 불만을 토로할 수 없어. 어쩌다 보니 그렇게 되었어. 내가 유일하게 탐냈던 것은 누구보다도 뛰어난 군인이었던 12,000명의 내 병사들을 지휘하는 것이었어. 물론 나는 곧 보직이 변경될 거야. 어디에서 근무하게 될지는 잘 모르겠어. 만약 마음에 안들면 사임할 생각이야.

아직도 부상 때문에 괴로워. 마차를 타고 오늘 밤 워싱턴으로 가려다가 포기할 수밖에 없었어. 안장에 앉는 것 때문에 힘든 것은 아니야. 몸은 좀 불편하지만 영혼은 건강해. 어떤 임무를 줘도 수행할 준비가 되어 있어. 톰은 잘 지내고 있어. 그도 운 좋게 일이 잘 풀렸어. 미드 장군의 특별지시로 계속 군 생활을 할 수 있게 되었지. 그는 현재 새로 편성된 메인 20연대의 선임 대위야. 아버지와 어머니는 건강히 잘 계셔? 부모님께서 이제 우리 걱정을 전혀 하시지 않아도 돼.

존은 자리를 잡아가고 있는 것 같아. 나에게 3,000달러의 채권을 보내 검사관으로서 사인해 달라고 부탁했어. 우리 가족의 근황은 네가 더 잘 알겠구나.

애덤스 박사가 방문했어. 그가 이곳에 있는 동안 탈콧 박사와 함께 식사했단다. 그들과 즐겁게 보냈어.

메리는 요즘 어떻게 지내니? 내가 마지막으로 보낸 편지의 답장을 메리에게서 아직 못 받았어. 그리고 숙부는 잘 지내시니? 어머니께서 우울해하시지 않도록 잘 챙겨 드려. 어머니나 아버지를 여읜다면 나는 10살짜리 사내아이보다 더 견디기 어려울 거야.

이 세상 사랑을 담아서
로렌스

1865년 6월 28일, 특별명령 제339호가 포토맥군 사령부 군무국에서 내려왔다. '군대를 해산하라.'는 명령이었다.

체임벌린은 명령을 받아들였지만, 그가 지난 2년간 받았던 수많은 다른 명령과 마찬가지로, 그러한 명령이 내려졌다는 사실을 믿기 어려웠다. 훗날 체임벌린은 그때의 심정을 기록했다.

전쟁성과 대통령은 더 이상 군사 명령을 내리지 않을 수도, 군대를 해산할 수도 있다. 하지만 군대를 완전히 없앨 수는 없다. 그들은 상부의 분부에 다시 뭉칠 것이며, 그들이 있어야 할 장소와 이름을 알 것이다. 이 군대는 영혼이 살아 있는 한 계속 존속할 것이다……

5군단 1사단 사령부

버지니아 알링턴 캠프

1865년 7월 1일

준장 L. 토마스

육군본부 군무국장

장군님,

　명예 소장으로 진급했다는 명령을 잘 받았습니다. 이를 영예롭게 받아들이겠습니다.

　제 나이는 36살입니다. 출생지는 메인 주 브루어이며, 제 영구 거주지도 메인 주입니다.

장군님께 삼가 올립니다.

J.L. 체임벌린

명예 소장

브런즈윅, 1865년 7월 31일

준장 L. 토마스

육군본부 군무국장

장군님,

　1865년 3월 29일부로 의용군 명예 소장으로의 진급을 명받았음을 삼가 보고드리고, 이를 영예롭게 받아들이겠습니다.

　제 나이는 36살입니다. 출생지는 메인 주 브루어이며, 제 영구 거주지도 메인 주입니다.

장군님께 삼가 올립니다.

J.L. 체임벌린

명예 소장. 의용군

메인 주에 있는 집에 도착했을 때, 체임벌린은 그를 진급시킨 그랜트 장군이 메인 주를 방문할 예정임을 알고 초대장을 보냈다.

포트랜드, 1865년 7월 31일

중장 그랜트

장군님,

내일 메인 주를 방문하신다는 소식을 들었습니다. 수요일 저녁에 있을 보우도인 대학 졸업생들 가운데 전쟁에 참전했던 전우들 모임에 장군님을 초대합니다.

많은 시간을 요하지 않을 것입니다. 장군님께서 오신다면 우리 모든 주민과 보우도인 대학 졸업생들에게 큰 영광입니다.

장군님께 삼가 올립니다.

(서명) 조슈아 L. 체임벌린

명예 소장

그랜트 장군은 체임벌린의 초대에 응했다. 그랜트는 브런즈윅에서 환대를 받았고 체임벌린의 집을 방문했다. 또한 보우도인 대학으로부터 명예 박사 학위를 받았다. 그날의 만찬 자리에서 사람들은 수많은 삶을 변화시킨 지난 4년의 전투가 남긴 아픈 기억을 떠올리며 담소를 나누었다.

체임벌린은 그 만찬에서 무엇을 생각했을까. 그 행사는 그가 과거에 겪었던 일들을 일단락 짓는 의미를 지녔는지도 모른다. 그러나 체임벌린은 알았을 것이다. 이미 지나간 일은 앞으로 겪어야 할 일의 일부분이라는 것을. 그의 책 『행군』은 기술했다.

우리는 어떻게 살아야 할지 자문했고, 우리가 어떤 사람이 될
지 자답했다!

우리는 어떻게 살아야 할지 자문했고, 우리가 어떤 사람이 될
지 자답했다!

맺음말

체임벌린은 『행군』에서 이렇게 썼다.

인간의 본성이란 알다가도 모를 역설로 점철되는 것 같다. 우리를 배려한 사람이든, 우리를 곤경에 빠뜨린 사람이든 모든 사람을 사랑할 수밖에 없는 신비한 힘이 인간의 본성에 있는 것 같다.

시간이 지날수록 부하들을 한없이 존중하고 사랑한 것도 이러한 본성을 의식했기 때문임이 틀림없다. 그가 지휘했던 메인 20연대나 1여단, 그가 속했던 포토맥군의 병사들은 체임벌린의 근심거리인 동시에, 더없이 중요한 인생의 반려자들이었다. 산 사람이든 죽은 사람이든 그들 모두는 체임벌린의 삶과 기억에 영원히 남는 존재였다.

　그들이 체임벌린을 배려하기도 하고 곤경에 빠뜨리기도 한 것은 그에게도 일부분 책임이 있다. 그의 수많은 편지에서 엿볼 수 있듯이, 심지어 병상에서도 체임벌린은 합당한 성과를 낸 부하들의 진급이나 더 나은 보직을 상관에게 부탁했다. 부하들이 전사했을 때는 그들 가족에게 편지를 썼다. 때로는 그러한 편지를 쓰지 않고는 못 배기는 자기 자신에 고통을 느끼기도 했을 것이다. 포토맥군을 마지막으로 사열하는 관병식에서 그는 죽은 부하들을 언급했다.

살아서 전쟁의 끝을 본 여기 있는 사람보다 죽은 사람들이 더
많습니다.

자신의 감정을 쉬이 드러내지 않고 살았던 체임벌린은 남북전쟁이 끝
나고 50년 후에야 죽은 부하들에 대한 회한을 토로했다.
　남북전쟁을 되돌아 볼 때 체임벌린뿐 아니라 죽지 않고 살아남은
사람들 모두가 기적이 아닐 수 없다. 남부와 북부가 갈라서서 전쟁을
치른 이유를 체임벌린은 종교적인 성찰과 구약성서에서 찾았다.

　불화를 일으킨 것은 원죄이며, 우리는 피로써 죄악을 씻어냈습
니다.

체임벌린의 전투 지휘를 바로 옆에서 목격할 기회가 많았던 그리핀
장군은, "체임벌린에게 죽음 따위는 안중에 없었다. 그는 전장에서도
대학에서 학문을 연구하듯이 모든 전투를 주도면밀하고 차분하게 이
끌어 나갔다."라고 증언했다.
　체임벌린은 고지식에 가까운 학자로서의 양심으로 혼란한 전투를
침착하게 치러냈다. 신앙심은 그의 양심을 뒷받쳐 준 든든한 언덕이
었다.
　1864년 9월 8일 자신의 생일을 맞아 어머니에게 쓴 편지를 보면,
전투를 치르면서도 그가 얼마나 차분하고 평온한 마음이었는지 알 수
있다.

　지금으로선 그 짐을 어떻게 덜어낼 것인지 확실히 말씀드릴 수

없습니다. 저는 광신적이지는 않지만 어느 정도 숙명론자임을 인정합니다. 저는 신에 의해 결정되고 신에 대한 절대적인 믿음에 의해 인도되는 운명을 믿습니다. 저는 한때 제가 좋다고 생각하는 계획들을 수립해서 실천하려고 했습니다. 하지만 결코 성공적으로 실행된 적이 없습니다. 대신 그보다 더 좋은 길이 펼쳐졌고, 이는 신께서 저를 위해 정해주신 길이라는 것을 알 수 있습니다. 그러한 신의 보살핌은 제가 공덕을 쌓아서가 아니라, 현세나 내세에서 모든 사람을 공경하고 사랑을 베풀려고 노력했기에 가능했으리라 확신합니다.

전역 후에 체임벌린은 전쟁성의 후원을 받아 한시적으로 복귀하여 부상 부위를 재수술받기도 했고, 공직이나 민간직에서 오랫동안 근무했으며, 19세기 말에는 1863년 7월 2일 리틀 라운드 탑에서 세운 전공으로 명예훈장을 받았다.

20세기가 열리는 해에 체임벌린은 그가 싸웠던 전장을 방문했다. 전쟁의 기억은 잊을 만하면 피터즈버그에서 입은 상처의 통증과 함께 밀려왔다. 그는 끝내 그 상처가 덧나 1914년 2월 24일 사망했다. 그가 겪은 일들과 전쟁의 추억, 그가 품었던 비전과 회상, 그보다 먼저 죽은 사람들의 환영이 그때까지도 체임벌린을 따라다녔다.

체임벌린은 전쟁 막바지에 누이동생인 새에게 편지를 보냈다. 모든 전쟁을 끝낸 그는 그때, 자신이 더 이상 메인 주에만 속한 인물이 아니라고 적었다.

나는 내가 태어나고 청춘을 보낸 메인 주에서보다 뉴욕 주나 펜실베이니아 주에서 더 알려졌어. 그렇다고 내가 불만스러워 한다고 생각하지 마. 어떻게 하다 보니 그렇게 되었어.

편지에 쓰지는 않았지만 그 자신이 메인 주뿐 아니라, 미국의 모든 주에 속한 존재임을 느꼈음이 틀림없다. 그가 지휘했던 부대원들은 뉴욕, 펜실베이니아, 메사추세츠, 메인 주 출신들이었고, 그가 맞서 싸웠던 남부군들은 버지니아, 텍사스, 노스 캐롤라이나, 사우스 캐롤라이나, 앨라배마, 조지아 주 출신들이었으니…….

체임벌린에 대한 연구를 시작할 때, 메인 주 루이스톤의 역사가 톰 데스자딘(Tom Desjardin)으로부터 편지를 받았다. 그는 체임벌린에 관해서라면 성심성의껏, 자신이 수년간 연구한 정보를 제공하겠다고 했다. 다음은 편지 내용 중 인상 깊었던 부분이다.

메인 주에서 이러한 연구 활동을 하신다니 괜찮으시다면 충고 한마디 하겠습니다. 메인 주민들에게 체임벌린은 오랫동안 '메인 주의 장군'이었습니다. 최근 체임벌린에 대한 인지도가 급격히 오르면서 '메인 주 이외의 다른 주 사람들'이 체임벌린의 업적과 인생을 과장하거나 흥미를 높이는 책으로 한밑천 잡으려는 게 심히 유감입니다. 물론 체임벌린에게 있었던 사실을 그대로 집필하신다면 돈이 되지 않거나 회의감에 빠질지도 모릅니다. 그러나 메인 주민들에게 있어서 한 가지는 분명합니다. 그것은 '멀리서' 온 사람이 체임벌린을 최대한 공정하게 과장하거나 축소하지 않으면서 진실하게 집필했다는 확신이 들면, 당신을 높이 평가하리란 사실입니다.

이 책을 끝마치면서, 나는 이 역사가의 충고를 충실하게 이행했다고
믿고 있다.